W0084501

Die Frau des Journalisten

Ilse Kienzle
Die Frau des Journalisten
Eine etwas andere
Liebesgeschichte

sagas.edition

Erstauflage 2014
© 2014 sagas.edition, Stuttgart
Lektorat: Dr. Birgit Gläser, Martin Mühleis
Korrektorat: Lena Stadelmann
Gestaltung: b3K-design Max Bartholl, Andrea Schneider
Satz: Anja Pfennig-Mische
Titelfoto und alle anderen: privat
Druck und Bindung: GGP Media GmbH, Pößneck
ISBN: 978-3-9812510-2-9

Für Uli

Inhalt

Als Josephine Baker im Bett meiner Großmutter lag

»J unger Freund, Sie haben eine unwahrscheinliche Fähigkeit, überflüssig zu wirken.« Mit diesen Worten platzte Ulrich Kienzle in mein Leben – selbstbewusst, borniert, ein faszinierender Macho. Und der Kommilitone, der neben mir stand, drehte sich widerspruchslos um und verließ kleinlaut die Tübinger Uni-Bibliothek. Das war die Eröffnungsszene einer Liebe, die bis heute andauert.

Einundzwanzig Jahre vorher war ich in Stuttgart geboren worden. Ich war eine Frühgeburt. So verschrumpelt und klein, dass ich meiner Mutter erst gezeigt wurde, als sie wieder bei Kräften war, damit sie den Schreck besser verkraften konnte. Meine ersten sechs Wochen auf dieser Welt verbrachte ich im Krankenhaus. Und als mich die Ärzte so weit hochgepäppelt hatten, dass ich nach Hause durfte, wurde eine Kinderfrau angestellt, die ein Jahr bei uns wohnen und mich pflegen sollte. Es war Sommer. 1939.

Meine Mutter stammte aus dem kleinen Dorf Weiler, im Süden Deutschlands, nicht weit entfernt vom Bodensee. In der hügeligen Landschaft des Allgäus war sie aufgewachsen, mit viel Wald und unendlichen Wiesen. Einer ihrer Lieblingsplätze war die Hausbachklamm, oberhalb des Dorfes. Eine wilde, felsige Gebirgsschlucht, wo das Wasser gurgelnd zwischen großen Felsblöcken ins Tal schoss und, unten angekommen, als Hausbach gemächlich an der Straße entlang plätscherte, an der Kirche vorbei, überquert von kleinen Brücken. Nur bei Hochwasser wurde daraus ein reißender Fluss.

Als junge Frau war sie, um eine Lehre als Verkäuferin zu machen, in die Landeshauptstadt gezogen. In Stuttgart verliebte sie sich in einen gut aussehenden, groß gewachsenen, blonden jungen Mann: Ernst Finkelmann. Bei einem Faschingsball hatten sich die beiden kennengelernt, er war Diplomingenieur, in Hannover hatte er studiert und bei Bosch arbeitete er in der Forschungsabteilung für Autoteile. Zwei Welten waren da aufeinandergetroffen. Meine Mutter war im Allgäu streng katholisch aufgewachsen und tief gläubig. Ernst stammte aus Bremerhaven und war als waschechter Norddeutscher: Protestant.

Und das war das Problem. Er machte der Allgäuerin zur Bedingung: »Wenn du mich heiraten willst, müssen unsere Kinder evangelisch werden.« Die Heirat mit einem Protestanten hätte für meine Mutter aber bedeutet, dass sie exkommuniziert werden würde, spätestens, wenn Kinder kämen.

Dann aber schickte die Firma Bosch den jungen Ingenieur für längere Zeit nach Birmingham. England. Sehr weit weg. Und aus war der Traum von der Hochzeit. Erst nach zwei Jahren kam er wieder zurück nach Stuttgart – und Ernst und meine Mutter fielen sich in die Arme. »Die schlimmste Zeit in meinem Leben war nicht der Krieg«, sagte sie später einmal, als ich schon erwachsen war. »Auch nicht die lange Warterei, als Vati in England war. Die schlimmste Zeit waren die Tage vor der Hochzeit. Als ich mich prüfen musste, ob meine Liebe stark genug war. Konnte ich damit leben, aus der Kirche gewiesen zu werden?«

Hochzeit wurde gefeiert, und ein Jahr später kam ich zur Welt. Etwas zu früh, wie gesagt. Und dieses Ungestüme, dieser Drang hinaus ins Leben, ist mir bis heute, mit meinen fünfundsiebzig Jahren, geblieben.

* * *

Meine frühesten Erinnerungen sind Luftangriffe auf Stuttgart, wie wir zum Bunker rannten, am Ende unserer Straße. Noch heute höre ich das Dröhnen der Flugzeuge, die Explosionen der Bomben, und ich spüre die Angst meiner Mutter, wie sie geweint hat, wenn mein Vater die Bunkertür öffnete, um nachzusehen, wie es draußen aussah.

Eine Szene ist mir wie in einem Film im Gedächtnis geblieben: Meine Puppe fest im Arm, auf dem Rücksitz kniend, drücke ich mir die Nase an der Autoscheibe platt. Mein Vater sitzt am Steuer. Langsam fahren wir durch unsere Straße. Überall brennt es. Das Haus unseres Metzgers gleich um die Ecke steht in Flammen. Der Hund, mit dem ich so gern spiele, versucht immer wieder, hineinzurennen. Er bellt, läuft aufgeregt am Haus entlang. Bleibt am Eingang stehen, rennt hinein. »Wir müssen anhalten!«, schreie ich. »Wir müssen den Hund festhalten!« Aber das Auto fährt weiter.

Damals war ich vier Jahre alt. Meine Eltern beschlossen, dass meine Mutter und ich zu meiner Großmutter ins Allgäu ziehen sollten. Zum ersten Mal stand ich am Stuttgarter Hauptbahnhof. Überall Menschen mit Rucksäcken und abgeschabten Koffern, Verletzte. Ein Zug Richtung Allgäu brachte uns aus der brennenden Stadt. In Ulm mussten wir aussteigen und auf den Anschlusszug warten. Es wurde Nacht. Das Bahnhofsdach war teilweise zerstört. Durch die Löcher konnte man den sternenklaren Himmel sehen, viele strahlend helle Lichter schienen sich zu lösen und zur Erde herabzuregnen – so ein Himmelsfeuerwerk hatte ich noch nie gesehen. »Sternschnuppen«, sagte meine Mutter. »Du darfst dir jetzt etwas wünschen.« Heute weiß ich, dass die vielen Lichter Bomben und Leuchtraketen waren. Damals aber waren es für mich Sternschnuppen. Und sie kamen mir gelegen, denn ich wünschte mir von Herzen eine neue Puppe.

So landete ich im Allgäu. Meine Großmutter lebte, schräg gegenüber der Kirche, gemeinsam mit ihrer Schwester im größten Bauernhof des Dorfes, in einer großzügigen Mietwohnung im ersten Stock. Meine Großtante war taub. Als Kind hatte sie an einer Mittelohrentzündung gelitten, die nicht richtig behandelt worden war; das lag lange zurück, aber es hatte das Leben der beiden alten Frauen bestimmt. Meine Großtante hatte nie geheiratet und meine Großmutter, bei der sie wohnte, kümmerte sich ihr ganzes Leben lang um sie. Meine Großmutter war eine gutmütige und hilfsbereite Frau, groß und stattlich, mit vollem, schneeweißem Haar, das sie immer mit Kämmen hochgesteckt trug. Ich kann mich nicht daran erinnern, sie jemals wütend erlebt zu haben. Doch: einmal – aber das erzähle ich später.

Meine Mutter und ich zogen also zu den beiden Frauen. Ein Frauenhaus. Mein Vater blieb in Stuttgart. Als leitender Ingenieur in der Forschungsabteilung von Bosch wurde er nicht zur Wehrmacht eingezogen. Zu seinen Aufgaben gehörte es, neu entwickelte Fahrzeuge auf ihre Alltagstauglichkeit zu testen und so war es für ihn ein Leichtes, uns Wochenende für Wochenende mit dem Motorrad oder mit dem Auto zu besuchen.

Vor jedem Essen wurde jetzt gebetet. Meine Großmutter und ihre Schwester waren streng katholisch, jeden Morgen um sechs Uhr ging die Großtante zur Frühmette. In ihrem Zimmer hatte sie eine große, alte Kommode mit vier Schubladen. Bei einer war das alte Holz verzogen und so stand sie immer ein Stückchen offen und ich konnte hineinschauen. Unmengen von Heiligenbildchen lagen darin, säuberlich sortiert – für jeden Tag hatte die Großtante einen anderen Heiligen. An Antonius erinnere ich mich besonders gut. Meine Mutter sagte immer: »Der Heilige Antonius hilft, wenn man etwas Wichtiges verloren hat.« Antonius wurde mein Leib-und-Seelen-Heiliger. In der kleinen Kapelle neben der großen Kirche am Friedhof habe ich oft zum ihm gebetet. Weniger freundschaftlich, aber nicht minder eng, war mein Verhältnis zum Teufel. Er bedrohte jetzt plötzlich mein Leben. »Dann holt dich der Teufel!« Eine Erwachsenenfloskel, einfach dahergeschwätzt. Für mich war er real. Vor ihm hatte ich eine Heidenangst. Wenn ich im Keller Kohlen oder Kartoffeln holen musste, rannte ich die Treppen hinauf, so schnell ich konnte, immer in der Angst, der Teufel sei hinter mir her. Antonius und der Teufel waren die beiden Gegenpole meiner kleinen Allgäuer Welt.

Mein größter Wunsch war damals, katholisch zu sein wie alle anderen auch, denn ich war die einzige Evangelische. Auch in den umliegenden Dörfern gab es keine Protestanten und als ich in die Grundschule kam, verhöhnten mich die Mitschüler als Ketzerin. Ich würde in die Hölle kommen, weil ich evangelisch war. Einmal war ich so verzweifelt, dass ich weglief und mich hinter dem Kriegerdenkmal im Dorf verkroch. Immerhin fiel meine Abwesenheit auf und sie suchten nach mir. In der Hausbachklamm stand eine kleine Kapelle. Über den Altar wachte eine Marienfigur in einem hellblauen, mit Sternen geschmückten Gewand. Zu Füßen der Madonna lagen Briefchen – von Menschen, die um Vergebung baten und darum, dass sie »verschont wurden von dem Bösen«. Auch ich lief regelmäßig zu dieser Kapelle und steckte meine Briefchen in den Tuffstein.

An Fronleichnam durfte ich trotzdem an der großen Prozession teilnehmen, dafür hatten die drei Frauen in meinem Haus schon gesorgt. Ein Höhepunkt des Jahres! Am Tag vor dem Umzug schmückten wir das Pflaster vor den Häusern im Dorf mit riesigen bunten Blütenteppichen, mit Heiligenbildern ganz aus Blumen. Dann zog die festliche Prozession durch die Straßen, wir Kinder vorneweg, mit Blumenkörbchen in den Händen und Blumenkränzchen auf dem Kopf.

Da meine Mutter im Dorf aufgewachsen war, gehörten wir von Anfang an dazu – sie kannte jeden. Im Erdgeschoss unseres Hauses lebte die Bauernfamilie und bewirtschaftete den Hof. Über uns, im Dachgeschoss, wohnte eine Uhrmacherfamilie mit zwei Söhnen in meinem Alter. Die Post Brauerei Zinth, die auch ein Restaurant betrieb, lag gleich hinter unserem Haus. Nicht weit entfernt standen die Gebäude einer Druckerei, zu der auch eine Buchhandlung gehörte – und ein Mädchen, das zu meiner besten Freundin wurde.

Gemeinsam fuhren wir mit den Bauern im Sommer aufs Feld. Manche jungen Frauen hatten ihre Babys dabei und während der Arbeit wurden die Kleinen unter einen der großen Bäume gelegt – auch meine kleine Schwester Elke, die mittlerweile geboren worden war. Zu den Vesperpausen saßen alle dort im Schatten, aßen ihre mitgebrachten Wurst- und Käsebrote und tranken Most. Selbst die Babys bekamen einen Schluck, sodass sie gleich nach der Pause wieder in einen tiefen Mittagsschlaf fielen. Auf der Heimfahrt saßen wir hoch oben auf den großen Heuballen und sangen aus vollem Herzen die Volkslieder.

Blumen liebte ich über alles und wusste genau, wo welche Arten wuchsen. Mein Vater kannte alle ihre Namen, und auch die meisten Vogelarten. An Sonntagvormittagen, wenn er mit mir spazieren ging, zwei oder drei

Stunden lang, brachte er mir bei, wie sie heißen. In den feuchten, sumpfigen Niederungen blühten im Sommer die Orchideen; besonders gern mochte ich die Hecken-rosen, die in der Zeit um meinen Geburtstag herum blühen.

Eine heile Welt. Ein durch und durch friedliches Leben – und nur wenige Kilometer weiter tobte der Krieg, wurden Menschen verschleppt und ermordet, fielen Bomben, wur-den Leben zerstört. Doch das wussten wir Kinder damals noch nicht.

* * *

In einem Frühjahr, als ich sechs Jahre alt war, rollten eines Nachmittags über die Alpenstraße, die nach Lindenberg führte, seltsame Fahrzeuge heran. Wir standen auf der Treppe vor unserem Haus, alle waren aufgeregt. Einer sagte: »Die Franzosen kommen!« Wir Kinder schauten die Erwachsenen an und spürten ihre Unsicherheit und ihre Angst. Dann rannten alle in die Häuser und die Panzer fuhren mit einem schrecklichen Lärm ins Dorf, die Ketten rasselten, die Motoren heulten auf, aus den Auspuff-rohren schoss schwarzer, rußiger Rauch und mein Vater, meine Mutter und ich standen hinter den Gardinen an den Fenstern und spürten, wie der Holzboden unter unseren Füßen bebte. Immer wieder schwenkten die Panzer ihre Zielrohre, als suchten sie die Winkel ab. Es war bedroh-lich.

In diesem Moment kam Fritz, unser Bauer, mit seinem voll beladenen Heuwagen vom Feld auf den Hof. Mit vorgehaltenen Gewehren zwangen ihn die Soldaten abzu-steigen. Er deutete auf den Himmel. Ein Unwetter zog auf. Das Heu musste zu den Tieren, es durfte nicht nass werden. Mein Vater versuchte zu vermitteln, stellte sich dem französischen Kommandeur vor und erklärte ihm die Situation auf Englisch. Als der ihn aber nur anbrüllte, stieg mein Vater wütend auf den Traktor und fuhr das Futter in den Stall. Noch im Stall wurde er verhaftet. Die Franzosen hielten ihn für den Bürgermeister, weil er so groß war und stattlich und der Bauernhof das größte Gebäude weit und breit. Meine Mutter war außer sich vor Angst. Die Franzosen beschlagnahmten den Bauernhof und der Kommandeur zog in die Wohnung meiner Großmutter ein. Das ganze Haus wurde geräumt. Wir kamen zunächst bei unseren Nachbarn unter, in der Post Brauerei Zinth. Verrückt: Als der Krieg, der für mich nie wirklich stattgefunden hatte, zu Ende war, kehrte er in mein Leben zurück.

Einige Tage später kam mein Vater durch die Hilfe einer jüdischen Armeeärztin der Franzosen wieder frei. Sie sprach Deutsch und Französisch und hatte sich für ihn eingesetzt, nachdem klar war, dass er keine Parteifunktionen hatte. Weil er aber Ingenieur war, machte ihm der Kommandeur eine Auflage: Er sollte einen Turm nach dem Vorbild des Mangenturms am Lindauer Hafen bauen, mit einem bunt glasierten Spitzdach. Von diesem Turm aus wollte der Kommandant eine große Rede halten. Mein Vater fertigte einen Entwurf und heuerte Arbeiter an, die den Turm bauten – mit einem Dach genau wie in Lindau. Dann fand ein großes Fest auf der Dorfwiese statt mit Josephine Baker als Gaststar. Sie reiste damals zu Truppenbesuchen durch das französische Besatzungsgebiet. Ob jemand aus dem Dorf den Revuestar aus dem fernen Paris kannte, weiß ich nicht. Aber die Franzosen waren aus dem Häuschen. Josephine Baker und ihre Band sorgten nach der Rede des Kommandeurs für Stimmung – und nach dem Fest logierte sie im Haus des Kommandanten und schlief im Bett meiner Großmutter.

* * *

Jetzt blieb mein Vater auch während der Woche bei uns im Allgäu – die gesamte Führungsriege von Bosch war entlassen worden. Bei Verwandten meiner Großmutter, die im benachbarten Ellhofen eine große Käserei betrieben, fand er eine neue Arbeit. Sie hießen Wachter und stellten Emmentaler und Romadur her. Der Ingenieur Finkelmann fuhr mit dem Lkw zu Großhändlern – und verkaufte Käse. »Isst er Wachter, dann lacht er!« Das war der Werbespruch der Firma – noch heute denke ich an ihn, wenn ich an einer Käsetheke stehe.

Das Leben hatte sich für mich jetzt völlig verändert. Es gab eine nächtliche Ausgangssperre im Dorf, ich spürte die Angst der Erwachsenen, vor allem der Frauen, und die Spannungen zwischen den französischen Offizieren und den einfachen Soldaten, viele von ihnen waren Marokkaner. Meine Großmutter war so streng und ärgerlich wie nie zuvor. Sie wurde richtig böse und nahm mich ernst ins Gebet. »Ilse«, sagte sie, »ich muss mit dir reden! Lass dich nie auf einen Schwarzen ein! Hörst du! Versprich mir das!« Für meine Großmutter und die Leute im Dorf waren die Marokkaner Wesen aus einer fremden, gefährlichen Welt. Auch für mich waren sie die ersten dunkelhäutigen Menschen, die ich zu Gesicht bekam. Ich hatte panische Angst vor ihnen. Und doch wusste ich, dass es Frauen im Dorf gab, die sich mit den Franzosen eingelassen hatten. Sie schienen nicht zu leiden, im Gegenteil: Sie wirkten glücklich und ich beneidete sie ein wenig, denn sie bekamen Schokolade und Kaugummi geschenkt.

***

In der Grundschule wurden wir ausschließlich von katholischen Klosterschwestern unterrichtet, von strengen Frauen mit schwarzen Kutten und schwarzen Kopfbedeckungen, die nur die Gesichter frei ließen. Wenn ich später im Orient verschleierten Frauen begegnete, musste ich oft an meine Kindheit denken, an meine Schulzeit mit den Klosterfrauen und an die alten Frauen im Dorf, die Kopftücher trugen und deren Haar man nie sah. Und an ihre enge Welt der Normen und Regeln, die so viele und vieles ausschlossen. Hatten wir etwas falsch gemacht, bekamen wir Schläge mit dem Rohrstock, auf die Hände oder die Fingerkuppen. »Tatzen« nannte man das. Da ich Linkshänderin war, bekam ich so lange Tatzen, bis ich es aufgab, den Stift in die linke Hand zu nehmen – und ich, vermeintlich, der Norm entsprach.

Nach den langen Sommermonaten mit blühenden Wiesen und wogenden Feldern wurden die Tage allmählich kürzer, und nach Erntedank und Apfelernte wurde es Winter. Jetzt mussten wir alle ein Gedicht auswendig lernen. Einmal begegnete ich Sankt Nikolaus auf der Brücke, die über den Hausbach zur Kirche führte. Mir blieb fast das Herz stehen. Ich versank in einem tiefen Knicks, als er mich fragte, ob ich ein Gedicht für ihn hätte. Gott sei Dank war ich vorbereitet! Nachdem ich die Verse mit leiser Stimme und gesenktem Kopf aufgesagt hatte, griff er tief in seinen Sack und schenkte mir einen Apfel. Ich weiß heute nicht mehr, ob ich den jemals gegessen habe.

Am Abend klopfte es bei uns zu Hause an der Tür und wieder war es der Nikolaus – mit Rute, Bischofsstab und Bischofsmütze. Jetzt stellte er mir viele Fragen: »Bist du auch brav gewesen? Hast du Mutter und Vater geehrt? Hast du den Lehrern gehorcht? Hast du Unrecht verschwiegen?« Ich war so aufgeregt. Da habe ich gepetzt – und erzählt, dass der Brinkmann die Schule geschwänzt hatte. Dieser Mitschüler und seine Familie waren Flüchtlinge aus Norddeutschland. Als der Nikolaus am nächsten Tag in Begleitung von Knecht Ruprecht in die Schule kam, rief er den Brinkmann zu sich. »Bist du immer brav zur Schule gegangen?«, fragte er und als der Junge herumstotterte, sagte er ihm auf den Kopf zu: »Du hast die Schule geschwänzt!« Daraufhin musste sich der junge Brinkmann über den Tisch legen und wurde von Knecht Ruprecht versohlt und in den Sack gesteckt. Wir Kinder schrien auf vor Schreck. Knecht Ruprecht sah zum Fürchten aus, ganz schwarz im Gesicht, schmutzig-dunkel gekleidet und in der Hand eine große Rute. Er band den Sack zu, warf ihn und den darin wild strampelnden Brinkmann über seine Schulter und gemeinsam mit dem Nikolaus stapfte er zur Tür hinaus. Wir hatten alle Angst. Ich hatte ein abgrundtief schlechtes Gewissen! Ich war es, die den Brinkmann verpetzt hatte! Es vergingen Jahre, bis ich einigermaßen darüber hinweggekommen war.

Ich spiele mit meinen beiden Freunden, den Söhnen der Uhrmacherfamilie, vor dem großen Brunnen am Dorfplatz. Da werde ich zum Mittagessen gerufen. Ausgerechnet jetzt! Im Brunnen haben wir merkwürdige Stäbe entdeckt, rosa, türkis und hellblau. Während meine Freunde versuchen, sie aus dem Brunnen zu holen, wasche ich mir zu Hause die Hände, setze mich an den Mittagstisch. Da gibt es einen riesigen Knall. Die Fensterscheiben zittern. Wir rennen aus dem Haus. Auf dem Dorfplatz ein Bild der Verwüstung. Überall Blut. Meine beiden Freunde liegen auf dem Boden, einem fehlen ein Arm und ein Bein. Die Stäbe waren Handgranaten.

Nachdem die Franzosen Ende der 1940er-Jahre aus Weiler abgerückt waren, ließ meine Großmutter als Erstes das Bett wegschaffen, in dem Josephine Baker geschlafen hatte – und wir zogen wieder nach Stuttgart zurück. Mein Vater hatte das Angebot bekommen, bei Bosch Leiter der Forschungsstelle für Küchenzubehör zu werden. Er besann sich nicht lange und griff zu, und so stand eines Tages ein Möbelwagen vor unserer Tür. Der Abschied vom Allgäu und von meiner Großmutter fiel mir schwer, doch ich war aufgeregt, gespannt auf die große Stadt, an die ich kaum noch Erinnerungen hatte.

Irgendwann waren die Zimmer leer, die Türen des Umzugswagens wurden verschlossen und der Transporter rollte in Richtung Stuttgart. Stolz saß ich hoch oben im Führerhaus. Als wir hinter Ulm den Alb-Abstieg erreichten, dunkelte es bereits. Im Tal schimmerten die Lichter eines Dorfes und in meiner Aufregung rief ich voller Begeisterung: »So groß ist Stuttgart!« Als wir später tatsächlich nach Stuttgart kamen, war ich eingeschlafen.

Ich wollte wissen,
was Leben ist

Ich schämte mich grenzenlos in diesem altrosa Taftkleid. Was hätte ich darum gegeben, wie meine Freundin Elke Pretorius einen Minirock mit fünf oder sechs Petticoats tragen zu dürfen! Den ganzen Abend saß ich brav bei meinen Eltern an einem der hinteren Tische in der Aula, in dieser knöchellangen Peinlichkeit, die meine Mutter für mich ausgesucht hatte – mit zugeknöpftem Bubikragen! Ich war die Einzige, die beim Abschlussball des Tanzkurses nur den Pflichttanz absolvierte.

Der Umzug in die Stadt lag schon einige Jahre zurück. Anstatt über bunte Blumenwiesen führte mein Schulweg jetzt an Trümmergrundstücken vorbei und Ruinen. Von der beschaulichen Lindenberger Oberrealschule war ich ins Königin-Olga-Stift gewechselt, ein reines Mädchengymnasium. Hier hatte ich gleich eine echte Überraschung erlebt: In meiner Klasse gab es fast ausschließlich evangelische Kinder! Hatte ich im Allgäu noch darunter gelitten, als einzige Protestantin eine »Ausgestoßene« zu sein, war jetzt plötzlich alles anders. Und doch kam mir etwas bekannt vor: Während im Allgäu die Katholiken die Protestanten diffamierten, wurden hier die wenigen katholischen Mädchen gehänselt und beleidigt: »Ihr lügt ja alle! Deshalb müsst ihr auch dauernd zur Beichte!«

Im Herzen war ich noch immer katholisch – und wollte später ins Kloster gehen. Noch immer war ich fasziniert von den Ritualen der katholischen Gottesdienste, von den Klingeln und dem Weihrauch und den lateinischen Gebeten.

Dank einer Sonderregelung bekam ich jahrelang doppelten Religionsunterricht – in den katholischen Unterricht wollte ich, in den evangelischen musste ich gehen. Ich konnte nicht begreifen, warum Glaube und Religion nicht Sache eines jeden Einzelnen sein konnten, warum es diese Anfeindungen, diese Ausgrenzungen geben musste. Mein Leben lang hat mich dieses Thema begleitet.

Ich blieb also evangelisch und war trotzdem eine Außenseiterin – jetzt nicht mehr wegen der Religion, sondern wegen meines Allgäuer Dialekts! Wann immer ich den Mund aufmachte, lachte mich die Klasse aus. Ich sagte wie im Allgäu »nah« statt »noi«, wie es in Stuttgart heißt. Und »Semmeln« anstatt »Wecka«. Dabei war mein Dialekt ohnehin nicht sehr ausgeprägt – zu Hause sprachen wir Hochdeutsch, mein norddeutscher Vater konnte gar nichts anderes. Mein Fehler war, dass ich nicht so sprach wie alle andern – und aus Trotz beschloss ich, nie in meinem Leben Schwäbisch zu lernen!

* * *

In unserem letzten Allgäuer Winter hatte meine Mutter bei einem Skiunfall einen schweren Schädelbruch erlitten. Wochenlang hatte sie im Krankenhaus gelegen und lange war nicht sicher, ob sie die Verletzung überleben würde. Davon noch geschwächt hatte sie sich in ihrem ersten Stuttgarter Jahr auch noch eine schwere Lebensmittelvergiftung zugezogen – aus falsch verstandener Sparsamkeit: Im Kühlschrank waren Bohnen, die sie ihrer Familie nicht zumuten wollte. Aber für sie selbst waren sie noch gut genug. Ganz gesund wurde meine Mutter danach nie mehr, ihr Leben lang hatte sie Gesundheitsprobleme und musste Diät leben.

Als ein Jahr nach unserem Umzug meine jüngste Schwester Edith zur Welt kam, war diese Geburt für die schwache Konstitution meiner Mutter fast zu viel. Völlig entkräftet und mit Schüttelfrost lag sie tagelang im Bett. Als Älteste begann ich zu Hause eine ähnliche Rolle zu spielen wie in der Schule: angepasst und immer freundlich. Die Umstände ließen mir wenig Alternativen, denn meine Mutter war oft bettlägerig und krank. Diese Last war, wie ich heute weiß, oft zu viel für mich als Zwölf- oder Dreizehnjährige. Meine jüngere Schwester Elke war ein Gassenkind, immer unterwegs mit vielen Freundinnen. Ich spielte so gut wie nie mit anderen Kindern. Wenn ich nicht für die Schule lernte, im Haushalt half oder die kleine Edith umsorgte, hatte ich ein Buch vor der Nase und flüchtete mich in die Welt meiner Bücher; die waren spannender als mein eigenes Leben. Die Bücher gab es in der Schulbibliothek. Mein Vater besaß zwar einen gut gefüllten Bücherschrank, doch der war für mich tabu. Darin standen Titel wie *Die Moorsoldaten* von Wolfgang Langhoff und *Via Mala* von John Knittel, nicht gerade Kinderliteratur. Als er mein Interesse daran bemerkte, sicherte er den Schrank mit einem soliden Schloss.

Ich aber brauchte meine kleinen Fluchten. Mein Lieblingsort wurde der Stuttgarter Bahnhof, ein magischer Ort für mich. Mehrmals in der Woche stahl ich mich nachmittags heimlich an den Bahnhofsplatz, stand stundenlang in der großen, überdachten Halle und schaute mir die Leute an, die aus den Zügen stiegen. Ich sah, wie unterschiedlich sie angezogen waren, wie unterschiedlich sie sich verhielten und sprachen, und entwickelte eine unglaubliche Sehnsucht – nach der Ferne, nach anderen Ländern, einem anderen Leben.

Für meine Eltern ging es in Stuttgart wirtschaftlich bergauf. Als Leiter der Küchentechnik von Bosch brachte mein Vater immer die modernsten Geräte mit nach Hause. Später wechselte er in seine alte Position und wurde, wie früher, Chef der Forschungsabteilung für Autozubehör. Jetzt war er leitender Manager eines Wirtschaftswunderkonzerns. Meine Eltern waren wohlhabend, für viele andere Familien waren wir reich. Aber davon merkte man nichts, so sparsam wie wir lebten. Meine Kleider wurden aus denen meiner Mutter genäht, die anderen Kinder hänselten mich wegen meines altmodischen Outfits. Der Mief der 50er-Jahre. In dieser erzkonservativen Zeit setzte man auf Vergessen und Wiederaufbau, auf Tugenden wie Fleiß, Anstand und Gehorsam. Für meinen Vater war das eine Art Glaubensbekenntnis. Gütig, streng und verklemmt versuchte er, uns zu erziehen. Er war das unumstrittene Familienoberhaupt, unser ganzes Familienleben war auf ihn ausgerichtet. Er war pflichtbewusst, fürsorglich, fleißig – und nicht minder altmodisch. Unsere Erziehung hätte besser ins 19. Jahrhundert gepasst als in die allmählich aufwachende Gesellschaft der 50er. Wenn wir bei Tisch nicht gerade saßen, zwang er uns mit einem Besenstiel zwischen den Schultern zu einer aufrechten Sitzhaltung. Wenn wir den Teller nicht ganz leer gegessen hatten, mussten wir so lange sitzen bleiben, bis der letzte Krümel verschwunden war.

Damals wohnten wir schon nicht mehr zur Miete. Meine Eltern hatten 1956 ein Haus gekauft, ein Reihenhaus mit drei Stockwerken, in Hanglage am Rande des Stuttgarter Kessels, mit achtzig Stufen vor der Haustür und einer riesigen Dachterrasse, von der man einen traumhaften Blick über ganz Stuttgart hatte. Jeden Abend, wenn unser Vater heimkam und die Treppe hochstieg, rief diejenige von uns, die ihn zuerst gesehen hatte: »Vati kommt! Vati kommt!« Wir legten rasch die Schürzen zur Seite, wuschen die Hände, fuhren mit der Bürste durchs Haar, liefen nach unten und reihten uns wie die Orgelpfeifen hinter dem Eingang auf. Die kleine Edith stand ganz vorne, dann kam Elke, dann ich und zum Schluss meine Mutter. Wir standen Spalier – bis sich schließlich die Haustür öffnete und mein Vater eintrat und uns, eine nach der anderen, der Reihe nach begrüßte. An jedem Wochentag spielte sich dieses Ritual ab. Sobald mein Vater zu Hause war, konzentrierte sich alles auf ihn. Jeder Wunsch wurde ihm von den Lippen abgelesen. Dann aß er mit uns zu Abend, setzte sich anschließend bis nachts um elf an seinen Schreibtisch und arbeitete in den Akten, die er mit nach Hause gebracht hatte. Mein Vater hat ständig gearbeitet! Ich habe ihn fast nur so erlebt.

Meine Eltern stritten sich nie, zumindest nicht vor uns Kindern. Und auch uns erzog meine Mutter so, dass wir gar nicht auf die Idee kamen, ihr oder meinem Vater zu widersprechen – Widerstand blieb lange Zeit ein Fremdwort für mich. Bis zu meinem sechzehnten Geburtstag bekam ich ganze zwei Mark Taschengeld im Monat. Am Abend musste ich um neun Uhr ins Bett. Einen Fernseher gab es nicht. Nach dem Abendessen saßen wir im Wohnzimmer auf dem Sofa und stopften, strickten, häkelten und stickten. Oft war auch meine Großmutter aus dem Allgäu dabei. Als die Großtante gestorben war und auch meine Großmutter nicht mehr allein zurechtkam, hatten meine Eltern sie zu uns nach Stuttgart geholt, weg aus ihrem Dorf, von den Blumenwiesen und dem Hausbach am Fuß der Berge.

* * *

Nun saß ich also im knöchellangen, altrosafarbenen Kleid mit zugeknöpftem Bubikragen beim Tanzschulabschlussball, neben mir mein strenger norddeutscher Vater.

Beziehungen zum anderen Geschlecht gab es für mich nicht – die Kombination aus Mädchengymnasium und Ernst Finkelmann ließ nichts anderes zu. Sex wurde bei uns zu Hause ignoriert. Natürlich träumte ich wie alle Mädchen von der großen Liebe, von einem Prinzen, der auf einem feurigen Pferd geritten kommt. Aber einen besonderen Jungen hatte ich nicht im Auge. Ich war nie verliebt, während viele meiner Freundinnen schon fest liiert oder sogar verlobt waren.

In der Tanzstunde hatten sie über mich gelacht. Meine Freundin Elke Pretorius, eine Arzttocher, sagte damals zu mir: »Ilse, ich muss mich dauernd für dich schämen. Die anderen lachen mich immer aus, weil du keine Ahnung hast!« Sex meinte sie natürlich. Mit Elke verband mich eine enge Freundschaft, wir waren eine Zeit lang unzertrennlich. Wie Pat & Patachon, das dänische Komikerpaar, kamen wir daher: sie klein und rundlich, ich lang und dünn wie eine Bohnenstange. Nach dem Abschlussball drohte sie, mir die Freundschaft aufzukündigen. Das traf mich tief. »Ilse«, sagte sie zu mir, »schau dir nur dein Kleid an! So geht's nicht weiter.«

Andere trugen jetzt Petticoat-Kleider mit freizügigem Ausschnitt und die ersten Jeans, und während meine Mitschüler James Dean und Elvis verehrten, bei dessen hüftenschwingenden Auftritten die Teenager reihenweise in Ohnmacht fielen, reagierte mein Vater mit Abscheu. Er hörte klassische Musik. Alles andere existierte für ihn nicht.

Meine Energie konzentrierte ich damals ganz auf die Schule, und auf Oper und Theater. Ich war Kulturreferentin im Königin-Olga-Stift, einmal pro Woche musste ich für die Schule die reservierten Eintrittskarten abholen. Deshalb verpasste ich nie eine neue Vorstellung und saß immer auf den besten Plätzen. Alles sog ich in mich auf. Da ich

Sprachen liebte, war ich auch immer die Beste in Englisch und eine der Besten in Deutsch. Sprache war für mich wichtig und wertvoll.

Interesse fürs männliche Geschlecht bekam ich durch die Musik. Aber nicht durch Presley und Rock 'n' Roll, es war die Geige meines norddeutschen Großvaters. Die hatte ich geerbt und schon in der zweiten Klasse hatte ich angefangen, Geigenunterricht zu nehmen. Bei uns zu Hause hörte man viel Musik, auch tagsüber liefen oft Schallplatten mit Opernmusik, die nicht nur mein Vater, sondern auch meine Mutter liebte.

Mein Musiklehrer, der mir das Geigespielen beibrachte, hatte mich bald ins Schulorchester aufgenommen. Und auf Vermittlung meines Vaters spielte ich jetzt auch in einem Studentenorchester, das zu einer nicht schlagenden Verbindung angehender Ingenieure gehörte. Dort traf man sich auch außerhalb der Proben, und jetzt begann auch ich, regelmäßig mit Spaß zu tanzen.

Es dauerte nicht lange, da hatte auch ich endlich einen Freund: betucht und mit einem tollen Sportwagen. Alle meine Mitschülerinnen standen da und staunten, wenn er, mit einem Blumenstrauß bewaffnet, am Pausenhof vorfuhr und mich von der Schule abholte. Ich gab es ihnen zurück: Plötzlich war ich akzeptiert – nur weil ich diesen »Sunnyboy« kannte. Ich war stolz und mochte ihn, fürs Verlieben aber hat es nicht gereicht. Er meinte es ernst, ich nicht.

Auch mein Vater hatte Zukunftspläne für mich: Bei Bosch arbeitete damals ein junger Student, der ihm gefiel. Als dieser junge Mann eines Tages bei uns zu Hause auftauchte und mir einen Heiratsantrag machte, war ich einfach platt. »Daran denke ich doch überhaupt nicht! Ich bin viel zu jung!« Ich wollte nicht. Ich wollte nicht einmal darüber nachdenken.

Das war auch die Zeit, in der mein Vater mich immer wieder fragte: »Was willst du werden?« Dass ich studieren würde, war klar, darüber gab es zu Hause keinerlei Diskussionen. Studieren und promovieren. Mir schwebte »irgendetwas mit Form und Farbe« vor, ich traute mir damals alles zu – alles außer Mathematik und Physik. Dann passierte etwas Aufregendes: Mein Vater sollte für seine Firma nach Amerika fliegen. Zum ersten Mal über den großen Teich, in die neue Welt!

Ich begleitete ihn zum Flughafen und da stand ich einfach nur da, wie bei meinen Besuchen am Stuttgarter Bahnhof. Das Gefühl war dasselbe, und doch war alles eine Spur größer. Hier bekam ich eine Ahnung, wie groß die Welt wirklich ist. Eine Maschine aus Rom wurde angekündigt, auf Deutsch, Englisch und Italienisch. Die nächste ging nach Paris und wieder eine andere nach London. Ich war sprachlos. Und in diesem Augenblick wurde mir klar, was ich wollte. Ich will Sprachen studieren, wusste ich jetzt. Und irgendwann ins Ausland gehen. Ich wollte wissen, was Leben ist.

Auf Hölderlins Spuren

*A*n einem klaren Frühlingsmorgen gehe ich von meinem Zimmer zur Uni, schwungvoll, mit großen Schritten, wie ich es von meinem langen Schulweg im Allgäu her gewohnt war. Auf der anderen Straßenseite kommt mir ein junger Mann entgegen, auch ein Student. Ich schaue hinüber zu ihm. Und er guckt frech zurück. Er gefällt mir. Solange wir in Blickweite sind, schauen wir einander nach.

Diese Szene wiederholte sich von diesem Tag an jeden Morgen. Fast an derselben Stelle begegnete ich diesem geheimnisvollen jungen Mann und unsere Blicke trafen sich. Und wenn ich ihn sah, klopfte mein Herz, als ob es zerspringen wollte.

Um das zu erleben, hatte ich Stuttgart verlassen und zum Studieren ins romantische Tübingen gehen müssen. Ich genoss die neuen Freiheiten und verbrachte viel Zeit damit, die malerische Altstadt am Neckar zu entdecken, mit ihren verwinkelten Gassen und Fachwerkhäusern, den Stocherkähnen auf dem Fluss und dem sagenumwobenen Hölderlinturm. Die altehrwürdige Universität aus dem 15. Jahrhundert liegt mitten in der Stadt und bestimmte ihr Leben. Tübingen war gemütlich und umtriebig, und die vielen Verbindungshäuser hatten einen besonderen Charme, meist alte Gemäuer mit großen Gärten, in denen man prächtig feiern konnte. Ich ließ jetzt keine Gelegenheit aus: Mehrmals in der Woche fanden Studentenfeten statt, schon bald kannte ich viele Studenten in Tübingen – und fühlte mich pudelwohl. Ein völlig neues Lebensgefühl für mich, das ich genoss.

Aber ich blieb fleißig und wissbegierig, die Vorlesungen und Seminare begeisterten mich, nicht nur Germanistik und Anglistik, ich ging auch in Medizinvorlesungen. Vielleicht würde ich ja umsatteln, alles schien möglich. Ich wohnte in einem möblierten Zimmer außerhalb der Altstadt, eine knappe halbe Stunde von der Uni entfernt. Für die Miete musste ich gerade mal fünfzig Mark im Monat berappen, was selbst für die damaligen Verhältnisse außergewöhnlich preiswert war. Alles andere wäre nicht machbar gewesen, da ich mit dem Geld haushalten musste – mein sparsamer Vater hielt mich nach wie vor knapp. Manchmal hatte ich gegen Ende des Monats kaum noch Geld, um mir etwas zu essen zu kaufen. Zu meinen Lieblingsorten gehörte damals die Uni-Bibliothek, wo ich über den Büchern saß und lernte. An einem Vormittag stand plötzlich der Student, der mir gegenübersaß, auf und sagte ein wenig schüchtern: »Das ist jetzt schon der zweite Tag: Ihr Magen knurrt immer so laut, ich kann mich nicht konzentrieren. Darf ich Ihnen zehn Pfennig geben für eine Brezel?«

Und da war Wolfgang Müller, er lud mich einmal pro Woche, jeden Mittwoch, zu sich nach Hause zum Mittagessen ein. Er war damals mein bester Freund, doch außer, dass wir uns hin und wieder in den Arm nahmen und kuschelten, gab es nichts. So schwer es meinem »Teddybär-Freund«, wie ich Wolfgang nannte, auch gefallen sein mag: Er akzeptierte meine Zurückhaltung, obgleich er bis über beide Ohren in mich verliebt war. Alle anderen in meinem Bekanntenkreis hatten richtige Freunde – nur ich nicht. Ich machte mir allmählich selbst Gedanken über mich – was war los mit mir? War ich normal?

Dann wurde es Frühling. Zum Ende des ersten Wintersemesters schmolz der Schnee, Krokusse blühten, Osterglocken leuchteten an den Neckarauen und am Morgen zwitscherten die Vögel so schön wie noch in keinem Jahr zuvor.

Da passierte es – ich begegnete dem geheimnisvollen Studenten auf meinem Weg zur Uni. Wo immer ich auch war – in der Mensa, in der Vorlesung, in der Bibliothek –, immer tauchte er jetzt auf.

Eines Tages, in meiner Germanistikvorlesung bei Beißner, saß er wieder drei Reihen vor mir und drehte sich provozierend zu mir um. Er starrte mich einfach an. Professor Friedrich Beißner war einer der Stars der Tübinger Uni, seine historisch-kritische große Stuttgarter Hölderlin-Ausgabe war ein Bestseller und seine Vorlesungen waren ein Spaß.

Plötzlich machten die Verse für mich Sinn, ich konnte nicht genug kriegen von Hölderlin:

»Froh der süßen Augenweide
Wallen wir auf grüner Flur.
Unser Priestertum ist Freude,
Unser Tempel die Natur.
Heute soll kein Auge trübe,
Sorge nicht hienieden sein!
Jedes Wesen soll der Liebe,
Frei und froh, wie wir, sich freun!«

Nach der Beißner-Vorlesung versuchte ich in der Bibliothek, wo man kein Wort reden durfte, meine Gefühle unter Kontrolle zu bringen und zu arbeiten. Aber das klappte nicht. Als ich von meiner Lektüre aufschaute, blickte ich wieder direkt in die Augen meines schweigsamen Schattens. Vor Aufregung wurde ich immer nervöser. Warum sprach er mich nicht an? War er genauso schüchtern wie ich? Ich rutschte unruhig auf meinem Stuhl hin und her. Das Herz schlug mir bis zum Hals. Nach einer Ewigkeit, in der wir uns mit Blicken verschlangen, stand ich auf und flüchtete mich zur Toilette. Auf dem Rückweg zur Bibliothek traf ich meinen »Teddybär-Freund«. Mit Wolfgang im Schlepptau sah ich dann meinen Unbekannten im Kreis anderer Studenten. Und plötzlich hielt ich es nicht mehr aus, nahm all meinen Mut zusammen und ging auf ihn zu: »Entschuldigen Sie, wie spät ist es denn?«

Das war albern, aber in der Aufregung fiel mir nichts Besseres ein. Wolfgang Müller stand noch immer dicht neben mir und so fiel dieser erste Satz, den ich von ihm hörte: »Junger Freund, Sie haben eine unwahrscheinliche Fähigkeit, überflüssig zu wirken.« Wolfgang schlich sich davon. Ich habe überhaupt keine Erinnerung mehr daran, ob er mir leid tat, ob ich ihm nachging. Ich war auf den großen Unbekannten fixiert, der jetzt auch endlich mit mir sprach. Von diesem Moment an war nichts mehr wie zuvor.

* * *

Er war selten allein, fast immer war er von Kommilitonen umgeben, die den Macho bewunderten. Doch mir gegenüber war er schüchtern, er traute sich nicht einmal, nach meinem Namen zu fragen. Da ich keine Spur mutiger war, löste sich das Problem erst, als ich am Samstagnachmittag wie üblich übers Wochenende zu meinen Eltern nach Stuttgart fahren wollte. Kurz vor der Abfahrt meines Zuges fasste ich mir ein Herz. Wir hatten uns ein paar Stunden vorher in der Altstadt getroffen und standen am Rathaus in der Marktgasse, als ich ihn fragte: »Wie heißt du eigentlich?« Er lehnte neben einer Parkuhr, über die er den linken Arm legte, und mindestens so lässig wie James Dean deutete er mit einem Finger der rechten Hand auf den Werbeschriftzug des Parkometers. »Kienzle« war da deutlich lesbar ins Metall gestanzt. Dann brachte er mich zum Zug und wir trennten uns für ein nicht enden wollendes Wochenende.

Zu Hause erzählte ich meinen Eltern enthusiastisch: »Ich habe *den* Mann meines Lebens kennengelernt!« Froh darüber, meinen Vater beeindrucken und damit für mich gewinnen zu können, fügte ich hinzu: »Der Sohn vom Uhren-Kienzle!« Kienzle-Uhren waren damals eine bekannte Marke. Aber mein Vater sagte nur trocken: »Du bist aber naiv! Der hat dich sicher angelogen!« – »Nie würde er mich anlügen! Nie im Leben!«

Zurück in Tübingen erzählte ich das meinem »Kienzle«. Der lachte: »Natürlich bin ich nicht vom Uhren-Kienzle. Aber mein Name ist Kienzle, Ulrich Kienzle.« In Tübingen studierte er Politische Wissenschaften, Germanistik und Kunstgeschichte. Sein Vater war kein Fabrikant, sondern ein einfacher Zimmermann in Neckarrems, einem Dorf einige Kilometer östlich von Stuttgart. Seit längerer Zeit war er schwer krank, sodass Ulrichs resolute Mutter mit ihrem Tante-Emma-Laden die Familie ernähren musste: der einzige Laden im Dorf, und dort arbeitete sie von morgens bis spät am Abend. Ulis familiärer Hintergrund unterschied ihn von vielen seiner Kommilitonen, die meist aus relativ gut situierten Familien stammten. Vielleicht war das der Grund, warum er so gern den Macho spielte, nicht nur anderen, sondern jetzt auch mir gegenüber.

Er schien sich behaupten zu müssen, hatte früh gelernt, seine Ellenbogen auszufahren und sich mit einer Aura der Unantastbarkeit zu umgeben. Regelmäßig prüfte er seine Umgebung, wie weit er gehen konnte. Er provozierte – und ich liebte ihn. Er diskutierte und agitierte – und ich liebte ihn. Er holzte beim Fußball die Gegner um – und ich liebte ihn. Wir trafen uns jetzt oft in einem kleinen Tübinger Café. Ich hatte damals die Angewohnheit, meinen Kaffee schwarz zu trinken, doch jedes Mal, wenn der Kellner die Tasse brachte, nahm Uli die Zuckerdose und schüttete den größten Teil ihres Inhaltes hinein. Kaffee ohne Zucker schmeckt nicht – fand er. So lange, bis ich mich daran gewöhnt hatte und Kaffee mit Zucker trank. Er bestimmte die Regeln – bei allen, die sich nicht dagegen wehrten. Nichts anderes war ich von meinem Vater gewohnt.

* * *

Als ich Uli kennenlernte, wohnte er in der Haaggasse 25 zur Untermiete, bei Frau Seiler, einer fröhlichen, aufgeweckten Bayerin um die vierzig, die es ins Schwäbische verschlagen hatte. Ich habe die kleine, zierliche Handwerkerfrau nie anders als mit einer Schürze gesehen. Ihr Mann war still, fast stoisch, ein Flaschnermeister, der ein Handwerksgeschäft betrieb und einen kleinen Weinberg bewirtschaftete. Seinen Wein bezeichnete man auf Schwäbisch als »Semsagrebsler«[1]. Bei den Seilers wohnte noch ein Student, der von der Schwäbischen Alb stammte und Lehrer werden wollte. Eines Nachts, nachdem die beiden am Vorabend Herrn Seilers räsen Tropfen ausgiebig probiert hatten, wachte Uli mit völlig ausgetrockneter Kehle auf. Dringend musste er etwas trinken. Auf dem Tisch stand eine halbvolle Flasche. Apfelsaft, dachte er in seinem Tran, und erst nachdem er einen kräftigen Schluck genommen hatte, erkannte er seinen fatalen Irrtum: Der Mitbewohner hatte keine Lust gehabt, in der Nacht durchs ganze Haus auf die unbeheizte Etagentoilette zu gehen und hatte, ganz pragmatisch, in die Flasche gepinkelt. Uli war völlig außer sich. In fester Überzeugung, sich schwer vergiftet zu haben, rannte er durchs Haus und rief nach seiner Wirtin: »Frau Seiler, Frau Seiler, ich brauch' einen Schnaps!«

---

1 Wenig bekömmlicher, saurer Wein

Danach war die Freundschaft zwischen den beiden ziemlich abgekühlt und Uli zog in der Nachbarschaft in ein altes Fachwerkhaus mit drei Stockwerken, das ebenfalls den Seilers gehörte, schmal, hoch und innen mit Holz vertäfelt. In der Kammer unterm Dach, in der Uli hauste, stand ein unglaublich schmales Holzbett. Daneben ein Schrank, ein Waschbecken und ein kleiner Kanonenofen, mit dem man den Raum nur an milden Tagen warm bekam.

Für mich war es damals absolut undenkbar, vor der Ehe Sex zu haben. Doch vier Wochen nach der ersten Begegnung mit Uli war es vorbei mit meinen ehernen Prinzipien. Es gab kein Nachdenken mehr, es passierte einfach. Ulis Dachkammer, die auf so archaische wie romantische Weise an eine Dichterkate des letzten Jahrhunderts erinnerte, wurde zu unserem Liebesnest.

Ich hatte ein schlechtes Gewissen und konnte mit niemandem darüber reden – und trotzdem blieb ich bald jede Nacht bei ihm.

Da niemand Ulis »Damenbesuch« bemerken durfte, schlich ich kurz vor Morgengrauen, immer pünktlich um halb vier, die knarrenden Stiegen hinunter. Die Haustür quietschte. So leise es eben ging, stahl ich mich aus dem Haus und lief im Dunkeln über das Kopfsteinpflaster nach Hause. Einmal verfolgte mich ein französischer Besatzungssoldat und ich konnte gerade noch verhindern, dass er seinen Fuß in meine Haustür stellte.

Nach diesem Erlebnis war ich dankbar, als Frau Seiler eines Tages auf Uli zuging: »Herr Kienzle«, sagte sie. »Können Sie Ihrer Freundin nicht sagen, sie soll bei Tageslicht von Ihnen weggehen, wenn die Leute schon unterwegs sind? Und nicht heimlich in der Nacht. Die Leute reden schon darüber!« So hielten wir es dann und bewunderten im Stillen den Mut von Frau Seiler. Sie war liberal und

hatte sich nicht einmal durch den berüchtigten Kuppel-
paragrafen[2] abschrecken lassen.

Auf dem Weg zur Uni kam ich an einer katholischen Kirche vorbei, und es verging kein Tag, an dem ich nicht hineingegangen wäre. Zehn Pfennig warf ich in den dunkelbraunen, quadratischen Blechkasten und kaufte mir eine kleine,
weiße Kerze. Tag für Tag zündete ich sie an, stellte sie zu
den anderen und kniete nieder. »Lieber Gott«, betete ich,
»mach, dass ich nicht schwanger werde!« Das war, zuge-
geben, eine etwas fatalistische Verhütungsmethode – zumal
Uli als »Kirchensteuer zahlender Agnostiker« nicht an
Wunder glaubte.

Trotz dieser Ängste war ich glücklich wie noch nie. Uli, in
einem gefühlsarmen, pietistischen Haus aufgewachsen, er-
ging es ebenso. Auch er hatte sich noch nie so bedingungslos
verknallt. Wir lebten in einem absoluten Ausnahmezustand.

*Der Scherenschleifer, der regelmäßig bei Seilers vorbei-
kommt, ist wieder zu Besuch, ein hagerer, stadtbekannter
Alter. In seinem Wagen, den er hinter sich herzieht, hat er
allerlei Nützliches, Schnürsenkel, Garn, Schuhcreme. Uli
und ich sitzen mit Frau Seiler auf der Stiege vor dem Haus.
Sie hat einen Krug Most aus dem Keller geholt, auch dem
Händler hat sie ein Glas angeboten. Nachdem er sich ge-
stärkt hat, bietet er zum Dank an, uns allen aus der Hand
zu lesen. Als Erstes nimmt er Ulis Hand. »Ich sehe«, sagt er,
»dass Sie später einmal viel im Ausland sein werden.« Uli
und Frau Seiler lachen. Ich mache mir noch lange Gedanken über diesen Satz.*

2 Bis 1969 galt in der Bundesrepublik der umstrittene § 180, der regelte, dass jemand,
der »durch Gewährung von Gelegenheit Unzucht Vorschub leistet, (...) mit Gefängnis
nicht unter einem Monat bestraft« wird.

* * *

Unsere Freunde akzeptierten schnell, dass wir jetzt zusammen waren. Gemeinsam mit einigen Kommilitonen hatte Uli einen Filmclub gegründet. Viele Stunden verbrachten wir zusammen im Studentenkino, fasziniert von Vittorio De Sicas *Fahrraddiebe* und Ingmar Bergmans *Lächeln einer Sommernacht*. Wir lachten über das *Schützenfest* von Jacques Tati und fieberten mit James Dean in *… denn sie wissen nicht, was sie tun*. Eine neue Welt tat sich für mich auf, weit weg von meinem Elternhaus.

Noch immer war ich mit Wolfgang Müller eng befreundet. Unsere Freundschaft bestand weiter, weil er so klug war, meine Liebe zu Uli zu akzeptieren, so schwer es ihm auch fiel. Nach wie vor war ich bei seiner Familie zum Mittagessen eingeladen, jeden Mittwoch.

Ich fühlte mich geborgen wie bisher nur zu Hause. Frau Seiler führte ein offenes Haus, in dem Geselligkeit groß geschrieben und immer viel gelacht und diskutiert wurde. Nur Ulis heftige Eifersuchtsattacken trübten von Zeit zu Zeit unser Glück. Ganz ungefährlich waren sie nicht. Einmal, als wir in Frau Seilers Stube saßen und ich übermütig und völlig ohne Hintergedanken mit Ulis bestem Freund flirtete, verschwand er und kam kurze Zeit später mit einer Pistole in der Hand zurück. Unvermittelt schoss er in die Wand, knapp am Ohr seines Freundes vorbei. Wir waren entsetzt, Uli aber lachte, hielt das für einen Scherz, mit dem er seinem Freund und mir klarmachen wollte, wie die Rollen verteilt waren. Es war gespenstisch. Die Pistole, eine 08, stammte aus dem Zweiten Weltkrieg und gehörte seinem Vater. Der hatte die Waffe zu Hause in einer Schublade versteckt. Uli hatte sie dort entdeckt und, ganz Marlon Brando, nach Tübingen mitgenommen. Am nächsten Morgen verließ er früh das

Haus. Mit der Pistole in seiner Jackentasche ging er zum Neckar und warf sie ins Wasser.

Jahre später, während der Studentenunruhen, haben wir Frau Seiler wiedergetroffen. Sie erinnerte sich genau und lachte: »Wissen Sie, Herr Kienzle, die heutigen Studenten sind langweilig: die demonstrieren nur. Sie haben wenigstens noch geschossen!«

* * *

Als meine Eltern bemerkten, dass der junge Politikstudent in meinem Leben eine immer größere Rolle spielte, beschlossen sie, ihn bei passender Gelegenheit unter die Lupe zu nehmen. »Am nächsten Sonntag fahren wir am Nachmittag ins Tanzcafé nach Bad Liebenzell«, verkündete mein Vater. »Bring doch deinen Herrn Kienzle mal mit!«

Uli kam also zu seinem Antrittsbesuch nach Stuttgart, eine Begegnung der dritten Art, gegensätzlichere Ansichten konnte man kaum haben, eine Annäherung war unmöglich. Uli gab sich große Mühe, war höflich und zuvorkommend – und doch war spürbar, dass er, der aus einfachen schwäbischen Verhältnissen stammte, gegenüber dem Ingenieur Ressentiments hatte.

Für meinen Vater war Uli der Mann, den er nicht ausgesucht hatte, den er nicht im Griff hatte und der ihm jetzt seine Älteste wegnehmen wollte. Uli litt darunter, wie eng und innig mein Verhältnis zu meinem Vater war, und als engagierter, politischer Student begegnete er meinem völlig unpolitischen Elternhaus mit Hochmut. Auch ich war damals völlig unpolitisch; wenn Uli mit seinen Freunden diskutierte, hörte ich höflich-distanziert zu. Ich las weder Zeitung noch interessierten mich die Nachrichten im Radio. Ich lebte in einer Welt, die losgelöst war vom Welt-

geschehen. Natürlich hatte ich in der Schule Geschichts-
unterricht gehabt, doch unser Schulleiter hatte den Unterricht in der Oberstufe mit dem Ersten Weltkrieg beendet.
Als ich 1959 Abitur machte, hatte ich kaum eine Ahnung
von den Verbrechen der Nazizeit, der Judenverfolgung
oder der Frage nach der Kriegsschuld – all das war weder
in der Schule noch in meinem Elternhaus je thematisiert
worden.

Uli zuliebe begann ich, in Tübingen auch die Vorlesungen
von Theodor Eschenburg zu besuchen. Eschenburg hatte als
Erster in Deutschland einen Lehrstuhl für Politikwissen-
schaften. Aber ich ging in seine Vorlesungen nicht, weil mich
seine Theorien interessierten, sondern weil Uli hinging und
ich bei ihm sein wollte. Interesse an Politik kam sehr viel
später, durch Uli und seine Arbeit.

Unter diesen ungünstigen Vorzeichen fuhren wir zum
Fünf-Uhr-Tanztee nach Bad Liebenzell. Meine Mutter saß
angespannt auf dem Beifahrersitz, mein Vater lenkte seinen
Mercedes, und Uli und ich saßen auf dem Rücksitz und be-
nahmen uns so gesittet, wie man es von jungen Leuten damals erwartete. Der Tanztee erinnerte mich an meinen Tanzschulabschlussball. Bemüht freundlich und verkrampft
saßen wir vier an einem der hinteren Tische und schauten
den anderen Paaren beim Tanzen zu – bis mein Vater irgendwann die Rechnung verlangte. Wir waren alle erleichtert.
Auf der Rückfahrt vergaßen Uli und ich für einen Moment
unsere guten Vorsätze und küssten uns. Unglücklicherweise
genau in dem Moment, als Ernst Finkelmann in den Rück-
spiegel blickte.

Von da an war Uli für ihn nicht mehr existent. Dass dieser
junge Flegel die Frechheit besaß, seine Tochter in seinem
Beisein zu küssen, war nicht hinnehmbar. Dieser junge
Mann war in den Augen meines Vaters nicht gesellschafts-

fähig. Wann immer Uli mich später zu Hause abholte, verschwand er unter einem Vorwand im Keller oder im Garten. Konsequent wich er ihm aus, ein Gespräch war nicht mehr möglich.

***

George war Amerikaner und einer von Ulis Freunden in diesen Tübinger Tagen. Er studierte in Deutschland Medizin und hatte reiche Eltern in den USA. Ihr Geld sollte uns 1960, kurz vor meinem einundzwanzigsten Geburtstag, zu einer unvergesslichen Reise verhelfen. Georges Vater hatte einen Narren an einem Mercedes-S-Klasse-Modell gefressen. Er hatte herausgefunden, dass der Mercedes hier erheblich billiger war als in den Staaten, und das trotz Transportkosten und Zoll. Besonders günstig war der Deal – und das geriet uns zum Vorteil –, wenn man die Limousine als Gebrauchtwagen einführte. Dazu musste der Mercedes aber einige Tausend Kilometer auf dem Tacho haben.

Wir waren begeistert. Der Plan war, quer durch Frankreich und Spanien nach Portugal zu fahren. Mein Vater sagte überraschend »Ja« zu der Reise – allerdings nur unter der Bedingung, dass die Schwester einer der Freunde ebenfalls mit von der Partie sein würde. Nach Ansicht meines Vaters sollte sie die Rolle einer Anstandsdame erfüllen, in ihrer Gegenwart würden Uli und ich nicht auf dumme Gedanken kommen. Im April 1960 ging es dann tatsächlich los, morgens um sieben standen meine Freunde mit dem dicken Mercedes bei meinen Eltern vor der Tür und holten mich ab. Unser spanisches Abenteuer konnte beginnen.

Über Mulhouse, Belfort und Besançon fuhren wir bis zu einem Weingut im Burgund, wo die Schwester des Freundes als Au-pair-Mädchen erwartet wurde. Nach der langen Fahrt

waren wir froh, bei ihren Gasteltern übernachten zu können – nicht im Gutshaus, sondern unter freiem Himmel in
einem exotischen Orangengarten direkt am Haus.

Die nächste Etappe war Avignon mit dem Palais des
Papes. Ich musste zu meinem Erstaunen feststellen, dass
früher in der katholischen Kirche das reine Chaos herrschte.
Mein Kirchenbild wurde immer verwirrender: Es hatte einmal einen Papst in Rom und einen Gegenpapst in Avignon
gegeben. Ein anderes Frankreich als das aus dem Französisch-
unterricht. Wir fuhren nach Saintes-Maries-de-la-Mer, dann
entlang der südfranzösischen Küste bis nach Spanien. Alles
war neu für mich – die Düfte, das Licht, der andere Lebens-
rhythmus. Wir schliefen am Strand, und nachdem wir die
Grenze zu Spanien passiert hatten, stellten wir das Auto
einfach am Meer im Schutz einiger Felsen ab.

Am nächsten Morgen bekamen wir Besuch von der
Guardia Civil. Die Beamten tauchten ausgerechnet in dem
Moment auf, als ich im Bikini schwimmen gehen wollte. Im
erzkatholischen Spanien war – was ich damals nicht wusste
– ein Bikini völlig undenkbar, die Gardisten wollten mich
festnehmen – wegen unsittlichen Verhaltens. Mit Mühe
überredeten meine Begleiter die Polizisten und boten an,
sofort weiterzufahren und den Frieden des kleinen Ortes
nicht länger zu gefährden. Moral und Anstand wurden
auf diese Weise gewahrt, wir packten schleunigst zusammen
und fuhren davon.

In Spanien begegnete uns ein ganz anderes Lebensgefühl
als in Frankreich. Das Land litt noch spürbar unter dem fa-
schistischen Franco-Regime. Die alten Frauen waren schwarz
gekleidet, die Männer wirkten abweisend. Überall, wo wir
hinkamen, dachten die Menschen, wir wären reiche Ausländer. Eine solche Luxuskarosse kannte man damals in Spanien
höchstens vom Hörensagen. In den Dörfern war unser Auto

eine Sensation, Kinder und Erwachsene scharten sich um uns und riefen bewundernd: »Mercedes, Mercedes«. Dass wir »Reichen« auf den Feldern Orangen und Aprikosen klauten, um unsere magere Urlaubskasse zu schonen, und lieber billigen Wein als teure Milch tranken, wussten sie nicht. Wir fuhren durch ganz Südspanien bis Gibraltar und von dort erst an der spanischen, dann an der portugiesischen Küste entlang bis nach Lissabon. Auf dem Weg nach Madrid übernachteten wir nach einem warmen Frühlingstag unter Bäumen am Ufer des Douro. Als wir unser Zelt aufbauten, hörten wir Gitarrenmusik, nicht weit von uns hatten Zigeuner ihr Lager. Als sie uns bemerkten, luden sie uns ein, den Abend mit ihnen zu verbringen. Ein unvergessliches Erlebnis. Die Musik war feurig, das gegrillte Fleisch saftig, ein Fest voller Lebensfreude.

Ostern verbrachten wir in Madrid. Menschenmassen waren auf den Straßen und warteten auf die alljährliche Prozession. Unaufhörlich dröhnten die Trommeln. Düster, drohend, beängstigend. Um uns herum sanken die Leute auf die Knie und beteten, als der mysteriöse Festzug an uns vorüberzog. Mitglieder der einzelnen katholischen Bruderschaften trugen lange, bis zum Boden reichende Kutten. Die Gesichter waren von Kapuzen verhüllt, nur die Augen waren zu sehen. Ein Hauch von Ku-Klux-Klan. Auf den Schultern trugen die Kapuzenmänner schwere Heiligenfiguren. Im Rhythmus der Trommeln zogen sie vorbei an der aufgewühlten Menge, die Zuflucht im Gebet suchte.

Später besuchten wir den Prado, Madrids großes Kunstmuseum. Uli studierte neben Politik auch Kunstgeschichte, beide waren wir von der Kunst fasziniert. Als ich das erste Mal vor einem echten Goya stand, hatte ich eine Gänsehaut. Jahrzehnte später sollte ich in Afrika Zeuge einer Situation werden, die er in einem seiner Meisterwerke festgehalten hatte: *Die Erschießung der Aufständischen.* Noch heute habe ich dieses Bild und seine Anklage vor Augen.

Goya ist uns auch einige Tage später in Saragossa wieder begegnet, in der weltberühmten Basílica del Pilar. Die Architektur begeisterte uns – und die Geschichte von den drei Fliegerbomben: Die waren während des Bürgerkriegs, am frühen Morgen des 3. August 1936, auf die Basílica abgeworfen worden. Keine der drei Bomben explodierte, eine durchschlug sogar das Dach und landete in der Nähe des Wandgemäldes von Francisco de Goya.

* * *

Braun gebrannt, mit langen schwarzen Haaren, die ich tief im Nacken zu einem dicken Chignon gebunden hatte, sah ich fast wie eine Spanierin aus, als ich meinen Eltern Wochen später begeistert von unseren Erlebnissen erzählte. Vielleicht war dabei ein bisschen zu viel von Uli die Rede gewesen. Auf jeden Fall überraschte mich mein Vater kurz nach unserer Rückkehr: Ich sollte für ein Jahr nach England gehen. Für Uli und mich war es der perfide Versuch, uns auseinanderzubringen. Für uns war das inakzeptabel. Damals waren Eltern bis zum einundzwanzigsten Lebensjahr ihrer Kinder »erziehungsberechtigt«. Erst mit einundzwanzig war man volljährig. Unabhängig von der Gesetzeslage war es für mich undenkbar, mich meinem Vater zu widersetzen. Meine Mutter, zu der ich immer ein enges Verhältnis hatte, tat alles, um die Verbindung zwischen uns nie abreißen zu lassen. Sie nahm mich in den Arm, stand aber ohne jeden Zweifel zur Entscheidung ihres Mannes. Ich setzte Himmel und Hölle in Bewegung, um in Tübingen bleiben zu dürfen – gegen Ernst Finkelmann, den ich doch auch mochte, war ich machtlos.

Mithilfe meiner Freundin Anke aus Husum, die in Tübingen mit mir Germanistik studierte und nach dem vierten Semester nach Hamburg wechseln wollte, gelang es mir, ihm einen Kompromiss abzuringen: Nicht London, Hamburg sollte für ein Jahr meinen Horizont erweitern. Die zarte, hellblonde Anke kämpfte als Ostfriesin mit dem schwäbischen Dialekt und ganz besonders mit ihrer Tübinger Wirtin, die sie beim besten Willen nicht verstand. Ich war ihre Dolmetscherin, dadurch war zwischen uns eine Freundschaft entstanden. Anke wusste von mir und Uli und hielt eisern zu uns – obwohl ihr eigener Freund, ein Pfarrerssohn aus Herrenberg, alles tat, um unsere Freundschaft zu torpedieren. Es passte nicht in sein pietistisch-konservatives Weltbild, dass Uli und ich schon vor der Ehe miteinander schliefen. Ihm missfiel auch die Art, wie ich mich mittlerweile anzog: frech und unkonventionell.

Hamburg war also eine schlaue Idee meiner Freundin Anke, ein cleverer Schachzug: Das konnte mein norddeutscher Vater akzeptieren. Hamburg war weit genug weg, um mir den anmaßenden jungen Schwaben abzugewöhnen. So dachte mein Vater. Aber er täuschte sich. Für Uli und mich war entscheidend: Nach Hamburg fuhren immerhin Züge, wir konnten uns wenigstens ab und zu sehen. Es begann also eine anstrengende Zeit für uns beide. Alles geht vorüber, sagten wir uns – Uli blieb in Tübingen und ich saß im Zug nach Hamburg, blätterte in Hölderlin-Gedichten und dachte sehnsuchtsvoll an die Stadt am Neckar und die unvergessliche Zeit, die ich dort erlebt hatte.

»Mächtig durch die Liebe, winden
Von der Fessel wir uns los,
Und die trunknen Geister schwinden
Zu den Sternen, frei und groß!
Unter Schwur und Kuss vergessen
Wir die träge Flut der Zeit,
Und die Seele naht vermessen
Deiner Lust, Unendlichkeit!«

In der norddeutschen Diaspora

Mit vollen Koffern stand ich am Hamburger Hauptbahnhof. Menschen eilten an mir vorbei, die Lautsprecheransagen kündigten ankommende und abfahrende Züge an, eine Atmosphäre, wie ich sie immer geliebt hatte – jetzt aber war ich todunglücklich. Ich raffte mich auf und ging durch die belebte Mönckebergstraße Richtung Rathaus. Im Zentrum Alt-Hamburgs, an der viel befahrenen Ost-West-Straße, die in der Verlängerung in die Reeperbahn überging, hatte ich ein günstiges Zimmer im zweiten Stock gemietet, mit Blick auf die Ruine von Sankt Nikolai. Der hohe Turm der einstigen Hauptkirche Hamburgs hatte im Krieg als Zielmarke für die Luftangriffe der Briten und Amerikaner gedient und ragte nun als stummes Mahnmal in den Himmel. Von meinem Fenster aus konnte ich die U-Bahn-Haltestelle Rödingsmarkt sehen – auf Augenhöhe. Die U-Bahn in Hamburg verkehrte nicht nur unter der Erde, sondern immer wieder auch auf Stelzen viele Meter hoch über dem Boden, das war neu für mich. Die Räder der Waggons quietschten unerträglich laut auf den Gleisen und jedes Mal, wenn eine Bahn hielt, dröhnte es: »Rödingsmarkt!« An den Lärm konnte ich mich nie wirklich gewöhnen, auch nicht daran, dass die Fahrgäste in mein Zimmer schauen konnten. Einen großen Vorteil aber hatte das Zimmer: Es lag im zweiten Stock. Das sollte sich später als lebensrettend entpuppen.

Die Wirtin war ein Drachen. Ständig übel gelaunt, unangenehm aggressiv. Die langen Fingernägel waren wie Krallen gebogen und passten perfekt zu ihr. Ihren blinden Mann beleidigte und malträtierte sie, wann immer sich eine Gelegenheit bot. Ihn mochte ich und von unserer ersten Begegnung an tat er mir leid. Er war freundlich zu mir und ich bemühte mich, ihm zu helfen, wo immer ich konnte.

In Tübingen hatte ich mein Germanistik- und Anglistikstudium abgebrochen, jetzt musste ich eine neue Prüfung in Englisch bestehen, um ins Hauptseminar zu kommen. Noch braun gebrannt von der Mittelmeersonne stellte ich mich bei meinem neuen Professor vor. Der schien sich mehr für mich als für mein Fachwissen zu interessieren. »Die Prüfung können wir uns sparen«, sagte er bald. »Ich nehme Sie auf.« Es war von Vorteil, eine Frau zu sein. Auch das war eine neue Erfahrung für mich.

* * *

Briefpapier, wenn ich welches hatte, Notizblätter, Klopapier – auf alles, was sich beschreiben ließ, kritzelte ich meine täglichen Briefe an Uli. Fast jeden Tag bekam er Post von mir, und ich von ihm. Den Luxus eines Telefonats leisteten wir uns nur selten, »Ferngespräche« waren damals astronomisch teuer und wir beide chronisch knapp bei Kasse. Einsam in meinem norddeutschen Exil fehlte mir Uli unsäglich.

Zum Glück war da Anke, auch sie studierte jetzt in Hamburg. Sie munterte mich auf und sorgte dafür, dass ich unter die Leute kam. Anke war mein Halt in der Hafenstadt. In Tübingen hatte ich sie durch die schwäbische Welt geführt, jetzt führte sie mich durch Hamburg. Es war die Zeit der Beatles und ich ein glühender Fan der neuen Band aus Liverpool. Mit Anke lernte ich zudem den Jazz kennen, zog mit ihr am Großneumarkt vom Cotton Club zur Jailhouse-Taverne und in die Riverkasematten am Fischmarkt. Mit der

Musik der »Pilzköpfe«, mit Oldtime, Swing und Free Jazz vergingen der Herbst und der Winter; und die Gelegenheiten, Uli zu treffen und ihn in die Arme zu nehmen, waren spärlich.

Im Sommersemester tauchte plötzlich eine meiner Tanten auf. Sie war mit einem Oberst a. D. verheiratet, kannte in Hamburg reiche Kaufleute, die sie als Freunde bezeichnete, und machte auf dem Weg zu einem Sylt-Urlaub in der Hansestadt Station. »Ilse«, sagte sie, »ich möchte dich in die feine Hamburger Gesellschaft einführen.«

Das hatte mir gerade noch gefehlt! Ich mochte die Hamburger nicht, weil ich Hamburg nicht mochte, ich fand sie unnahbar, arrogant, unfreundlich, auch wenn ich mir darüber im Klaren war, dass das an meiner Situation lag und sie kaum eine echte Chance bei mir hatten. Zudem witterte ich hinter allem meinen fernen Vater. Nach der »feinen Hamburger Gesellschaft« und Bekanntschaften mit wohlsituierten Herren im heiratsfähigen Alter stand mir schon gar nicht der Sinn. Widerstrebend und mürrisch begleitete ich aus purer Rücksicht auf meine Familie die Tante zum Five o'Clock Tea an der Außenalster.

Noch nie in meinem Leben hatte ich ein so herrschaftliches Haus von innen gesehen, direkt am Wasser, mit eigenem Anlegesteg und eigenem Boot. Inmitten antiker Möbel wurden Tee, Kaffee und Kuchen kredenzt und ich lernte – hatte ich es nicht geahnt! – den Sohn der Familie kennen, einen pomadisierten Schnösel, ein Jahr jünger als ich. Er lud mich für den nächsten Tag zu einer Hauseinweihungsfeier ein und ich ärgerte mich, zurück in meiner Studentenbude, noch den ganzen Abend darüber, dass ich auf Drängen der Tante zugesagt hatte.

Vierundzwanzig Stunden später saß ich neben dem jungen Mann im dicken Mercedes seines Vaters. Wedel an der Unterelbe, eine Stadt vor den Toren Hamburgs, rund zwanzig Kilometer entfernt, war unser Ziel; mit einer großen Sause sollte dort ein Haus eingeweiht werden, das Freunde von ihm zur Hochzeit geschenkt bekommen hatten. Schon auf dem Weg dorthin trafen wir einige andere Gäste, die in einem schicken Cabrio unterwegs waren, angeheitert Trompete spielten und Bier von einem Auto zum anderen reichten.

Feucht-fröhlich ging es auf dem Fest weiter, mein Begleiter trank Whisky, ich Wasser. Inmitten der vielen jungen Leute, die immer fröhlicher und ausgelassener wurden, wehrte ich alle Annäherungsversuche des Kaufmannssohns und seiner Freunde ab. Bald saß ich allein in einer Ecke, kaum beachtet – ich war die schwäbische Spielverderberin und es sollte mir recht sein. Als gegen Mitternacht endlich die Zeit zum Aufbruch gekommen war, war ich erleichtert.

An eine Szene erinnere ich mich nur schemenhaft: In strömendem Regen und völliger Dunkelheit steigen wir in den Mercedes. Mein junger Begleiter ist angetrunken. In mörderischem Tempo fährt er die schmale, gewundene Straße an der Wedeler Au entlang. Sein Atem riecht nach Whisky. Ich beginne Angst zu bekommen. »Fährst du nicht ein bisschen zu schnell?«, frage ich. Mit angewinkelten Beinen drücke ich mich in den Beifahrersitz, die Arme um die Knie geschlungen. Angeschnallt sind wir beide nicht. »Ich hab das Fahren im Internat in der Schweiz gelernt«, prahlt der junge Mann, »auf Eis und kurvigen Bergstraßen!« Kaum hat er den Satz ausgesprochen, verliert er in einer Kurve die Kontrolle über den Wagen, fast ungebremst krachen wir in einen Baum. Benommen steigen wir aus. »Ist dir was passiert?« – »Nein, und dir?« Dann spüre ich, dass es nass wird an meiner Wange. Blut läuft mir am Hals herab, warm und klebrig.

An alles, was dann geschah, an die Stunden und Tage danach, erinnere ich mich nur bruchstückhaft. Dicht hinter unserem Wagen muss das Cabrio mit den Freunden aus Hamburg gefahren sein. Sie hatten sofort angehalten und mich zurück in das Haus gebracht. Der Mercedes wurde irgendwie zu den Eltern meines Begleiters geschleppt und die unternahmen in der Folgezeit alles, um den Unfall zu vertuschen und ihren Sohn zu schützen.

Meine verstörten Helfer legten mich ins Bett des jungen Ehepaares, versuchten, meine Kopfwunde mit Alkohol zu desinfizieren und bläuten mir ein: »Wenn jemand kommt, sagst du, du bist die Treppe runtergefallen!« Ich bekam ungefähr mit, was sie taten und sagten, fiel aber immer wieder in Ohnmacht. Endlich kam der Arzt. Man erzählte ihm von meinem vermeintlichen Treppensturz, schließlich diagnostizierte er: »Schwere Gehirnerschütterung, acht Tage absolute Bettruhe.«

Die Feier war mittlerweile völlig aus dem Ruder geraten. Betrunkene grölten, einer der Ausgeflippten machte sich an mich heran. Verzweifelt versuchte ich, mich zu wehren. Eine Horrornacht.

Am nächsten Morgen brachte man mich in einem kleinen Fiat nach Hamburg zurück. »Die ist die Treppe runtergefallen«, erzählten sie meiner Wirtin, »hat eine Gehirnerschütterung.« Ich hatte grausame Kopfschmerzen, dachte an den schrecklichen Skiunfall meiner Mutter, lag im Bett und war froh, als am darauffolgenden Tag, nachdem ich nicht zur Vorlesung erschienen war, endlich meine Freundin Anke kam, um nach mir zu schauen. »Soll ich deinen Vater anrufen?«, fragte sie, erschrocken über meinen Zustand. »Um Gottes willen – nein!«

Einen Tag später bekam ich Besuch von der Familie aus den besseren Hamburger Kreisen. Nicht nach meinem

Wohlergehen wollten sie sich aber erkundigen, sie kamen, um mir klarzumachen, dass ich, um ihren Sohn nicht in Verlegenheit zu bringen, niemandem etwas von dem Unfall erzählen sollte. »Bitte lassen Sie mich in Ruhe«, flüsterte ich. »Ich ertrage es nicht. Ich habe so Kopfweh, mein Kopf zerspringt fast.« Drohend und mit der Aufforderung, ich solle »mich nicht so anstellen«, verschwanden sie aus meinem Leben. Am dritten Tag verschlechterte sich mein Zustand so dramatisch, dass sich Anke keinen anderen Rat wusste, als doch meinen Vater anzurufen.

Fast zur selben Stunde machte sich Uli auf den Weg nach Norden: Ohne von dem Unfall zu wissen, schrillten bei ihm sämtliche Alarmglocken – er war irritiert, weil er kein Lebenszeichen von mir bekommen hatte und spürte irgendwie, dass bei mir etwas nicht in Ordnung war. Er war unruhig, schließlich hatte er es nicht mehr ausgehalten und sich von seinen Freunden Geld geliehen, um mich in Hamburg besuchen zu können. Plötzlich stand er neben meinem Bett, und ich wollte weinen vor Glück. Tränen liefen über mein Gesicht, als sich Uli vorsichtig neben mich setzte und meine Hand streichelte. Verzweifelt erzählte ich ihm, was passiert war.

Da hörten wir Schritte im Treppenhaus. Wenige Augenblicke später betrat mein Vater das Zimmer. Als er Uli an meinem Bett sitzen sah, schlug die Sorge um seine Tochter in helle Empörung um. »Was macht denn der hier! Statt zu studieren, lungert der in Hamburg bei meiner Tochter herum!« Uli brüllte zurück – und ich lag wie ein Häufchen Elend im Bett und murmelte: »Bitte, hört doch auf zu schreien!« Mir war, als würde mir der Kopf bersten. Doch beide waren viel zu erhitzt und nahmen keinerlei Rücksicht auf mich. Mein Vater drohte. Uli schrie. Mein Vater brüllte. Nie wieder würde er es Uli gestatten, mich zu sehen, wenn er nicht sofort verschwinden würde. Dann verfolgte er meinen vom Wutausbruch meines Vaters erschrockenen Freund den ganzen Weg zum Hauptbahnhof und überzeugte sich persönlich, dass Uli in den nächsten Zug gen Süden stieg. Völlig außer Atem kehrte er zu mir zurück, alarmierte den Notarzt und der brachte mich sofort mit dem Rettungswagen ins Krankenhaus. Schwerer Schädelbasisriss, lautete die Diagnose. Aber die Prognose war gut, gerade noch rechtzeitig war ich in das Barmbeker Krankenhaus eingeliefert worden. Wäre ich später gekommen, sagte der Arzt, wäre es schwierig geworden …

Nachdem er mich gut versorgt wusste, stieg mein Vater am darauffolgenden Tag einigermaßen beruhigt in den Zug zurück nach Stuttgart – und Uli hatte endlich freie Bahn. Dass er nämlich ein paar Waggons weiter hinten sofort wieder aus dem Zug ausgestiegen war, hatte mein Vater nicht mitbekommen. Irgendwie fand er heraus, wo ich war und besuchte mich jetzt jeden Tag. Weil er kein Geld hatte, schlief er unter den Bäumen an der Binnenalster. Es war Sommer und im Schutz der Büsche bemerkte ihn niemand.

* * *

Als Uli nach einer guten Woche nach Tübingen zurückfuhr, war mein Zustand fast unverändert. Mehr als zwei Monate lag ich in der Klinik und hatte schon Schmerzen, wenn auch nur ein Vogel vor dem Fenster zwitscherte. Mir schien, als würden die Schmerzen niemals aufhören. Mut machte mir in dieser Zeit der behandelnde Arzt, Professor Lindenschmidt, ihm vertraute ich. Er war es, der schließlich auch die Polizei über den Unfall informierte.

Nachdem ich entlassen worden war, fuhr ich zur Erholung nach Hause zu meinen Eltern, das Semester war ohnehin vorüber. Noch immer litt ich an Kopfschmerzen. Zu meinem Leidwesen erlaubte mein Vater Uli nicht, mich zu besuchen. Immerhin erhielt ich Post von ihm. Dass mein Vater die Briefe aber öffnete, bevor er sie mir gab, hatte ich nicht erwartet. In romantischen Sätzen, aber eben auch unmissverständlich, ging aus einem hervor, dass Uli und ich schon lange miteinander Sex hatten. Mein Vater legte den geöffneten Brief auf mein Bett. Er brüllte nicht, und er schimpfte nicht.

Aus dem Wohnzimmer dringt in bedrohlicher Lautstärke Verdis Rigoletto, *die Lieblingsoper meines Vaters. Er selbst singt. Auch ich kenne die Cortigiani-Arie. »Ma mia figlia è impagabil tesor! La rendete!« Er hört gar nicht mehr auf damit. »Meine Tochter ist ein unbezahlbarer Schatz! Gebt sie zurück!«*
Die Geigen steigern sich in rasend schnelle Läufe, das Orchester bebt. Mein Vater, in der Rolle des Hofnarrs, singt mit erschütternder Stimme: »Nulla in terra più l'uomo paventa. Vor nichts auf der Welt fürchtet sich der Mann, wenn er die Ehre seines Kindes verteidigt!« Meine Mutter öffnet die Wohnzimmertür, betrachtet nur kurz das Trauerspiel und zieht sich schnell zurück. »Auch wenn diese Hand nicht bewaffnet ist, durch Euch wird sie blutig!« Die halbe Nacht hindurch, stundenlang, beklagt er mit Rigoletto den Verlust seiner Tochter, die er an den Herzog verloren hat, beklagt den Verlust ihrer Ehre.
Im Haus kann keiner schlafen, meine Mutter nicht, meine Schwestern nicht. Alle kennen diese Oper. Wir wissen, was er singt. Nach und nach beginnen auch die Nachbarn in den Nebenhäusern, sich zu beschweren, klingeln an der Haustür und bitten meine Mutter, er möge endlich Ruhe geben.

* * *

Diese Nacht hatte alles verändert. Nach den Semesterferien forderte mich mein Vater auf, das Studium abzubrechen und mich in Stuttgart an der Pädagogischen Hochschule einzuschreiben, um Lehrerin zu werden. Er wollte mich unter seiner Kontrolle haben.

Doch so leicht gab ich nicht auf. Nach Tübingen zurück war undenkbar. Ich setzte aber durch, in Hamburg weiterstudieren zu dürfen. Als ich nach meiner Rückkehr nach Hamburg zu der lange geplanten Nachuntersuchung ins Barmbeker Krankenhaus kam, bat mich Professor Lindenschmidt um ein vertrauliches Gespräch. Er mache sich große Sorgen, sagte er, und ich bekam einen Schreck. Seine Sorgen betrafen aber weniger mich als meinen Freund. Mein Vater hatte heimlich einen Brief von Uli einem Grafologen der Firma Bosch gegeben, um ihn begutachten zu lassen. Das Ergebnis: Uli sei manisch-depressiv. Sein Machogehabe, seine Wutausbrüche, seine Aggressionen meinem Vater gegenüber – all dies seien Symptome von Krankheitsschüben, die jeweils rund drei Wochen dauern und von relativ normalen Phasen abgelöst würden. Ausgerechnet Professor Lindenschmidt, dem ich vertraute, unterzog mich einer Art Gehirnwäsche. Er machte mir unmissverständlich klar, dass Uli unheilbar krank war. Mit offenem Mund hörte ich ihm zu, ich konnte fast nicht glauben, was ich da hörte. Professor Lindenschmidt nahm sich viel Zeit für das Gespräch und geduldig erklärte er mir, dass diese Krankheit immer in Bezug zu einer bestimmten Person stünde. In Ulis Fall wäre ich diese Person. Wenn ich wirklich wollte, dass er geheilt würde, wenn ich ihn wirklich lieben würde, müsste ich mich konsequent von ihm fernhalten und jeden Kontakt zu ihm meiden.

Ich war verzweifelt wie nie zuvor. Ich sollte Uli Unglück bringen? Ich sollte ihn krank machen? Geschwächt und völlig unglücklich kam ich zurück in meine viel zu laute Hamburger Studentenbude. Ich setzte mich an meinen kleinen Schreibtisch und schrieb Uli einen langen Brief. Ich schrieb ihm, dass ich ihn unsäglich liebte, dass ich aber den Auseinandersetzungen nicht mehr gewachsen war und ihm zuliebe mit ihm Schluss machen würde.

Ich hatte den Brief an Ulis Heimatadresse geschickt. Als er meinen Brief gelesen hatte, ging er in die Küche seines Elternhauses, öffnete den Medizinschrank seiner Mutter und schluckte eine ganze Schachtel Schlaftabletten. Dass ihn seine Schwester gerade noch rechtzeitig fand, war purer Zufall. Auf dramatische Weise wären die *Rigoletto*-Schwüre meines Vaters fast in Erfüllung gegangen. Doch das erfuhr ich erst viel später.

* * *

Die folgenden Wochen und Monate verbrachte ich fast apathisch in Hamburg. Meine fröhliche Unbekümmertheit hatte ich verloren. Regelmäßig plagten mich starke Kopfschmerzen und der Herbst im Jahr 1961 war zudem kalt und nass, die immer graue Hamburger Wolkendecke schlug mir aufs Gemüt. Ich ging jetzt oft in die Petrikirche an der Mönckebergstraße, die älteste Pfarrkirche Hamburgs, wo sonntags der wortgewaltige Bischof Witte predigte und die Leute in den Gängen bis zu den Türen standen. Kaufleute aus den Kontoren, einfache Hafenarbeiter, Studenten – sie alle hingen an den Lippen Karl Wittes, der den richtigen Ton fand in dieser grauen Zeit.

Seit Dezember wütete ein stürmischer Westwind über der Stadt; wann immer ich das Haus verließ, war ich in kürzester Zeit bis auf die Knochen durchnässt. Am Abend des 16. Februar machte ich mit einem Kommilitonen einen Spaziergang zum Hafen, zu den Landungsbrücken, und beobachtete mit anderen fasziniert, wie das Wasser tobte und immer höher spritzte. Um trockene Füße zu behalten, sprangen wir immer vor und zurück – ein amüsantes Spiel. Schließlich ging ich nach Hause und zu Bett.

Nachts um halb vier wachte ich auf, denn ein merkwürdiges Rauschen trieb mich zum Fenster. Die Ost-West-Straße war vollständig überflutet. Von den Autos, die dort parkten, war kaum noch etwas zu sehen, die Straßenschilder standen tief im Wasser. Noch halb im Schlaf erfasste ich nicht gleich, was ich sah und hatte Angst, weil ich an meinem Verstand zweifelte, wegen meines Schädelbruchs. Ich legte mich zurück ins Bett. Aber das Gurgeln hörte nicht auf. Nach ein paar Minuten stand ich wieder auf und schaute aus dem anderen Fenster – auch hier nichts als Wasser. Ich wollte das Licht anzünden, doch der Strom war ausgefallen. Dann öffnete ich die Zimmertür – und sah die Bewohner der Erdgeschosswohnung und die aus dem ersten Stockwerk bei Kerzenlicht auf der Treppe kauern. Ich setzte mich dazu und hockte in Decken gehüllt zusammen mit den anderen Mietern die ganze Nacht über im feuchtklammen Treppenhaus und hörte den Geschichten von früheren Sturmfluten und Kriegserlebnissen zu. Gebannt beobachteten wir, wie das Wasser stieg und stieg.

Am nächsten Morgen erfuhren wir, dass im Haus gegenüber der Besitzer, der im Erdgeschoss einen kleinen Zeitschriftenladen betrieb, im Schlaf von den todbringenden Fluten überrascht worden war. Er hatte sich nicht mehr retten können. Mit der Sturmflut war eine Katastrophe unvorstellbaren Ausmaßes über die Hansestadt hereingebrochen: In dieser Nacht vom 16. auf den 17. Februar 1962 wurden Tausende obdachlos und allein in Hamburg verloren über dreihundert Menschen ihr Leben.

Damals wurde ich Hamburgerin – und noch heute ist Hamburg meine Lieblingsstadt. Sobald es möglich war, meldete ich mich wie Tausende anderer als freiwillige Helferin. Bei der Arbeit in Finkenwerder, später dann in der Speicherstadt, lernte ich die Norddeutschen kennen. Die Schauermänner[1] mit ihrem umwerfenden Mutterwitz und ihrem unverkennbaren Dialekt gaben mir das Gefühl, dazuzugehören. Wurde Cognac oder französischer Wein verladen, ging immer mal eine Kiste zu Bruch – das passierte bei Getränken aus irgendeinem Grund öfter als bei anderen Kisten …

Als einzige Frau bestand mein Job zunächst darin, Kaffee zu kochen und dafür zu sorgen, dass die hart arbeitenden Männer etwas Vernünftiges zwischen die Zähne bekamen. In den Wochen danach aber arbeitete ich mich hoch bis in den fünften Stock, ich lernte Kisten anzuleinen und ließ sie ab ins Boot. Ich mochte die Arbeiter, ihre Sprache, ihren Witz, ihre Trinkfestigkeit, ihre Liebenswürdigkeit. Wenn ich nach Hause ging, steckten sie mir die Taschen mit Schmuggelware voll. Ich wurde beim Zoll nicht kontrolliert – sie schon. Das Unglück hat mir einen völlig neuen Blick auf die Stadt und ihre Menschen eröffnet. Jetzt war ich angekommen.

* * *

Wie üblich belegte ich meine Vorlesungen und Seminare – aber das Studium fiel mir aufgrund der Folgen meiner Kopfverletzung unglaublich schwer. Ich konnte mich nicht kon-

---

1 Heute kaum noch verwendete Bezeichnung für Hafenarbeiter, deren Aufgabe im Stauen bzw. dem Be- und Entladen von Frachtschiffen besteht

zentrieren, war zerstreut, eine Situation, die mich fast wahnsinnig machte. Ich konnte nicht mehr studieren. Im Winter 1962/63 entschloss ich mich, das Studium abzubrechen und nach Stuttgart zurückzuziehen. Als ich mit Sack und Pack und um ein paar Illusionen ärmer zu meinen Eltern zurückkehrte, hatte ich kaum noch Ähnlichkeit mit dem jungen Mädchen, das vor zwei Jahren braun gebrannt und voller Lebensfreude davongezogen war. Wie mein Vater wollte, schrieb ich mich an der Pädagogischen Hochschule in Stuttgart ein, die im Lindenmuseum hinter der Liederhalle untergebracht war. Immerhin rechnete man mir an der PH sieben Semester meines bisherigen Studiums an. Nun würde ich also Lehrerin werden, Lehrerin für Deutsch und Englisch. Der Traum von der großen weiten Welt war geplatzt. Mein Vater hatte gesiegt. Ich habe nie gelernt, meinen Vater zu hassen. Im Gegenteil: Ich liebte ihn trotzdem. Bis heute bin ich davon überzeugt, dass er alles, was er unternahm, immer in der festen Überzeugung tat, mir zu helfen. Aber gerade dadurch hat er mir geschadet. Die Geschichte wäre fast tödlich ausgegangen. Eine Lehre für den Rest meines Lebens.

Ein Leben lang

Als der große blonde Mann an der Klassenzimmertür stand, erinnerte er mich spontan an meinen Vater. »Guten Morgen, Fräulein Finkelmann«, sagte er, »kann ich Sie kurz sprechen?« Und ich dachte: Zu welchem Kind gehört denn der? »Ich habe jetzt Unterricht«, sagte ich. – »Kann ich Sie danach treffen?« – »Ja klar, selbstverständlich.« – »Wann haben Sie denn Zeit? Gibt es ein Café hier in der Stadt?« – »Ja, in der Stadtmitte. Ich habe um halb vier Schluss.«

Die Kinder, die das Gespräch mit angehört hatten, waren ganz aufgeregt. Unsere Lehrerin mit einem Mann! Auf dem Weg in die Sulzer Innenstadt überlegte ich die ganze Zeit: Zu welchem Kind gehört denn der? Ich konnte ihn nicht zuordnen, was wollte er von mir? Warum wollte er sich mit mir in einem Café treffen, warum nicht in der Schule?

Als ich die Gaststube betrat, saß er schon da. Schnell war klar, dass ich nicht dem Vater einer meiner Schüler gegenübersaß, sondern einem Fernsehjournalisten des Süddeutschen Rundfunks in Stuttgart. Walter Mechtel hieß er – und er konnte fantastisch erzählen.

Er war auf Heimaturlaub, zurück aus Vietnam, wo er als ARD-Korrespondent über den Krieg berichtete, der immer grausamer wurde – und fast hätte ich vergessen, ihn zu fragen, was ihn denn ausgerechnet zu mir getrieben hatte, nach Sulz am Neckar, in diesen Erholungsort mitten im Schwarzwald.

Nach einigen Minuten ließ Mechtel die Katze aus dem Sack: Er war, bevor er von seinem Sender nach Indochina geschickt wurde, Chef des SDR-Vorabendmagazins »Abendschau« gewesen; einer seiner engsten Mitarbeiter sei ein junger Mann gewesen, frisch von der Uni und der hieß – Ulrich Kienzle. Ich war wie vom Blitz getroffen. Uli war beim Fernsehen?

Als meine Träume geplatzt waren und ich in Hamburg saß und glaubte, meine große Liebe für immer verloren zu haben, hatte Uli sein Studium unterbrochen und war beim Süddeutschen Rundfunk gelandet. Das hatte ich von einem Tübinger Freund erfahren. Nun erzählte Walter Mechtel, dass Uli beim Stuttgarter Sender als Arbeitsprobe eine Gedichtinterpretation von Karl Krolow eingereicht hatte und die hatte überzeugt. Uli wurde genommen.

Schon als ich noch in Hamburg mit den Nachwirkungen meiner Kopfverletzung kämpfte, war im Süden die »Abendschau« über die Mattscheibe geflimmert. Um Uli zu sehen, hätte ich nur den Fernseher anschalten müssen, doch ein solches Gerät gab es bei mir zu Hause nicht. Mein Vater weigerte sich bis in die 70er-Jahre hinein standhaft, einen Fernseher zu kaufen, und für mich war eine solche Anschaffung Mitte der 1960er-Jahre viel zu teuer. Die Anfänge von Ulis Fernsehkarriere waren also komplett an mir vorübergegangen.

Ich war wie elektrisiert von den Geschichten des Mannes, der noch vor wenigen Minuten ein Unbekannter gewesen war. Die Intendanten der ARD hatten gerade beschlossen, die Auslandsberichterstattung auszubauen, erzählte Walter Mechtel bei Kaffee und Kuchen. Neue Korrespondentenbüros sollten in Tel Aviv und in Beirut eröffnet werden; das israelische Büro vom Bayerischen Rundfunk, das libanesische vom SDR. Die Konflikte dieser Region standen zunehmend im Fokus der Weltöffentlichkeit und Mechtel sollte als erster Korrespondent der ARD in den Orient geschickt werden.

Das klang alles spannend und fremd, nur: was hatte das mit mir zu tun? Walter Mechtel wollte Uli als seinen Assistenten in den Nahen Osten mitnehmen, doch der weigerte sich – und das hatte, laut Mechtel, mit mir zu tun. Mechtel betrachtete Uli als seinen Ziehsohn. Dieser hochbegabte junge Mann, sagte er, sei manchmal wie apathisch und stünde sich selbst im Weg. Er hätte ihm gesagt, dass er nicht wirklich vom endgültigen Aus unserer Liebe überzeugt sei, er hinge immer noch an mir und glaubte, wir kämen eines Tages wieder zusammen. Mechtel, der Macher, konnte die Selbstquälerei nicht länger mit ansehen. Deshalb also hatte er sich in Anzug und Krawatte auf den Weg von der Landeshauptstadt in die Provinz gemacht.

* * *

Man schrieb das Jahr 1965. In den Kinos lief *Für eine Handvoll Dollar* von Sergio Leone. Aus allen Radios sang Petula Clark *Downtown,* und mit ihrer toupierten Kurzhaarfrisur sah die schlanke Blondine auf den Fotos der Illustrierten immer so aus, als sei sie gerade aus dem Bett gestiegen. Der Besuch der britischen Queen war *das* Medienereignis des Jahres – kein Wunder: Schließlich lagen zwischen diesem und dem letzten Besuch eines britischen Monarchen nicht weniger als zwei Weltkriege. Ich hatte nach bestandener Lehramtsprüfung in Sulz meine erste Stelle als Lehrerin zugewiesen bekommen, und noch immer war ich dürr wie eine Bohnenstange und innerlich komplett aus dem Gleichgewicht. Bei den Eltern von einem meiner zukünftigen Schüler hatte ich ein möbliertes Zimmer gefunden, die Rolling Stones brüllten *I Can't Get No Satisfaction,* die Beatles hatten mit *Help!, Yesterday* und *Ticket to Ride* gleich drei Titel in den Top Five der Charts und der Siegeszug des Minirocks war nicht mehr aufzuhalten. Die Leserinnen der bunten Magazine auch im Schwarzwald waren entsetzt. Dürre Mädchen in kurzen Röcken und junge Männer mit langen Haaren – die bürgerliche Welt sah ihre Werte bedroht, zumal die jungen Leute an Ostern auch noch zu Hunderttausenden auf die Straßen gegangen waren, um gegen die Atombombe zu demonstrieren.

Auch für mich war das eine fremde Welt. Die Wände meines kleinen Zimmers hatte ich mit Kunstpostkarten und Gedichten gepflastert. Ich liebte die Verse von Karl Krolow, Walt Whitman und Theodor Storm; regelmäßig schrieb ich ein Gedicht ab, hängte es an die Wand und lernte es auswendig. »Storm und die Märchen der Romantik« waren das Thema meiner ersten Abschlussarbeit gewesen; er, der letzte der Romantiker, hatte es mir besonders angetan. Ich hatte mich mit meinem Leben abgefunden. Ich war, als ich im Schwarzwald angekommen war, gespannt auf die neue Arbeit und begeistert von der Aussicht, mit Kindern arbeiten zu können.

Doch die Wirklichkeit war zum Verzweifeln: In meiner Klasse waren sechsundsechzig Schüler! Ich musste die fünfte und sechste Klasse gemeinsam unterrichten, aber es gab keinen Klassenraum, der groß genug war für so viele Schülerinnen und Schüler. Schließlich funktionierte man den Fahrradabstellraum zum Klassenzimmer um. Der lag im Untergeschoss, war kaum isoliert und ließ nur durch kleine, schmale Fenster ein wenig Licht in das Kellerverlies.

Nach vier Wochen kannte ich noch nicht einmal die Namen meiner Schüler! Ich verstand sie schlecht, da es in dem Kellerraum unangenehm hallte und ich mit dem breiten Sulzer Schwäbisch zu kämpfen hatte. Ich war überzeugt: Als Lehrerin bin ich eine völlige Fehlbesetzung. Ich kann das nicht, ich bin unfähig, Kinder zu unterrichten. Ich habe den falschen Beruf!

Es musste etwas geschehen – aber was? Da kam ein Zirkus ins Städtchen – und der war meine Rettung. Um mit den Kindern warm zu werden, ging ich mit ihnen in eine der Vorstellungen. Die exotischen Tiere, die Clowns und die Kunststücke der Akrobaten: Wir hatten einen fröhlichen Nachmittag. Am nächsten Morgen bemalten wir mit Feuereifer braunes Packpapier, von dem ich viele Rollen gekauft hatte. Ich wollte damit die kalten Betonwände des Klassenzimmers vom Boden bis zur Decke verkleiden und damit vielleicht auch ein wenig dämmen. Im Handumdrehen hielt die bunte Zirkuswelt Einzug in den düsteren Fahrradkeller. An den Wänden Bilder von Elefanten, Pferden und Kamelen, von lustigen Clowns und Affen, die sich von Ast zu Ast schwangen. Jetzt war es unser Raum, bunt und fröhlich.

Ich begann, Sulzer Schwäbisch zu lernen, in Rekordzeit. Und allen Selbstzweifeln zum Trotz biss ich mich durch. Unterstützung fand ich bei meinem Schulleiter, ihm habe ich zu verdanken, dass ich während der Anfangszeit nicht das Handtuch schmiss. Sein Humor half mir auch über das Debakel mit meiner Geige hinweg: In der Adventszeit wollte ich den Schülern der achten Klasse im Englischunterricht eine Freude machen und ihnen englische Weihnachtslieder beibringen. Mit meiner Geige fing ich an, die Melodien zu spielen; ernst und steif und hochkonzentriert stand ich vor der Tafel und strich mit dem Bogen über die Saiten – für die Kinder offensichtlich ein Bild zum Schieflachen. Mir war nicht klar, wie sehr ich aus der Übung war, ich war verunsichert; die Kinder meinten es sicher nicht böse – aber die ganze Klasse lachte mich aus. Meine Geige nahm ich nie wieder mit in die Schule.

Als ich auf dem Heimweg von meinem Rendezvous mit dem exotischen Fernsehmann über den Marktplatz und durch die Sonnenstraße lief, gingen mir all diese Bilder und Geschichten der letzten Monate durch den Kopf. Uli war zurückgekehrt.

* * *

Als ich, wie verabredet, am nächsten Samstagmittag in Stuttgart ankam, erwartete mich Walter Mechtel am Hauptbahnhof. Er lud mich zum Essen ins Turmrestaurant ein: zu den ersten Weinbergschnecken meines Lebens, damals eine modische Delikatesse. Für die französische Besatzung hatte ich im Allgäu früher oft einen Eimer voll gesammelt und eine Mark dafür bekommen. Jetzt lachte man nicht mehr über die »Schneckenfresser«, wie man die französischen Nachbarn jenseits des Rheins noch in meiner Kindheit verächtlich genannt hatte: Langsam schlich sich eine schwäbische Variante des »savoir vivre« auch im spießigen Stuttgart ein. Ich war hin- und hergerissen, fühlte mich von Walter Mechtel geschmeichelt, seine Geschichten faszinierten mich. Aber nicht deshalb hatte ich mich auf dieses zweite Treffen eingelassen. Der Grund war Uli: Ich wollte alles über ihn erfahren.

Und doch konnte ich mich nicht durchringen, ihn wiederzutreffen, obwohl Walter Mechtel mich drängte. Hatte ich Angst vor neuen Auseinandersetzungen? Ein schlechtes Gewissen wegen meines Abschiedsbriefs? Hatte Professor Lindenschmidt recht gehabt und ich würde ihm nur schaden? Es war wohl eine Mischung aus allem und noch viel mehr.

Nach dem Essen wollte Walter Mechtel mich nach Hause fahren, zuvor aber musste er noch schnell ein Geschenk abgeben, bei einem Freund, der ein Fest feierte, ein kleiner Umweg nur. Der war dann aber länger, als ich gedacht hatte. Wir landeten in einem Dorf an einem großen Bauernhof und als wir ankamen, war das Fest schon in vollem Gang.

Überall gut gelaunte Gäste. Alle kennen ihn. Mit fast südländischer Grandezza geht Mechtel in seinem hellen Anzug von Tisch zu Tisch, einige grüßt er mit Handschlag, andere umarmt er. Ich folge ihm unsicher, immer wieder stellt er mich jemandem vor – und plötzlich erschrecke ich. Ulrich Kienzle steht mitten im Raum, umringt von einigen Gästen, man lacht, man redet. Gut sieht er aus. Dann bemerkt er mich, für einen Moment schauen wir uns in die Augen. In einem ersten Reflex verlasse ich den Raum. Ich gehe zur Tür, stehe im Hof – doch Mechtels Wagen ist verschwunden. So hat er das also eingefädelt! Ich sitze in der Falle, komme nicht mehr weg. Als ich mich umdrehe, steht Uli vor mir. Ich beginne irgendetwas zu stammeln, vorsichtig berührt er meine Schultern; wir reden, argumentieren, ich rechtfertige mich. Mir ist schwindelig und ich habe keine Ahnung mehr, wie ich nach Hause gekommen bin. Aber ich weiß, dass wir ausgemacht haben, uns wiederzusehen.

* * *

Wie waren nicht mehr die Studenten, die sich vor einigen Jahren schüchtern in Tübingen ineinander verliebt hatten. Beide verdienten wir jetzt unser eigenes Geld, waren unabhängiger. Uli hatte mittlerweile den Führerschein gemacht und es stellte sich heraus: Er war ein Autonarr. Sein erster fahrbarer Untersatz nannte sich Simca 1000, ein Auto, wie meine Schulkinder damals Autos malten: Der Motorraum hinten war so lang wie der Kofferraum vorne und der Fahrgastraum in der Mitte. Ein wohlproportionierter, bulliger

Flitzer, der von vorne so aussah wie von hinten. Eine Rakete, ideal für die kurvigen, schmalen Straßen damals. Mit diesem Modell begann Uli eine lange, teure und oft schmerzhafte Crash-Karriere. Als er mich an einem unserer ersten Wochenenden in Sulz besuchte, schaffte er es, an einem Wochenende gleich zwei Autos schrottreif zu fahren. Auf der Hinfahrt von Stuttgart nach Sulz fuhr ihm an einer Kreuzung ein Rentner von hinten gegen den Simca, so heftig, dass der kleine Franzose von da an nicht mehr zu gebrauchen war. Totalschaden. Uli war außer sich, brüllte den alten Mann an – und irgendwie schafften sie es gemeinsam, einen Automobilverleiher zu finden und mit dem Mietwagen kreuzte er bei mir auf.

Als ich Uli jetzt von der Diagnose des Hamburger Arztes erzählte, lachte er nur. Wie konnte ich nur so naiv gewesen sein! Natürlich hätte mein Vater dem Arzt klargemacht, dass eine Verbindung zwischen uns beiden absolut unerwünscht war. Jetzt begriff ich mich und die Welt nicht mehr. Nach einem langen, aufregenden Wochenende schlief Uli auf der Rückfahrt von Sulz nach Stuttgart an einer Kreuzung völlig erschöpft ein. Wieder Totalschaden. In der Woche darauf überraschte er mich in einem grünen Triumph TR4, einem britischen Sportwagen mit Stoffdach, den man »Roadster« nannte – das zugigste Auto, das ich jemals kennengelernt habe. Aber ein mobiles Liebesnest.

Meine Eltern ahnten nicht, dass wir wieder zusammen waren – direkt vor ihrer Nase. Ein Freund von Uli, ein Kameramann, besaß im Stuttgarter Westen ein Gartenhaus. Jedes zweite Wochenende übernachteten wir dort. Erst allmählich wurde mir bewusst, dass Uli bekannt war. Er erhielt Einladungen zu Vernissagen, Filmpremieren, Konzerten. Und fast überall, wo wir auftauchten, kannte man Ulrich Kienzle, er war als politischer Journalist umstritten. Er polarisierte.

So begann ich ein Doppelleben zu führen, das eher belastend als aufregend war: In Sulz glaubte man, ich würde jedes Wochenende bei meinen Eltern verbringen, und meine Eltern nahmen an, ich hätte, wenn ich nicht bei ihnen war, in Sulz zu arbeiten. Wie mein Leben in Wirklichkeit aussah, davon hatten sie keine Ahnung. Ich war hin- und hergerissen zwischen der Loyalität zu meiner Familie und der Beziehung, die ich mir nicht mehr wegnehmen lassen wollte.

Irgendwann aber kam die Stunde der Wahrheit. Uli war mittlerweile Landtagskorrespondent des SDR und, so hatte ich ihn schon in Tübingen kennengelernt, er provozierte gern. Das neue Medium Fernsehen war wie geschaffen für ihn. Er konnte experimentieren, noch kaum beachtet oder kontrolliert von der Politik. In der Redaktion wurde diskutiert und gestritten, manchmal bis die Fetzen flogen. Es wurde viel Alkohol getrunken, es wurde viel geraucht und manchmal gingen die Redaktionssitzungen direkt in Saufgelage über, aber immer stand die Arbeit im Mittelpunkt. Uli war in seinem Element! Wie in Tübingen wusste auch in Stuttgart bald jeder, dass er politisch unbequem, frech und selbstbewusst war, er nahm kein Blatt vor den Mund und ließ sich nur von wenigen etwas sagen. Eines Tages hatte der damalige Stuttgarter Programmdirektor Horst Jaedicke die Nase voll von der Arroganz seines Jungstars: »Ich will Sie hier nicht mehr sehen!«, schnauzte er ihn ohne Vorwarnung auf dem Flur des Senders an. Das war das abrupte Ende einer wilden Zeit.

Als Uli an diesem Tag bei mir in Sulz auftauchte, war für ihn klar: Zurück an die Uni, dieser Gedanke kam für ihn nicht infrage. Er hatte Lunte gerochen, Uli war Vollblutjournalist. Jetzt konnte er mitmischen, auch in der Politik; er hatte Einfluss und seine Arbeit zeigte Wirkung. Das faszinierte ihn. Noch in meinem Zimmer begann er Pläne zu schmieden, er bewarb sich in München beim konservativen Bayerischen Rundfunk, in Köln beim liberalen WDR – und wieder hatte er Glück, schon wenige Tage nach seinem Rausschmiss hatte er einen neuen Job: Er landete in Köln bei Werner Höfer, der die Leitung des Dritten WDR-Programms übernommen hatte und dort eine neue Nachrichtensendung etablieren wollte – »Zum Tage«, ein Experiment, Vorläufer der heutigen »Tagesthemen«.

Wir waren erleichtert. Dennoch führte die räumliche Trennung zu alten Problemen. Beim letzten Mal war ich es, die fortgezogen war, jetzt war es Uli. Und so quietschten Monate später die Reifen des grünen TR4 vor meinem Zimmer in Sulz, Uli wollte eine Entscheidung: »Ich kann nicht mehr! Wir kennen uns lange genug! So kann es nicht weitergehen – entweder wir trennen uns. Oder wir heiraten.« Ein Heiratsantrag – typisch Kienzle! Ich musste nicht lange überlegen: Ich hatte mich einmal von Uli getrennt, ein zweites Mal würde ich es nicht tun. Ich war erleichtert, aber auch voller Angst. Die Konfrontation mit meinen Eltern ließ sich jetzt nicht mehr vermeiden. Irgendwann raffte ich all meinen Mut zusammen und erzählte meiner Mutter alles – dass ich Uli wiedergetroffen hatte, dass ich nach Köln ziehen und ihn heiraten würde.

Meine Mutter fing an zu weinen. »Das musst du Vati selbst erzählen, ich kann das nicht.« Meine Eltern wollten in diesen Tagen nach Bremerhaven in ihren Sommerurlaub fahren, ich konnte meinem Vater nicht länger ausweichen. Nachdem ich ihm alles gebeichtet hatte, ging er stumm aus dem Zimmer und redete bis zur Abreise kein Wort mehr mit mir.

Längst hatte ich mich in Köln um eine Stelle bemüht und glücklicherweise kam die Anforderung des Oberschulamts in Nordrhein-Westfalen innerhalb weniger Wochen – und damit auch der Tag, an dem ich meine Gedichte von den Wänden nahm und mich mit schwerem Herzen und Tränen in den Augen von den Kindern meiner ersten Klasse verabschiedete. Sie waren für mich inzwischen zu einer Art Ersatzfamilie geworden. So schnell ich konnte, packte ich meine Sachen zusammen. Ein schwerer Abschied. Nach vielen Jahren hatte ich endlich wieder das Gefühl, genau das zu tun, was ich wirklich wollte. Immer wieder dachte ich in diesen Augenblicken an den Mann, der Uli und mich wieder zusammengebracht hatte, Walter Mechtel; wie er plötzlich in der Tür des Klassenzimmers gestanden und mich in das kleine Stadtcafé von Sulz eingeladen hatte. Lange hatten wir ihn nicht mehr getroffen. Er war tatsächlich in den Nahen Osten gegangen und hatte in Beirut als erster Korrespondent das ARD-Büro eröffnet.

* * *

Für mich kam nur eine kirchliche Trauung infrage. »Kirche auf keinen Fall!«, so die Antwort von Uli. Wir schlossen also den Kompromiss, zunächst standesamtlich zu heiraten und später irgendwann kirchlich – ein typischer Kienzle-Kompromiss. Später – das hieß: nie. Am 21. August 1967 betraten wir das Standesamt in Köln-Mülheim. Mein orangefarbener Hosenanzug, ein Geschenk von Uli, leuchtete mit meinem Brautstrauß um die Wette, keine roten Rosen, sondern gelbe und orangefarbene Gerbera. Ich hatte Herzklopfen, als ich endlich »Ja« sagte zu dem Mann, den ich begehrte.

Wir feierten auf dem Land in einem romantischen Wasserschloss in der Nähe von Köln. Uli hatte ein Festessen bestellt, unsere Trauzeugin war meine Schwester Elke. Die anderen Gäste waren Kollegen von Uli, von denen ich keinen kannte. Alle waren sehr nett und alle waren sehr freundlich.

Doch so schön der Rahmen auch war – ich habe nur geweint, geweint, geweint. Ich war verzweifelt, weil ich mit so vielem gebrochen hatte, allen voran mit meinen Eltern, die gar nicht wussten, dass ihre älteste Tochter an diesem Tag heiratete. Ulis Eltern waren noch ahnungsloser; er hatte zu Hause nicht einmal erzählt, dass wir wieder zusammen waren.

Dennoch waren wir glücklich. Eine Achterbahnfahrt der Gefühle, ein verrückter Gefühlsmix. Wir genossen es, endlich zusammen zu sein, und wir waren sicher, es würde gut werden. Als der Standesbeamte uns am Nachmittag gefragt hatte: »... bis dass der Tod euch scheidet?«, kam unsere Antwort aus tiefer Überzeugung: ein Leben lang.

* * *

Im blauen Simca 1100 machten wir uns auf den Weg in die Flitterwochen nach Venedig. Den zugigen TR4 gab es nicht mehr, sein Ende war besiegelt, als Uli die Tür gedankenverloren in dem Moment geöffnet hatte, als ein anderes Fahrzeug angefahren gekommen war. Die Tür wurde aus der Karosserie gerissen. Uli war Gott sei Dank nichts passiert. Als wir uns Stuttgart näherten, wurde ich immer trauriger. Seit Monaten hatte ich keinen Kontakt mehr mit meinen Eltern gehabt. An Leonberg vorbei fuhren wir auf der A8 in Richtung München; bei Stuttgart-Vaihingen aber bog Uli von der Autobahn ab und wenige Minuten später standen wir zu meiner Überraschung vor meinem Elternhaus.

Ein früher Sommerabend. Ich habe Angst, zu klingeln. Was ist, wenn sie mich nicht sehen wollen? Wie werde ich reagieren, wenn sie mir nicht verzeihen können? Für meinen Vater muss der Gedanke, dass er bei der Hochzeit seiner Ältesten nicht dabei gewesen war, unerträglich sein. Fast hoffe ich, dass niemand zu Hause ist, als meine Mutter schon die Tür öffnet. Habe ich geläutet? Schon fällt sie mir um den Hals und wir lachen und weinen vor Freude. Bevor ich denken kann, steht mein Vater vor mir, nimmt mich fest in den Arm und freut sich.

Meine Mutter und ich waren überglücklich. Uli und mein Vater gingen höflich-distanziert miteinander um. Nachdem sie sich förmlich begrüßt hatten, saßen wir im Wohnzimmer, die Männer auf Distanz bedacht, aber wohlwollend-freundlich. Dass sich zwischen ihnen niemals echte Herzlichkeit einstellen würde, war inzwischen allen klar, aber mit dem Zustand der gegenseitigen Anerkennung und Duldung konnte ich leben.

Einige Wochen, nachdem wir aus Italien zurückgekehrt waren, am 18. November 1967, erreichte uns eine Nachricht, die Uli und mich erschütterte: Walter Mechtel war in der jemenitischen Hafenstadt Aden von einem arabischen Nationalisten erschossen worden. Er hatte aufgedeckt, dass Ägypten, das im Bürgerkrieg im Jemen die republikanischen Kräfte unterstützte, Giftgas eingesetzt hatte. Das war ihm zum Verhängnis geworden. Zu seinem Nachfolger wurde Gerhard Konzelmann ernannt. Ich war todunglücklich und in meine Trauer mischten sich Gedanken an unsere eigene Zukunft. Wohin würde Uli eines Tages geschickt werden? Würde ich ihn begleiten können? Ich versuchte, die Sorgen zu verdrängen. Doch Ulis Beruf begann, mehr und mehr mein Leben zu bestimmen.

Weihnacht am Rhein

»Heute Mittag hatte ich Schildkrötensuppe als Vor-speise, der Hauptgang war Rehrücken und zum Nachtisch gab's Birne Hélène«. Damals lukullische Highlights. Es war nicht einfach, Uli kulinarisch zufrieden-zustellen. Er war durch den WDR verwöhnt – Höfers Drittes Programm residierte in einem ehemaligen Hotel am Dom-platz, das Feinschmeckerrestaurant war erhalten geblieben und zum Casino umfunktioniert worden. Dem konnte ich nichts entgegensetzen. Zwar hatte ich keinerlei Ambitionen, eine perfekte Hausfrau zu werden – schließlich war ich selbst berufstätig und arbeitete in Köln wieder als Lehrerin. Aber ein vernünftiges Essen auf den Tisch bringen wollte ich schon. Es half nichts, ich musste kochen lernen.

In der nächsten Buchhandlung kaufte ich mein erstes Kochbuch, ein Taschenbuch, das heute noch in meinem Regal steht. Damit verschwand ich in der Küche – und stellte fest, dass ich ein Naturtalent war. Ich konnte kochen! Ko-chen ist kreativ, fantasievoll, macht einfach Spaß. Ich war begeistert. Bald schwelgte ich in der kleinen Küche unserer Wohnung im vierten Stock eines Mietshauses, das am Rhein lag, ganz in der Nähe der Mülheimer Brücke. Ich wollte das WDR-Casino mit Allgäuer Küche übertreffen und bald hatte Uli mehr als neunzig Kilogramm auf den Rippen. Eines Abends ließ er den Nachtisch einfach stehen. Obwohl ich mir große Mühe gegeben hatte, neben meinem Job als Lehre-rin allabendlich groß aufzutischen, rührte er von da an keines meiner kalorienreichen Desserts mehr an. So lernte ich, nicht nur fein, sondern auch gesund zu kochen – und mit neuen Schülern, neuen Kollegen, einem neuen Lehrplan und dem

Haushalt verging die Zeit. Plötzlich stand unser erstes gemeinsames Weihnachtsfest vor der Tür!

In meiner Familie hatten wir das Fest immer ganz traditionell gefeiert; selbst als ich längst erwachsen war, hatte mein Vater immer pünktlich um vier Uhr die Türen zum Wohnzimmer abgeschlossen. Schlag sechs ertönte ein Glöckchen, die Wohnzimmertür ging auf und auf dem festlich geschmückten Christbaum funkelten die brennenden Kerzen. Es ging streng zu. Um den Baum herum waren die Geschenke gestapelt, doch vor dem Auspacken wurden Weihnachtslieder gesungen. Ich spielte Geige, meine Schwestern Flöte und Familie Finkelmann sang inbrünstig alle bekannten Weihnachtslieder – mit sämtlichen Strophen, die verlockenden Geschenke immer im Blick. Erst dann durften die Päckchen geöffnet werden – aber nicht alle auf einmal! Eins nach dem anderen, sodass jeder bewundern konnte, was der andere bekommen hatte.

Jetzt aber freute ich mich auf die gemeinsame Adventszeit mit Uli, auf warmen Kerzenschimmer, auf den Duft gebrannter Mandeln, auf den Weihnachtsmarkt zu Füßen des Kölner Doms. Aber eigentlich hätte ich ahnen können, wie die Geschichte enden würde. Uli war strikt dagegen, unsere Wohnung adventlich zu schmücken. Adventskranz? Bewahre! Ein Weihnachtsbaum? Um Gottes willen! Es dauerte eine Weile, bis ich begriff, dass er mit dem Wort »Weihnachten« in erster Linie »Stress« assoziierte. Wärme und Gemütlichkeit waren in seiner Familie Fremdwörter. Im Tante-Emma-Laden von Ulis Mutter in Neckarrems herrschte in der Weihnachtszeit Hochbetrieb. Selbst am Heiligen Abend klingelten die Leute noch abends an der Tür, wenn ihnen das Mehl oder der Zucker ausgegangen war. Von Ruhe oder Besinnlichkeit konnte also keine Rede sein – vielmehr gab's alle Jahre wieder an Weihnachten den großen Familienkrach. Und diese Familientradition setzte Uli fort: Als am Weihnachtsnachmittag die Kirchenglocken läuteten, tobte bei uns der erste Ehekrach. Wutentbrannt stürmte Uli aus der Wohnung und fuhr nach Bonn, dort zog er in alter Junggesellenmanier von einer Kneipe zur anderen. Doch während ich mich in die katholische Kirche gleich neben unserer Wohnung geflüchtet hatte und dort mit der Gemeinde die Christmette feierte, kehrte bei Uli angesichts der anderen Leidensgenossen, die ihm in den Kneipen frustriert und dicht um die Theken gedrängt begegneten, allmählich Ernüchterung ein. Als der Gottesdienst vorüber war, verabschiedete der Pfarrer seine Schäfchen am Kirchenportal und inmitten der lachenden und strahlenden Menschen war ich die Einzige, die leise weinte. Traurig stapfte ich durch die nasskalte Nacht am Rhein entlang nach Hause und als ich die Tür öffnete, saß Uli schon verschämt grinsend auf dem Sofa – und alles war gut.

* * *

Meine Zweifel, ob ich als Lehrerin taugte, waren wie weggeblasen. Der Beruf machte mir Spaß. Ich wusste, dass ich für die Kinder eine gute Lehrerin war, immer wieder habe ich es von ihnen bestätigt bekommen. In Köln waren die Klassen kleiner als in Sulz, dafür hatte ich hier mit einem anderen Extrem zu kämpfen. In meinem ersten Jahr wurde ich als »Springerin« eingesetzt. Nach neun Monaten hatte ich fünf verschiedene Haupt- und Realschulen hinter mir. Wenn ich mich gerade so weit eingewöhnt hatte, dass ich die Namen der Kinder in meiner Klasse kannte, fand ich mich schon in einer anderen Schule wieder, oft in sozialen Randgebieten, einmal sogar an einer Sonderschule. Als einer meiner Schüler permanent den Unterricht schwänzte, entschloss ich mich, am Wochenende seine Eltern zu besuchen. Sie wohnten am

Rand einer Siedlung außerhalb von Köln, in einem kleinen Haus, mitten auf einer großen Wiese. Als ich darauf zuging, trat der Vater aus der Tür, sein Sohn neben ihm, und hetzte einen scharfen Wolfshund auf mich. Unter ihren Flüchen und ihrem Gelächter bin ich um mein Leben gerannt.

Als ich endlich Wurzeln schlug, in Leverkusen, in einer großen Hauptschule mitten in der Stadt, geschah etwas, was mich tief verletzte. Der Schulleiter, ein aufgeschlossener, gut aussehender Mann Anfang vierzig, der ebenfalls neu an der Schule war und zuvor mehrere Jahre in Chile gearbeitet hatte, lud das Kollegium regelmäßig nach Köln ein, wo wir zusammensaßen, lachten und über die Schule sprachen. Nach einem dieser fröhlichen Abende bot er an, mich nach Hause zu fahren. Als wir vor meiner Tür standen und ich aussteigen wollte, beugte er sich plötzlich zu mir herüber, nahm mich in den Arm und küsste mich auf den Mund. Wie im Schock rannte ich ins Haus. Er war schließlich mein Vorgesetzter. Was sollte ich tun? Ich war von ihm abhängig! Uli erzählte ich nichts davon – wie er reagiert hätte, konnte ich mir lebhaft vorstellen. Gleich am nächsten Vormittag bat ich um ein Gespräch bei meinem Chef: »Ich schätze Sie sehr – als Pädagoge, als Schulleiter und auch als Mensch, aber so etwas möchte ich nie wieder erleben!« Ich hatte Glück – damit war die Situation ein für allemal geklärt. Zwischen uns entwickelte sich ein gutes, kollegiales Verhältnis ohne weitere Zudringlichkeiten.

Von anderem Kaliber war der Schulrat, ein strenger und humorloser Mann, der im Gestern verhaftet war. Eine Kollegin und mich hatte er zu seinen besonderen Opfern auserkoren. Als die andere in der großen Pause im Trainingsanzug von der Turnhalle ins Lehrerzimmer kam, brüllte er sie vor der versammelten Lehrerschaft an: »Eine Frau trägt keine Hosen! Eine Lehrerin schon gar nicht! Ziehen Sie sich gefäl-

ligst um, bevor Sie ins Lehrerzimmer kommen! Das nächste
Mal erscheinen Sie im Rock!« Ein paar Tage später schwollen
seine Stirnadern bedenklich an, als er bemerkte, dass dieselbe
Kollegin einen roten Lippenstift aufgetragen hatte. »Eine
deutsche Frau schminkt sich nicht!« Ich erregte seinen Un-
mut unter anderem durch meine Einträge im Klassenbuch –
mit Bleistift. Das Ausmaß seiner Aufregung, dass ich keinen
Füller benutzte, war grenzenlos. Er putzte mich so herunter,
dass ich Tage brauchte, um einigermaßen darüber hinwegzu-
kommen. Nur in meinen Träumen rächte ich mich für die
Angst, die ich regelmäßig vor ihm hatte.

Diese und andere Erlebnisse waren verstörend für mich,
die ich doch aus einer vermeintlich heilen Welt kam. Erst viel
später, im Orient und vor allem in Afrika, habe ich erlebt, wie
Frauen der Willkür und der Gewalt von Männern ausgeliefert waren. Es ist diese Verachtung menschlicher Würde, die
mich bis heute wütend macht.

An der Schule in Leverkusen arbeitete ich an der Zulassungsarbeit für die zweite Beamtenprüfung. Mein zweiter
Anlauf. Schon im Schwarzwald hatte ich damit begonnen,
konnte die Arbeit aber wegen meines Umzugs nach Köln
nicht fortsetzen. Als Thema hatte ich damals »Das Vorkom-
men von Orchideen in der Umgebung von Sulz« gewählt –
ein Sujet, das mich seit meiner Kindheit im Allgäu faszinierte. An schönen Sommertagen war ich am frühen Morgen
aufgestanden und hatte die Wälder noch vor dem Unterricht
durchstreift und die seltenen, vom Tau benetzten Blüten fo-
tografiert. Sieben verschiedene Orchideenarten hatte ich
aufgespürt – das hätte ausreichend Stoff für die Zulassungsarbeit geliefert. Doch in Köln hatte sich das Thema erledigt.
Ein Dreivierteljahr lang arbeitete ich an den »Übungen im
Englischunterricht«. Doch damit wurde es auch nichts. Eines Tages klingelte das Telefon. Horst Jaedicke, der Fernseh-

direktor des SDR, war am Apparat – der, der Uli seinerzeit vor die Tür gesetzt hatte. In seinem unnachahmlichen Schwäbisch fragte er ihn: »Willsch wieder hoim?« Uli fühlte sich wohl beim WDR, aber das Angebot, Chef der »Abendschau« zu werden und damit ein Vorabendmagazin nach eigenen Vorstellungen gestalten zu können, war verführerisch. Er packte seine Koffer und zog zurück nach Stuttgart. Und ich, die ich seinetwegen an den Rhein gezogen war, saß plötzlich allein in Köln. Wieder stellte ich einen Versetzungsantrag. Und ein halbes Jahr später folgte ich meinem Mann erneut – dieses Mal zurück in die schwäbische Hauptstadt.

Als das Fernsehen begann, mein Leben zu verändern

Schon lange zündete ich in der Kirche keine Kerzen mehr an, um nicht schwanger zu werden. Uli und ich wollten Kinder haben – darin waren wir uns einig. Dass sich aber noch immer kein Nachwuchs ankündigte, beunruhigte mich. Damals begann die Zeit meiner Arztbesuche. Immer wieder versicherten mir die Ärzte, dass ich jederzeit schwanger werden könnte. Meine Kinderlosigkeit empfand ich zunehmend als Makel.

Die Kehrseite der Medaille war unsere Unabhängigkeit. Uli und ich führten ein aufregendes Leben und genossen unsere Zeit in Stuttgart in vollen Zügen. Die schwäbische Landeshauptstadt kam uns, verglichen mit Hamburg und Köln, zwar wie eine Kleinstadt vor, aber hier waren wir zu Hause. Unsere erste gemeinsame Wohnung in Stuttgart lag im Stadtteil Möhringen, oberhalb des Stuttgarter Kessels. Jeden Morgen machte ich mich in meinem VW-Käfer auf den Weg in den Stau, quer durch die Stadt zur Schillerschule in Bad Cannstatt. Dort gab es genügend Englischlehrer und ich konnte nur Deutsch unterrichten. Bye-bye »Übungen im Englischunterricht« – das Aus für meine zweite Zulassungsarbeit.

Allmählich geriet ich unter Zeitdruck. Zum Glück standen Ferien vor der Tür, in kürzester Zeit schrieb ich eine Abhandlung über »Strukturen und Ornamente im Kunstunterricht der fünften und sechsten Klassen«. Ich arbeitete also zu Hause, während Uli täglich in den Sender fuhr – mittlerweile nicht mehr mit dem Simca 1100, seinem ersten Auto, von dem er sich unfallfrei getrennt hatte.

Nach einem gemeinsamen Frühstück stehe ich, noch im Morgenmantel, auf dem Balkon unseres Hochhauses und sehe, wie er in seinen neuen orangefarbenen BMW 2002 ti steigt. Uli startet, kurbelt die Fensterscheibe an der Fahrertür runter, fährt los und winkt mir durch das offene Fenster zu. Nach wenigen Metern macht die Straße eine leichte Rechtsbiegung und vom Balkon aus sehe ich, wie – nicht mehr weit entfernt – ein Lieferwagen in forschem Tempo angefahren kommt. Ich gestikuliere immer wilder, rufe – sehr zur Freude von Uli, der lacht, zu mir hoch schaut, Grimassen schneidet und winkt. In der Kurve gerät er auf die andere Fahrbahn – und prallt frontal auf den entgegenkommenden Lastwagen. Ich stürze aus dem Haus. Uli hat ein paar Schrammen, aber Gott sei Dank ist niemand ernsthaft verletzt. Der BMW aber hat nur noch Schrottwert.

***

Jetzt hatten wir einen Fernsehapparat. Bald fand ich die Nachrichtenmagazine und Reportagen aufregender als die Vorstellungen im Theater, für die ich jahrzehntelang geschwärmt hatte. Ich begann, mich für Politik zu interessieren. Wenn ich abends mit dem Essen auf Uli wartete, saß ich vor dem Fernseher und schaute mir an, was in der Welt passiert war. Das verkürzte die Wartezeit, denn wenn mir Uli am Telefon sagte, er käme bald, wurden daraus oft zwei oder drei Stunden.

Der Fernseher brachte mir nicht nur Nachrichten, sondern auch meinen Mann ins Wohnzimmer: Regelmäßig war Uli jetzt in der »Abendschau« zu sehen. Das Vorabendmagazin hatte sich in Baden-Württemberg inzwischen zu einer erfolgreichen Marke entwickelt. Die Sendung war am nächsten Tag Gesprächsstoff an den Arbeitsplätzen, in Bussen,

Bahnen, an den Stammtischen. Es gab noch kein Privatfernsehen, die Dritten waren kaum etabliert, die Einschaltquoten waren hoch.

Oft sprachen wir beim Abendessen über die Sendung und oft war ich dabei, wenn sich die Redakteure nach Feierabend oder an Wochenenden trafen. Thema war immer die Arbeit, mir machte es Freude, einen Blick hinter die Kulissen des Fernsehens zu werfen.

Mittlerweile hatten die Politiker den Einfluss des Fernsehens entdeckt – und versuchten, es zu kontrollieren. Ein Katz-und-Maus-Spiel, ganz nach Ulis Geschmack. Die »Abendschau« war ein neues, modernes TV-Format, eine freche Mischung aus anspruchsvoll-investigativem Journalismus, Unterhaltung und Satire. Mit der Figur des »Bruddlers« erfand er einen meckernden, schwäbischen Alltagsphilosophen, der sich Gedanken machte über Gott, die Welt und das Wetter – bald eine Kultfigur. Sein beißender Spott – wortkarg, selbstironisch und auf Schwäbisch – wirkte wegen des Dialekts meist versöhnlich. Im *Schwäbischen Wörterbuch*, das es nur in der Stuttgarter Staatsbibliothek gab, suchte ich jetzt gemeinsam mit Uli nach typischen schwäbischen Ausdrücken. Ein Riesenspaß.

Am Nikolaustag hatte Uli die Idee, den Moderator in der »Abendschau« im Nikolauskostüm auftreten lassen. Im Lauf der Sendung legte er dann, Stück für Stück, sein Kostüm ab, um am Ende zu sagen: »Wie Sie sehen können, meine Damen und Herren: Ich bin gar nicht der Nikolaus!« Zum ersten Mal in der Geschichte des SDR brachen an jenem Abend die Telefonleitungen zusammen – sogar aus dem benachbarten Elsass und der Schweiz riefen wütende und weinende Eltern an. »Respektlos!« – »Eine Riesenschweinerei!« Das waren noch die nettesten Beschimpfungen. Wie konnte man einen Heiligen auf so eine Weise entehren! Würdelos! Ein

Affront, vor allem für die Traditionalisten. Heute kaum mehr vorstellbar.

Wegen der »Nikolausaffäre« gab es sogar eine hitzige Sondersitzung des Rundfunkrats; Uli musste schnell reagieren, um seinen Hals aus der Schlinge zu ziehen. Sein Retter war ausgerechnet ein katholischer Theologe, den er in die nächste »Abendschau« holte und zu dem Skandal befragte. Der Pfarrer war witzig und erklärte den Fernsehzuschauern, dass der Weihnachtsmann eine Kunstfigur aus den 1920er-Jahren sei, eine Erfindung des Coca-Cola-Konzerns. Eine Werbe-Ikone, kein Heiliger. Mit dem satirischen Umgang mit einer solchen Figur könne man den Glauben und die Religion nicht entehren, vielmehr aber die Kommerzialisierung des Weihnachtsfests kritisieren. Zudem wüssten die meisten Kinder ohnehin, dass sich hinter der Maske des bärtigen Nikolaus ihre Väter versteckten. Damit war die Affäre beendet. Uli hatte ein Thema originell umgesetzt, über das noch lange geredet wurde. Und das hatte er erreichen wollen.

* * *

»Swinging London« bestimmte längst die Modetrends in Kleidung und Musik, auch ich trug jetzt Schlaghosen und Blusen mit bunten Mustern. Selbst im prüden deutschen Schlager war man erstaunt, *was so alles geschieht, in der Carnaby-Street* – die Themen der 68er-Jahre kamen allmählich in der Mitte der Gesellschaft an. Uli plante gemeinsam mit Dieter Ertel, der vom »Spiegel« zum SDR gewechselt war und dort den Programmbereich »Kultur und Gesellschaft« leitete, das Konzept einer neuen Sendung: eine Talkshow. Ausgerechnet mit einem anderen Reizthema der 68er wollten die beiden das neue Format in einer Pilotsendung testen. Das Thema: Sex. Es kam der Tag der Erstausstrahlung, Uli moderierte. Unter den Studiogästen war ein Erz-konservativer, der vor dem schädlichen Einfluss von Sex auf junge Menschen warnte. Der Mann hatte drei Töchter und wurde vor laufender Kamera gefragt: »Glauben Sie denn, Ihre Töchter onanieren nicht?« Der Moralapostel schäumte: »Was für eine Unverschämtheit!« Eine typische Skandal-sendung dieser Zeit.

Als Uli aus dem Studio kam, wurde er schon von Inten-dant Bausch und Fernsehdirektor Jaedicke erwartet. »Das war die erste und letzte Sendung dieser Art!«, kommentierte Jaedicke trocken. Wieder hatte Uli eine Grenze überschrit-ten, und wieder standen die Telefone beim SDR nicht still — doch nicht alle Anrufer waren empört, viele waren sogar be-geistert. Dieter Ertel wurde später Fernsehdirektor bei Radio Bremen, nahm die Idee mit und machte daraus ein Erfolgs-format, das es bis heute gibt: »3 nach 9«.

* * *

In Stuttgart genoss ich wieder den Kontakt zu meiner Fami-lie. Mein Vater hielt den Beruf des Journalisten zwar noch immer für unseriös, für seinen Geschmack waren die Fern-sehleute zu locker und zu links, doch immerhin begegnete er seinem Schwiegersohn mittlerweile freundlich. Ulis Erfolg imponierte ihm — möglicherweise lag es auch daran, dass er keinen Fernsehapparat besaß. Die beiden hatten ein besseres Verhältnis, in dem sich aber nie echte innere Nähe entwickel-te. Meine Mutter dagegen schätzte Uli nicht nur, sie behan-delte ihn fast wie ihren eigenen Sohn und anders als mein Vater bewunderte sie seine Arbeit.

Mittlerweile kannte man Ulrich Kienzle und erkannte ihn auf der Straße. Er aber nahm seine Popularität eher un-willig in Kauf. Es war ihm unangenehm, wenn ihn wildfremde Menschen im Restaurant oder beim Einkaufen ansprachen. »Kennen wir uns?«, fragte er oft unwirsch. Er war Journalist und kein Entertainer – dass ihm fast täglich Millionen Menschen bei der Arbeit zuschauten, nahm er als eine Art Begleiterscheinung in Kauf. Prominent waren Schlagersternchen und Schauspieler – das war nicht seine Welt.

In Stuttgart begann sich mein Verhältnis zur Kirche zu ändern. Hatte ich in der Anfangszeit noch regelmäßig den Sonntagsgottesdienst besucht, ärgerte ich mich nun immer häufiger über ungeschickt formulierte, inhaltsleere Predigten. Die Sonntagspredigten sagten mir nichts mehr. Auch mein altes Thema aus Kinder- und Jugendtagen, dieses Hin- und Hergerissensein zwischen evangelischer und katholischer Kirche, hatte für mich an Bedeutung verloren. Inzwischen konnte ich damit leben, evangelisch zu sein – und ging nach wie vor am liebsten in katholische Kirchen. Jetzt aber besuchte ich sie, wenn keine Predigten gehalten wurden, wenn ich das Gotteshaus für mich allein hatte. Wann immer ich in der Innenstadt zu tun hatte, betete ich in der Domkirche St. Eberhard in der Königstraße. Dies hatte ich schon früher mit meiner Mutter so gemacht. Wenn ich in der Kirche war, schaute sich Uli die Auslagen in den Geschäften an. Auch heute noch betritt er kein Gotteshaus, es sei denn, die Architektur interessiert ihn.

* * *

Als Ulis Vater nach mehreren Schlaganfällen starb, wurde Ulis Mutter krank und brauchte unsere Hilfe. Wir zogen in sein Elternhaus ins dörfliche Neckarrems. Jetzt bewohnten wir die elterliche Wohnung im ersten Stock, die Mutter zog in die ebenerdige Einliegerwohnung, die vorher vermietet gewesen war.

Zu meiner Überraschung veränderte sich durch unser Zusammenleben auf engem Raum das mittlerweile gute Verhältnis zu meiner Schwiegermutter. Nach dem Tod ihres Mannes konzentrierte sich ihre Energie jetzt voll und ganz auf ihren Sohn. Sonntags, wenn ich für uns drei gekocht hatte, kam sie zum Mittagessen hoch und brachte einen eigenen Salat mit, obwohl sie genau wusste, dass auch ich Salat gemacht hatte. »Uli, probier den.« Mit dem Nachtisch war es genauso.

Wenn ich wochentags von der Schule nach Hause kam, müde und erschöpft, wollte ich einfach meine Ruhe haben, ein paar Minuten wenigstens. Doch das war mir selten vergönnt: Sobald meine Schwiegermutter, die den ganzen Vormittag allein gewesen war, mein Auto hörte, stand sie an der Tür und erwartete mich. »Ich habe bei dir die Betten gemacht, die Küche habe ich auch aufgeräumt.« Jeden Tag musste ich mir anhören, was sie in unserer Wohnung abgestaubt und geputzt hatte. Obwohl das alles gut gemeint war, beschlich mich zunehmend das Gefühl, nicht zu genügen. Mit dieser perfekten schwäbischen Hausfrau würde ich niemals mithalten können.

Fast unmerklich nahm ich unter ihrem Einfluss immer mehr typisch schwäbische Verhaltensweisen an. Ich putzte nach jedem Essen den Boden rund um den Esstisch; wenn ich gekocht hatte, wischte ich den Küchenfußboden. Die Betten machte ich sofort nach dem Aufstehen. Dass ich bescheiden wirtschaftete, war für mich ohnehin selbstverständlich: Sparsamkeit kannte ich von meinen Eltern her zur Genüge.

Schleichend nahm ich die Sitten und Gebräuche einer schwäbischen Pietistin an. Nur eine Umstellung fiel mir schwer: Wenn ich jemanden mochte und mich freute, ihn zu sehen, umarmte ich ihn oder gab ihm einen Kuss. Das war in meiner Familie ganz selbstverständlich gewesen. Doch in einem schwäbischen Haushalt waren derartige Zärtlichkeiten völlig undenkbar und verpönt. Ich habe nie gesehen, dass Ulis Mutter eins ihrer drei Kinder geküsst hätte. Ulis Schwester wies mich einmal aufgebracht zurecht: »So was macht man bei uns nicht! Das ist falsch und verlogen! Das machen nur Katholiken.« Um nicht noch mehr Anstoß zu erregen, gewöhnte ich mir gegenüber Ulis Familie jegliche Art von körperlicher Nähe ab. Wir begegneten uns mit Herzlichkeit – aber ohne die Zärtlichkeit, mit der ich großgeworden war. Ich lernte zu akzeptieren, dass es verschiedene Arten gab, miteinander umzugehen.

An einem Samstag im Oktober 1973 gab eine Radiomeldung meinem Leben eine neue Richtung: Krieg im Nahen Osten! Die Ägypter und Syrer hatten Israel angegriffen. Uli, mittlerweile Auslandschef des SDR, fuhr sofort zum Sender. Hektische Telefonate mit der »Tagesschau«-Redaktion in Hamburg bestimmten jetzt das Wochenende. In Beirut saß der Nachfolger von Walter Mechtel, SDR-Korrespondent Gerhard Konzelmann. Aus Israel berichtete Edmund Gruber vom Bayerischen Rundfunk. Niemand aber war in Ägypten. Und während ich nach diesem turbulenten Wochenende am Montag zum Unterricht fuhr, saß mein Mann, weil der Linienverkehr nach Ägypten unterbrochen war, in einer alten russischen Militärmaschine und flog in den Krieg.

* * *

Von da an war er verschollen. Im Fernsehen verfolgte ich angespannt jeden Beitrag von Gerhard Konzelmann und Edmund Gruber. Nach anfänglichen Erfolgen waren die Ägypter immer weiter zurückgedrängt worden und israelische Truppen hatten den Sinai erobert. Auch nach einer Woche hatte ich noch immer keine Informationen von Uli und begann, mir Sorgen zu machen. Irgendwo in Kairo musste doch ein funktionierendes Telefon zu finden sein! Das Erschreckende: Niemand wusste, was mit dem Team geschehen war, auch der Sender nicht. Keine Nachrichten, keine Filmbeiträge, keine Anrufe. Nichts.

Nach zwei Wochen wurde ich krank und lag mit einer Sommergrippe und über vierzig Grad Fieber im Bett. Endlich erreichte mich ein Anruf eines amerikanischen Journalisten – mir blieb fast das Herz stehen. Er meldete sich aus Rom und erzählte, dass er bis zum Vorabend mit Uli in Kairo zusammen gewesen wäre. Uli ginge es gut! Es gäbe aber für ihn, wie für alle Journalisten in Ägypten, keine Möglichkeit, sich zu melden. Die ägyptische Regierung hatte alle internationalen Verbindungen gekappt. Seine erfreulichste Nachricht aber war: »Ihr Mann kommt morgen nach Hause.«

Ich war überglücklich, alle Spannung fiel von mir ab. Aufgeregt wie ein junges Mädchen betrachtete ich mich abends im Spiegel und dachte, Uli kommt sicher braun gebrannt aus Ägypten zurück – und wie sehe ich aus mit der Grippe! Also schnappte ich mir die Rotlichtlampe meiner Mutter und setzte mich zwanzig Minuten vor die UV-Strahlen, um ein wenig Farbe ins Gesicht zu bekommen. Nachts um drei Uhr wurde ich wach. Mein ganzes Gesicht brannte und schmerzte. Ich ging ins Bad und schaute in den Spiegel: Ich war krebsrot und meine Lippen waren dick geschwollen. Ich sah gespenstisch aus.

Am nächsten Tag, einem Sonntag, rief Uli aus Rom an und informierte mich über seine Ankunft am Stuttgarter Flughafen. Ich band mir ein Tuch so um den Kopf, dass nur noch die Augen herausschauten, und fuhr los. Uli war entsetzt über so viel Dummheit und gleich am nächsten Morgen um sieben Uhr fuhr ich in die Hautklinik nach Stuttgart.

Dort lag ich dann. Gesicht und Hals mit sterilen Auflagen bedeckt hing ich am Tropf, mit schweren Gesichtsverbrennungen Ende zweiten Grades. Wäre ich nur ein paar Minuten länger vor der UV-Lampe sitzengeblieben, hätte ich Narben zurückbehalten. So kam ich noch einmal davon und entwickelte in den folgenden Wochen eine zarte neue Babyhaut. Als ich aus der Klinik entlassen wurde, schimpfte der Arzt: »Wie kann man in diesem Alter noch so naiv und dumm sein! Man müsste Sie ohrfeigen!«

Das war deutlich – Unrecht hatte er nicht. Auch wenn mein UV-Abenteuer im Vergleich zu den Auswüchsen der heutigen Schönheitschirurgie fast harmlos-naiv erscheinen mag, es hat bei mir bleibenden Eindruck hinterlassen. Von dem ständigen Wunsch, sich anzupassen – von dieser Macke bin ich seitdem geheilt.

* * *

Die besondere Ironie der Geschichte war: Uli wusste gar nichts von seinem Verschwinden. Mit seinem Team war er, wegen der Sperrung des Kairoer Luftraums, nach Tripolis in Libyen geflogen. Schnell hatte er dort herausgefunden, wie man Kairo am besten erreichen konnte: mit dem Taxi. Die libyschen Taxifahrer hatten nämlich in der aktuellen Krise das Geschäft ihres Lebens gewittert und eine Art »Taxi-Kette« organisiert, für alle, die nach Ägypten wollten: Geheimdienstleute, Journalisten, Waffenschieber, Diplomaten, Geschäftsleute – Menschen eben, die von einem Krieg angezogen werden. Und diese fuhren die libyschen Taxifahrer bis zur Grenze und reichten sie dort an ihre ägyptischen Kollegen weiter.

Als das SDR-Team nach fünfzehnstündiger Fahrt durch die Wüste in Kairo angekommen war und im Hotel eingecheckt hatte, musste es feststellen: Eine Kontaktaufnahme mit der Redaktion in Deutschland war unmöglich. Wie aber sollte man aus einem Land berichten, in dem der Flughafen geschlossen und die Telefone gesperrt waren? Uli erfuhr am nächsten Tag beim Informationsministerium, dass täglich eine Maschine aus Kairo nach Rom fliegen sollte, um das Filmmaterial der internationalen Berichterstatter aus dem Land zu schaffen. Erleichtert machte sich das Team an die Arbeit. Jeden Abend stand Uli, pünktlich um 19 Uhr, mit den anderen Vertretern der Weltpresse vor dem Kairoer Informationsministerium, um dort das Filmmaterial für den Versand in die Heimat abzugeben. Die Ägypter sammelten alles fleißig ein – und verstauten es in einem Lagerraum. Und dort blieb es auch – denn eine Maschine nach Rom gab es nicht. Drei Wochen lang lebte Uli im Glauben, dass seine Berichte allabendlich über die deutschen Bildschirme liefen; von dem Fiasko erfuhr er erst, als er wieder zu Hause war. Nach Kriegsende tauchte dann ein Teil des eingesammelten Filmmaterials tatsächlich in Rom auf und Uli konnte daraus zwei längere »Weltspiegel«-Beiträge zusammenstellen.

* * *

Mein Leben wurde mehr und mehr von der zunehmenden Dramatik bestimmt, die sich durch Ulis Beruf in unseren Alltag schlich. Dabei stellte mir mein eigener Beruf eigentlich schon genügend spannende Herausforderungen – nach eineinhalb Jahren an der Schillerschule in Bad Cannstatt war ich an die erste Ganztagsschule Baden-Württembergs versetzt worden: an die Lerchenrainschule II. Diese Versuchsschule war ein kühnes Experiment, das im CDU-regierten Baden-Württemberg mit Misstrauen beäugt wurde. Kinder einen ganzen Tag lang der elterlichen Obhut zu entziehen und sie in die Verantwortung von vermeintlich linken 68er-Lehrerinnen und Lehrern zu geben – nur schwer vorstellbar für viele konservative Schwaben. Ich unterrichtete Kunst, Deutsch und Englisch. Nach einem Jahr wurde der Schulversuch für mich abrupt beendet – und ich an die Hauptschule in Stuttgart Münster versetzt.

* * *

Uli blies der Wind allmählich ziemlich kalt ins Gesicht. In der »Abendschau« hatte er jetzt auch noch eine Umweltreihe etabliert, ein absolutes Novum in der deutschen Fernsehlandschaft und von erheblicher politischer Brisanz: Der Bodensee stand kurz vor dem Umkippen und im Neckar und anderen Flüssen trieben immer wieder große Mengen toter Fische. In über zweihundert sorgfältig recherchierten Beiträgen deckten Uli und sein Team Umweltvergehen auf. Firmen und Kommunen leiteten damals noch tagtäglich giftige Substanzen in öffentliche Gewässer. Die Verursacher der Umweltschäden liefen Sturm gegen die Macher des Magazins – sie machten ihren Einfluss auf politischer Ebene geltend, protestierten beim Intendanten und bedrängten die Gremien des Rundfunkrats. Uli wurde als Wirtschaftsfeind diffamiert, seine Berichte würden Arbeitsplätze zerstören, der schwäbischen Wirtschaft schaden. Seine Reihe trug dazu bei, dass sich in der Öffentlichkeit allmählich ein Umweltbewusstsein entwickelte. Doch das interessierte damals noch niemanden.

Für Uli war es eine schwierige Zeit. Höhepunkt war ein Fischsterben im Neckar. Der baden-württembergische Ministerpräsident Hans Filbinger hatte bei einer Pressekonferenz zum dramatischen Fischsterben im Neckar gesagt: »Nur die dummen Fische sterben, die klugen überleben, weil sie in größerer Tiefe schwimmen, wo es mehr Sauerstoff gibt!« Ulis sarkastischer Kommentar in der »Abendschau«: »Armes Baden-Württemberg, wenn es ähnlich intelligent regiert wird!«

Der Druck aus der Politik wurde immer größer. In dieser angespannten Atmosphäre kam Kurt Stenzel, ein Kollege und Freund von Uli, auf ihn zu – auch in prädigitaler Zeit, lange vor Google und NSA, funktionierten verdeckte Kommunikationswege ganz gut. »Ich glaube«, sagte Stenzel, »du wirst bald ein Angebot bekommen.« Und drei Wochen später war es dann tatsächlich so weit: Man bot Uli die Nachfolge von Gerhard Konzelmann an, den Posten als Auslandskorrespondent im Nahen Osten. Man hatte also beschlossen, einen kritischen innenpolitischen Journalisten ins Ausland zu entsorgen – und ihn sich auf diese Weise vom Hals zu schaffen.

Uli und ich waren begeistert. Seit Walter Mechtels Angebot, das mittlerweile fast zehn Jahre zurücklag, hatte er sich intensiv mit der Geschichte des Orients beschäftigt. Auch für mich kam das Angebot genau zur richtigen Zeit, auch ich war froh, dass es einen Wechsel gab, dass ich rauskam aus der familiären Enge von Neckarrems. Im Libanon würden wir in Beirut leben, im angeblichen »Paris des Nahen Ostens«. Plötzlich waren die Träume und Ziele meiner Mädchenzeit zum Greifen nah. Ich würde die weite Welt kennenlernen, die ich am Stuttgarter Bahnhof und am Flughafen nur aus der Ferne ersehnt hatte.

Bei einem Studenten begann Uli, Arabisch zu lernen, »Alhamdulillah!«[1] wurde jetzt zu seinem Lieblingswort. Die Hilfe Allahs konnten wir gut gebrauchen. Es gab Abschiedspartys und Einladungen, darunter eine ganz besondere, vom obersten baden-württembergischen Polizisten. Zu vorge-

---

1   Arabisch: Mit Allahs Hilfe

rückter Stunde kam das Gespräch auf die »Baader-Meinhof-Bande«, wie die RAF damals in allen Medien genannt wurde. Ein Thema, das Anfang der 1970er-Jahre den Alltag be-stimmte. Es gab Gerüchte, dass sich Mitglieder der RAF im Libanon zu Terroristen ausbilden ließen. Dass wir an diesem Abend früher oder später bei diesem Thema landeten, war zunächst also nicht ungewöhnlich. Dann aber wurde ich hellhörig, denn zu vorgerückter Stunde machte der Gastge-ber Uli ein überraschendes Angebot: »Können Sie sich vor-stellen, im Nahen Osten mit dem BND zusammenzuarbei-ten?« Der Gastgeber hatte offenbar schlecht recherchiert und kannte Uli nicht – seine Ablehnung war klar und eindeu-tig. Er war entsetzt. Außerdem wollte er nicht so enden wie Walter Mechtel, der im Verdacht stand, ein BND-Agent gewesen zu sein.

Bald verabschiedeten wir uns. Schweigend saßen wir auf der Heimfahrt nebeneinander im Taxi. Noch in der Nacht hat mich Uli dann eindringlich gebeten, ihn zu in-formieren, wenn mir hinter seinem Rücken ein solches Angebot gemacht werden würde – niemals sollte ich mich darauf einlassen! Und in der Kühle dieses winterlichen Abends beschlich mich eine Vorahnung, was uns bei un-serem Nahost-Abenteuer erwartete.

Im »Paris des Nahen Ostens«

Unsere Seereise begann im Januar 1974. Ganz traditionell hatten wir uns dem Orient nähern wollen, auf der klassischen Route übers Meer. Wir mussten mit einem Frachter Vorlieb nehmen, denn Linienschiffe in den Libanon verkehrten schon lange nicht mehr. Wir waren die einzigen Passagiere an Bord der *Pragal*.

Zu Hause war keine Zeit gewesen, uns auf Beirut einzustimmen. Die letzten Schulwochen, Klassenarbeiten, Formalitäten, Packen, Umzug – unser Aufbruch in den Nahen Osten war ein Sprung ins kalte Wasser. Jetzt waren wir gespannt auf die etwas unheimliche orientalische Welt. Was ich mir erträumt hatte – nun wurde es Wirklichkeit.

Doch der Auftakt verlief nicht sehr romantisch. Im Mittelmeerraum hatten bereits die Winterstürme eingesetzt. Unser Frachter lichtete seine Anker, die Türme des Markusplatzes verschwanden, als wir den Lido passierten, langsam in der Ferne; und kaum hatte die *Pragal* Kurs aufs offene Meer genommen, nahm ich Kurs auf die Toilette. Meine Euphorie war einer handfesten Seekrankheit gewichen, mir war speiübel. Die ganze Reise über lag ich in meiner Kabine und hoffte nur, dass die Überfahrt rasch zu Ende gehen möge. Uli trotzte derweil Wind und Wellen und schaute immer wieder gut gelaunt bei mir vorbei. Er genoss es, als einziger Gast an Bord mit dem Kapitän, einem alten portugiesischen Seebären, zu tafeln und den Schnapsvorrat des Schiffes zu testen.

Nach einer langen, qualvollen Reise tauchte endlich Beirut am Horizont auf. Ich raffte mich auf und ging an Deck – die Einfahrt in den Hafen wollte ich auf keinen Fall verpassen.

Die ersten Eindrücke waren enttäuschend: So hatte ich mir die Skyline von New York vorgestellt, nicht aber Beirut. Kein Hauch von Orient. Und auch als wir später mit dem Taxi vom Hafen in die Innenstadt fuhren, entpuppte sich Beirut nicht als die romantische arabische Stadt, die ich erwartet hatte, sondern als moderne Metropole mit Häuserfronten wie an der Côte d'Azur. Die Menschen aber faszinierten mich, ich konnte mich nicht sattsehen auf meiner ersten Fahrt in die Stadt. Die meisten waren europäisch gekleidet, stilsicher nach der neuesten Mode. Ich begann zu begreifen, warum man Beirut das »Paris des Nahen Ostens« nannte.

In einem kleinen, gemütlichen Hotel im Zentrum hatte die Reiseabteilung des SDR ein Zimmer für uns gebucht. Der Inhaber war Österreicher und hieß Maschek. Seit vielen Jahren lebte er schon in der Region, ein Orientkenner und ein charmantes Schlitzohr. Sein Haus war ein beliebter Treffpunkt internationaler Journalisten, eine Informationsbörse, und trotz seiner zentralen Lage war es ruhig und von Palmen und blühenden Vorgärten umgeben.

Nur wenige Schritte entfernt der schreiende Kontrast: Über die Hamra, die Hauptschlagader der Stadt, schob sich eine nicht enden wollende Autolawine, Stoßstange an Stoßstange, hupende Autos und ohrenbetäubende Musik. Als Neuankömmling hatte ich den Eindruck, als würden viele Beirutis nur zum Spaß durch die Innenstadt fahren, so fröhlich wirkte die Szenerie. Aus den Autoradios dröhnten neben arabischen Klängen die neuesten Hits aus Paris: *On ira où tu voudras, quand tu voudras...* Joe Dassin und Michel Delpech, Sheila und Johnny Hallyday – Paris war hier überall, und alle waren hier vertreten: Yves Saint Laurent, Dior, Hermès, Christofle. In Beirut gab es nichts, was es nicht gab, Geschäft an Geschäft reihte sich entlang der Hamra, weit moderner, exquisiter, prachtvoller als ich das von Stuttgart kannte. Boutiquen, Schuhläden, aber auch Möbelgeschäfte mit handgefertigten orientalischen Möbeln. Auf dem Boulevard und in den unzähligen Straßencafés war jeder Akteur und Zuschauer zugleich. Straßenhändler verkauften Zigaretten und Alkohol, Kleider und Schmuck. Fast an jeder Ecke schreiende Geldwechsler in winzigen Kabinen, mit fast erotischer Fingerfertigkeit zählten sie die Geldbündel. Es gab eine Fülle verschiedener Währungen, europäische, arabische, afrikanische; und alle dominierte der Dollar, als wären die Beirutis ständig mit den täglich wechselnden Kursen beschäftigt. Ein vierundzwanzigstündiges Spektakel, Straßentheater, eine libanesische Alltagsrevue.

Die Hamra war das europäische Schaufenster, der Souk das traditionelle Einkaufszentrum von Beirut, der arabische Markt mit Teppichhändlern, exotischen Gewürzen, betörenden orientalischen Düften. Hier, in den Gassen zwischen der großen Moschee und den alten osmanischen Gebäuden mit ihren Schatten spendenden Arkaden, ging es sehr viel arabischer zu als auf der Hamra. Auf dem Gemüsemarkt boten die Verkäufer lautstark frischeste Ware und getrocknete Früchte an, Oliven, Datteln, Trauben. Einige Schritte weiter gab es Schmuck und Teppiche, arabisches Kupfergeschirr und Seide aus Damaskus. Mit offenen Augen und Ohren stand ich in den ersten Tagen oft hier und fühlte mich in eine Welt längst vergangener Zeiten versetzt.

Allmählich lernten Uli und ich den einen oder anderen Teppichhändler näher kennen; stundenlang saßen wir auf Teppichstapeln, tranken Tee und redeten. Uli begann seine Arabischkenntnisse auszuprobieren. Jetzt musste er feststellen, dass der Student in Stuttgart ihm Hocharabisch beigebracht hatte. Die meisten Libanesen aber sprachen Dialekt. Er war irritiert, wenn die Beiruter ihn fragend anschauten – und auf Englisch antworteten. »What do you mean, Sir?«, fragten sie. »I don't understand you.«

* * *

Gerhard Konzelmann und seine Familie wohnten im obersten Geschoss eines neunstöckigen Hochhauses in Chiah, einem mehrheitlich von Schiiten bewohnten Vorort von Beirut. Das Straßenbild war hier anders als in der Innenstadt. Auch hier waren viele europäisch gekleidet, aber weniger modisch. Hier begegnete man Männern in Jalabiya, dem traditionellen arabischen Männergewand, und wenigen verschleierten Frauen.

Im Erdgeschoss des Hochhauses befand sich das Korrespondentenbüro der ARD. Dort lernte ich auch das Team kennen und bald entwickelte sich eine enge Freundschaft mit der Frau von einem der beiden Kameramänner, Helga Schalk. Fast jeden Nachmittag trafen wir uns gegen fünf im Büro zu einem kleinen Umtrunk – ein Ritual, das Helga schon vor unserer Ankunft in Beirut eingeführt hatte und das mir Gelegenheit bot, über die vielen neuen Eindrücke zu reden.

Zwischen Gerhard Konzelmann und Uli herrschte ein gespanntes Verhältnis. Uli sollte Konzelmann nach einer Einarbeitungszeit ablösen, machte jedoch keinen Hehl daraus, dass er seinen Vorgänger für einen »Märchenerzähler« hielt. Schon bei früheren Gelegenheiten hatte er nicht mit Kritik gespart, ihre Auffassungen von Journalismus unterschieden sich total. Aber sie waren gezwungen, zusammenzuarbeiten, um eine geordnete Übergabe des ARD-Büros zu ermöglichen.

Gleich in der ersten Woche wurden wir von Konzelmann und seiner Frau gemeinsam mit dem Tonmann des Teams zum Essen eingeladen. Bei Konzelmanns wurde gut schwäbisch gekocht. Damals glaubte ich: unseretwegen. Zu meiner Überraschung erzählten uns die Gastgeber aber, dass sie in all den Jahren nur schwäbisch gegessen hätten, nie arabisch. Die arabische Küche interessierte sie nicht. Für mich völlig unverständlich – ich mochte das arabische Essen vom ersten Tag an, die Schärfe, die fremdartigen Gewürze, die Vielfalt: Schawarma, ein Lammfleischgericht mit Knoblauch, das mit dem in Deutschland bekannten, griechischen Gyros vergleichbar ist. Viele Lammgerichte mit Feigen und Datteln, Reisgerichte und Fladenbrot, das nur aus Mehl und Wasser bestand, und unwiderstehlich: das Labneh-Sandwich. Labneh – ein libanesischer Frischkäse, der mit Sethe, einem speziellen Gewürz, bestreut wird.

Obwohl auch mich so manches an ihnen befremdete, waren mir die beiden Konzelmanns sympathisch. Beide waren charmante Gastgeber, die sich große Mühe gaben, den Abend für uns angenehm zu gestalten. Zwischen Uli und seinem Vorgänger aber blieb die Atmosphäre gespannt. Um nicht über seine journalistische Arbeit sprechen zu müssen, erzählte Gerhard Konzelmann von den libanesischen Weinen, von den Weingütern in der Bekaa-Ebene, die noch aus vorchristlicher Zeit stammen und zu den ältesten der Welt zählen; und immer wieder schenkte er kräftig nach. Während der Tonmann und ich uns nach geraumer Zeit zurückhielten, war Uli nicht zu bremsen. Glas für Glas trank er mit sichtlichem Genuss – und, zum Leidwesen unserer Gastgeber, ohne spürbaren Verlust seiner geistigen Präsenz. Immer wieder kam er auf journalistische Themen zu sprechen, konfrontierte seinen Kollegen mit dessen Methoden. »Sie berichten an ein und demselben Tag für das Fernsehen aus Kairo und für den Hörfunk aus Beirut – und gaukeln Ihren Zuschauern vor, dass sie jeweils vor Ort seien. Dabei waren Sie für beide Geschichten hier, an ein und demselben Ort! Das geht doch nicht!« – »Des macht mer halt«, gab Konzelmann larmoyant zurück und Uli rief: »Des macht mer ned!«

Wir Frauen saßen betreten dabei und der Tonmann, der all die Geschichten kannte, versuchte zwischen seinem alten und seinem neuen Chef zu vermitteln und offenen Streit zu vermeiden. Im Lauf des Abends leerte Uli mehrere Flaschen Rosé – allein. Dass er noch immer logisch denken, argumentieren und sich normal artikulieren konnte, grenzte für mich an ein Wunder.

Es muss eine Tortur gewesen sein für unsere Gastgeber. Als wir uns weit nach Mitternacht endlich verabschiedeten, begleitete uns der rundliche schwäbische Landsmann sichtbar irritiert und erschöpft zum Aufzug. Er ging voraus, wir folgten ihm – der Kollege auf der einen, ich auf der anderen Seite. Uli in der Mitte. Im Fahrstuhl winkten wir den Konzelmanns zum Abschied freundlich lächelnd zu, dann schloss sich endlich die Tür. Der Aufzug setzte sich in Bewegung – und Uli sank wie ein Mehlsack zu Boden. Wir verfrachteten ihn mit vereinten Kräften ins Auto und waren schon fest entschlossen, ihn ins nächste Krankenhaus zu fahren, als Uli erwachte, uns grinsend anschaute und sagte: »Krankenhaus? Wir gehen tanzen!« Da er nicht lockerließ, fuhren wir tatsächlich ins Cave du Roi, damals Beiruts angesagtester Nachtclub, und verbrachten die nächsten Stunden auf der Tanzfläche. So war Uli damals. Er war wach und wissbegierig, hatte Lust am Diskutieren – und machte sich angreifbar. Und auch das machte ihm Spaß. Es lässt sich kaum beschreiben, was für eine Energie er damals hatte! Er war neugierig und ging keinem Konflikt aus dem Weg, er hatte eine wahnsinnige Kondition. War er einmal übers Ziel hinausgeschossen, schüttelte er das ab – und weiter ging's.

Wir hatten eine verrückte Zeit und tasteten uns gemeinsam und voller Neugier in diese für uns neue Welt.

* * *

Mein treuester Begleiter im Libanon war ein kleiner grüner Mini Cooper. Mit diesem Auto fuhr ich kreuz und quer durch die Gegend, nicht nur in Beirut. Obwohl der Libanon gerade einmal halb so groß ist wie Hessen, gibt es auf diesem kleinen Raum gewaltige Gegensätze. Die Schönheit der Küstenebene kontrastiert mit der des Libanongebirges und der fruchtbaren, sattgrünen Bekaa-Ebene zwischen den beiden Gebirgskämmen. Ich genoss es, durch die Altstadt des antiken Baalbek und die weltberühmten römischen Tempelanlagen zu schlendern und auf den lokalen Märkten einzukaufen – meist allein, denn Uli war jetzt viel unterwegs. Er begleitete Gerhard Konzelmann bei Reportagen, unter anderem nach Kairo zu Anwar as-Sadat, dem damaligen ägyptischen Präsidenten. Innerhalb des Libanon nutzte das Team den Dienstwagen der ARD, einen – wie könnte es bei einem schwäbischen Team anders sein – Mercedes. Fahrer war Hannah, ein libanesischer Christ.

Manchmal traf ich mich mit Uli zum Mittagessen. Essen war im Libanon ein Happening, ein Anlass, um zusammenzukommen, um in angenehmer Gesellschaft zu genießen. Besonders die Mezze faszinierten mich. Manchmal eine Vorspeise, manchmal ein Zwischengericht und manchmal auch ein Hauptgericht – Mezze gab es in allen erdenklichen Varianten. Bei Hochzeiten reichte man bis zu sechzig kleine Tellerchen mit verschiedenen Leckereien.

Hirn und rohe Eier mochte ich weniger, Frühlingszwiebeln in großen Schüsseln, Paprika, Tomaten, dazu hauchdünnes Fladenbrot, das man in Stücke riss und mit Hommos bestrich, dem Kichererbsenpüree, oder Mutabbal, dem Auberginenmus – all das aber waren sinnliche Hochgenüsse für mich.

Einmal wollte ich richtig arabisch einkaufen, da, wo nur Araber leben. Mit meinem Mini folgte ich gewundenen, engen, von Hütten gesäumten Sandwegen. Plötzlich merkte ich, dass ich hier die einzige Europäerin war, überall Araber, die mich freundlich passieren ließen. Die meisten waren nicht arabisch gekleidet, sondern trugen Jeans und T-Shirt. Ich war fasziniert und neugierig und stoppte schließlich an einem riesigen Gemüsemarkt. Hier gab es alles: dekorativ aufgebaute Melonentürme, frisches Obst und Gemüse, und zum ersten Mal sah ich die kleinen, ovalen, orangefarbenen Früchte, die säuerlich schmeckten und bis heute zu meinem Lieblingsobst gehören, Kumquats.

Dann stieg ich wieder in meinen Mini. Es war heiß und ich hatte die Fenster heruntergekurbelt. Plötzlich war das Auto von jungen Männern umringt. Einer schob sich auf den Beifahrersitz, hielt mir sein Messer an die Kehle und brüllte mich an: »We don't want Israeli spies here!« Mitten auf diesem Markt, umgeben von Hunderten freundlich wirkender Menschen, versuchte ich ruhig zu bleiben. »Nein«, lachte ich, »ich komme nicht aus Israel. Ich bin eine deutsche Touristin!« Das Messer am Hals war unangenehm. Noch unangenehmer aber war, dass ich kein Wort verstand. Die Diskussion auf Arabisch wurde immer erregter. Was hatten die bloß vor? Schließlich wurden zwei ältere Männer auf das Geschrei aufmerksam. Sie kamen näher, brüllten die jungen Männer an, bis die schließlich zurückwichen.

Einer der beiden älteren rief: »Ruach!« Das Wort kannte ich und sollte es noch häufig zu hören bekommen in den nächsten Jahren: »Hau ab!« So schnell ich konnte und jetzt schweißgebadet startete ich den Mini und suchte einen Weg aus dem Gewirr.

Als ich im ARD-Büro erzählte, was mir passiert war, schüttelten alle nur ungläubig den Kopf. Ich war, ohne es zu merken, in Sabra und Schatila gelandet, den größten Palästinenserlagern im Libanon: »Bist du verrückt geworden!« Sabra und Schatila waren zwei längst zusammengewachsene Lager, ein Moloch, die gefährlichsten Orte in Beirut – die Lage dort war explosiv. Die Menschen, aus Palästina vertrieben, lebten unter unwürdigen Umständen, staatenlos und in ständiger Angst vor israelischen Luftangriffen. Sabra und Schatila waren das Zentrum des palästinensischen Widerstands, eine Hochburg der Fedajin.

Was wusste ich damals schon davon? Den Spott über meine Unkenntnis empfand ich im ersten Moment als ungerecht, seine Wirkung aber verfehlte er nicht. Ich wurde vorsichtig und achtete danach darauf, wo ich hinfuhr. Natürlich kaufte ich weiterhin auf arabischen Märkten ein, aber ich wurde wachsamer – und ich begann, mich intensiver mit der Sprache zu beschäftigen. Die Christen, die im Libanon einen großen Anteil der Bevölkerung stellten, sprachen meist ein paar Brocken Französisch, Moslems und Palästinenser dagegen Englisch. Ich hatte also kein Problem, mich zu verständigen.

Doch nach meinem Erlebnis in Sabra und Schatila wurde mir klar: Ohne das Arabische wird mir ein wichtiger Teil dieser Welt für immer verschlossen bleiben. Ich begann also, mich mit den rollenden R-Lauten, den kehligen Ch-Wörtern und dieser melodischen Sprache zu beschäftigen. Die Sprache war so kompliziert wie die Araber, die ich kennenlernte, sie schreiben die Buchstaben von rechts nach links, die Zahlen aber andersherum. Für manche Begriffe gibt es bis zu zwanzig Wörter, wie zum Beispiel für das Wort Liebe. Eine verwirrende Welt.

***

Dann zogen die Konzelmanns zurück nach Deutschland und mit ihnen leider auch Helga und Hans Schalk, die enge Freunde geworden waren. Ein neuer Kameramann kam aus Stuttgart, der zweite, Assem Audi, und auch der Tonmann Roland Engele blieben. Mittlerweile war es Frühjahr geworden und schon so warm, dass man im Meer schwimmen konnte. Im Beiruter Beach Club hatte der SDR ein Badehäuschen gemietet; dort konnten wir unsere Badesachen deponieren und uns umziehen. Wenn es uns zu heiß wurde und wir vom Strandleben genug hatten, stiegen wir ins Auto und fuhren hinauf ins Libanongebirge, wo man noch im März unter strahlend blauem Himmel Skifahren konnte. Hatte man den Pass überwunden, war man schnell in der fruchtbaren Bekaa-Ebene. Hier, im Schutz des Libanongebirges, schon fast an der Grenze zu Syrien, wächst der hervorragende Wein, den wir bei Konzelmanns getrunken hatten. Bald zählten wir zu den Stammkunden von Ksara, dem ältesten Weingut der Bekaa, einst von Jesuitenmönchen gegründet. Dort wird ein Rosé gekeltert, den ich bis heute mag, nussig schmeckt er, nach der roten Kalksteinerde, auf 1200 Meter Höhe von diesem einmaligen Binnenklima verwöhnt.

Uli und ich hatten endlich eine Wohnung gefunden. Sie lag im Stadtteil Hazmieh in den Bergen, etwa sechs Kilometer vom Hotelviertel und der Beiruter Innenstadt entfernt. Wer es sich leisten konnte, wohnte dort in dieser Hanglage, wo immer eine frische Brise wehte und es nicht so schwül und drückend war wie im Stadtzentrum. Während der heißen Sommermonate herrschte in Beirut eine sehr hohe Luftfeuchtigkeit. Beim Autofahren tropfte mir der Schweiß von den Armen, und wenn ich ausstieg, klebte meine Bluse mit einem hässlichen Schweißfleck am Rücken.

Unsere Wohnung befand sich im zweiten Stock eines großzügigen weißen Hauses mit hohen Decken und riesigen Balkonen, mit Blick auf die Stadt. Die Böden waren mit weißem Marmor ausgelegt und die Küche glich einem kleinen Tanzsaal. Für Gäste standen gleich mehrere Schlafzimmer, Bäder und Toiletten bereit – für uns ein ganz ungewohnter Luxus.

Da wir uns in Beirut ganz neu einrichten wollten, hatten wir alle Möbel im Haus meiner Schwiegermutter in Neckarrems zurückgelassen. Das Einzige, das wir mitgenommen hatten, waren unsere Bilder, darunter eine wertvolle Mappe mit einem Original von Günther Uecker. Leider kamen die Kunstwerke, die über Frankfurt nach Beirut verschickt wurden, nie im Libanon an. Oder besser: nicht bei uns. In Beirut und Frankfurt schob man sich gegenseitig die Verantwortung dafür zu und obwohl wir über zwei Jahre lang mit der Versicherung stritten, konnte der Verbleib der Bilder nie geklärt werden.

In einem libanesischen Möbelgeschäft an der Hamra kauften wir edle Rosenholzmöbel, und allen Widrigkeiten zum Trotz gelang es Uli in Rekordzeit, auch einen Telefonanschluss für unsere neue Wohnung zu bekommen. In Beirut kostete der damals tausend Pfund – Bestechungsgeld, das der Minister für Telekommunikation persönlich kassierte. Wie es der Zufall wollte: Sohn des Staatspräsidenten Frangieh. Nachdem Uli diese bittere Pille geschluckt und die Summe bezahlt hatte, wurde am nächsten Tag unser Telefon installiert. Im Libanon war alles käuflich. Eine irritierende Vorstellung für uns, die wir aus einer geordneten schwäbischen Welt kamen. Es dauerte lange, bis wir die libanesischen Regeln begriffen, diese Korruptionskultur, die sich über Jahrhunderte entwickelt hat und in der der kleine Mann versucht, dem Beispiel der Mächtigen zu folgen.

***

In unserem Haus in Hazmieh lebten Moslems, Christen und Drusen einträchtig zusammen. Der Besitzer, ein gut aussehender Druse, residierte im dritten Stock, mit seiner äußerst attraktiven, fröhlichen Frau Leila und zwei Töchtern. Der riesige Dachgarten ihrer Wohnung bot einen fantastischen Ausblick auf Beirut. Unser Vermieter war Vize-Chef des libanesischen Geheimdiensts, Colonel Adnan Abdel Samad. Chef konnte er nicht werden, weil er Druse war. Die libanesische Verfassung regelt die staatlichen Hierarchien bis heute nach Religionszugehörigkeit.

Im Erdgeschoss wohnten eine Engländerin, Sonya, die bei der Britischen Botschaft arbeitete, und ihr muslimischer Mann, Arzt am amerikanischen Krankenhaus in Beirut. Auch im ersten Stock lebte ein Arzt mit seiner Familie, der Chefarzt der libanesischen Armee, ein maronitischer Christ. Deren achtzehnjähriger Sohn, Toni, war libanesischer Jugendmeister im Golfen, ein gut aussehender Charmeur und ein begabter Pianist.

Und im zweiten Stock, über den beiden Ärzten und unter der Wohnung des Hausbesitzers, lebten jetzt wir – in einem modernen, orientalischen Idyll. Kurz vor Ostern organisierte ich den Umzug allein, denn Uli war mit dem Team zu Dreharbeiten in Kuwait. Möbel und Teppiche trafen pünktlich ein, die Lieferanten halfen mir dabei, sie dort zu platzieren, wo ich sie haben wollte. Schließlich war alles fertig, ich packte unsere Koffer und zog um, vom Hotel Maschek in die eigenen vier Wände.

Da saß ich dann am ersten Abend auf dem Balkon meiner Luxuswohnung, wo ich über das Lichtermeer der Stadt hinweg bis zum Meer blicken konnte, und dachte an die mit Gedichten tapezierten Wände meiner kleinen Wohnung im

Schwarzwald, an meine Freunde in Stuttgart – und an meine Eltern, zu denen ich nur noch sporadisch telefonisch Kontakt hatte. Und obwohl die Wohnung schön war und ich ein Leben lebte, wie ich es mir immer erträumt hatte, kamen mir plötzlich die Tränen. Ich begann zu ahnen, dass dies nun mein Alltag sein würde. Uli war viel unterwegs, oft tagelang, in den verschiedenen Ländern des Orients. Ich kam mir nutzlos vor, ohne eigene Aufgabe, denn als Lehrerin konnte ich nicht arbeiten. Die Deutsche Schule hatte meine Anfrage negativ beantwortet, sie hatten genug Lehrer. Ich fühlte mich todunglücklich und völlig allein. Am liebsten hätte ich meine Tasche gepackt, wäre zum Flughafen gefahren und zurückgeflogen an den Ort, an dem ich mich zu Hause fühlte. Irgendwann ging ich ins Bett und schlief, völlig erschöpft von den Strapazen des Umzugs, ein.

In der Nacht wache ich auf. An meinem Bett sitzt ein Mann und rezitiert arabische Verse, leise klingt seine sonore Stimme und die fremde Sprache wie Musik. Seine dunkelbraune Jalabiya ist mit Gold besetzt, sein Gesicht markant. Umschmeichelt vom eigentlich friedvollen Klang seiner Stimme müssen einige Sekunden vergangen sein, bis ich mir, noch schlaftrunken, der Situation bewusst werde. Jetzt erkenne ich ihn: Adnan Abdel Samad, der Hausbesitzer. Ich reiße die Augen auf, fahre in meinem großen Bett ruckartig hoch – und schreie. Leise, langsam und wie beschwörend sagt er: »Ilse, don't be afraid! I only want that you're feeling good! Your husband is away and you are lonely. It's never good, if a young woman is lonely. I only want your best.« Wie ist er hereingekommen? Er hat einen Generalschlüssel! Er spricht englisch, nicht französisch. Ich atme schnell, bin in Todesangst. Ich kenne ihn doch kaum, ein Fremder. Leise klatscht er in die Hände. Da erscheint sein Hausdiener, der uns arabischen Kaffee auf einem Silbertablett serviert. Jetzt sind zwei Männer mitten in der Nacht in meinem Schlafzimmer. Ich bin fast wahnsinnig vor Angst, der Vermieter redet weiter auf mich ein. Am ganzen Körper zitternd schüttle ich den Kopf, bitte ihn, zu verschwinden. Irgendwann gibt er auf. Endlich verlassen die beiden die Wohnung. Ich springe aus dem Bett, schließe die Tür und schiebe Koffer und Möbel – alles, was ich bewegen kann – davor. Dann lege ich mich hinter meinem improvisierten Schutzwall auf den Boden und weine, bis die Sonne aufgeht.

Als säße mir der Teufel im Nacken fuhr ich am nächsten Morgen auf kürzestem Weg ins Hotel Maschek, an den Ort, an dem ich mich bisher sicher gefühlt hatte. Nachdem ich noch ziemlich verstört von meinen nächtlichen Erlebnissen erzählt hatte, lud mich der Österreicher ein, die Osterfeiertage zu Hause bei ihm mit seiner Familie zu verbringen. »Uli kommt ja nach Ostern wieder. Bis dahin kannst du bei uns bleiben«, sagte er. Es war eine wohltuend-familiäre Zeit, die ich fast ausschließlich lesend im Zimmer verbrachte. Nur zum Essen traf ich mich mit Mascheks, die sich mit aufmerksamer Zurückhaltung um mich kümmerten.

Gleich nach seiner Rückkehr stellte Uli den Hausbesitzer zur Rede. Der legte seinen Arm freundschaftlich um seine Schultern und sagte treuherzig: »Uli, my friend, I only wanted to help her, believe me. She was lonely!« Obwohl ihm Uli in ziemlich deutlicher Sprache klarmachte, dass wir dieser Art von Hilfe nicht bedurften, wiederholte sich das Schauspiel von da an in Varianten immer wieder. Sobald Uli weg war, saß Adnan auf meinem Sofa, flirtete und erzählte mir, er hätte in seinem Leben schon über zweihundert Frauen gehabt, die letzte davon auf einem weißen Pferd. Es musste schon ein Schimmel sein – nach muslimischer Überlieferung war der Prophet auf einem solchen Pferd von Jerusalem in den Himmel geritten. Allmählich begann ich, ihm zu vertrauen. Trotz seiner Halbglatze war er eine attraktive, stattliche Erscheinung, ein willensstarker Typ, ein charmantes arabisches Schlitzohr, ein libanesischer Casanova – und ein Gentleman. Ich war mir jetzt sicher, dass er mir nie gegen meinen Willen zu nahe treten würde.

Bei einem dieser Plauderstündchen erzählte mir Adnan etwas, das mich tief beunruhigte: »Weißt du, ich habe die Wohnung erst an euch vermietet, nachdem ich euch mehrere Wochen im Hotel habe beobachten lassen.« Dann lachte er und fügte schelmisch hinzu: »Nur weil ich dich so attraktiv fand, habe ich euch als Mieter genommen.« Um zu beweisen, dass er nicht log, schilderte er haargenau einen unserer Restaurantbesuche. Serviert wurde ein ganzes, gebratenes Lamm. Sämtliche Details dieses Festessens beschrieb Adnan – auch meinen Ekel, als eine besondere Delikatesse serviert wurde: Lammhoden. Das alles konnte nur einer wissen, der dabei gewesen war. Mir wurde klar, dass wir tatsächlich beschattet wurden. Als ich Uli ziemlich entsetzt davon berichtete, versuchte er, mich zu beruhigen: Natürlich standen westliche Journalisten unter Beobachtung des Geheimdienstes. Damit mussten wir rechnen – und wenn schon: damit konnten wir leben.

Trotz dieser befremdlichen Rahmenbedingungen entwickelte sich die häusliche Situation zu einer angenehmen Gemeinschaft; oft saß ich jetzt abends, wenn Uli unterwegs war, oben bei Adnan und seiner Familie. Sie waren sehr gastfreundlich, regelmäßig wurde ich von ihnen auch zum Abendessen eingeladen. Wenn Freunde und Verwandte vorbeikamen, saßen sie zusammen und vertrieben sich die Zeit mit Brett- oder Kartenspielen. Weihrauchschwaden stiegen dann aus kleinen Schalen mit glimmenden Harzbrocken auf. Ich saß dabei, hörte zu, lachte mit ihnen und fühlte mich wohl, ganz betört von der Melodie ihrer Sprache und den Düften der orientalischen Parfüms.

Eines Abends stand Leila im Nachthemd vor meiner Tür, Uli und Adnan waren verreist. Kess strich sie durch ihr Haar und sagte fröhlich: »Ilse, komm doch zu mir. Lass uns plaudern und ein Glas Wein trinken. Du kannst auch gern bei mir schlafen, wenn du dich sicherer fühlst!« Ich dachte mir nichts dabei. Beide gingen wir im Nachthemd fröhlich plaudernd nach oben, setzten uns in die bequemen Sessel auf der Panoramaterrasse, tranken ein Glas kühlen Ksara Rosé. Leila fragte mich: »Warum lasst ihr Frauen in Europa euch bei Eheproblemen immer gleich scheiden?« Es war spürbar ein ernstes Problem für sie. Selbstverständlich hatte Adnan – wie viele reiche Libanesen – ein Appartement in Beiruts Innenstadt, ein Liebesnest, wo er sich mit seinen Freundinnen traf. Auch mir gegenüber hatte er sich damit gebrüstet. Leila wusste es. »Bei uns«, sagte sie, »muss eine geschiedene Frau zurück in ihre Familie, dort wird sie dann behandelt wie eine bessere Dienstmagd. Kommt Besuch, muss sie in ihrem Zimmer bleiben und wird vom gesellschaftlichen Leben ausgeschlossen.« Ich erzählte ihr, dass in Deutschland viele Frauen berufstätig sind und ihr Leben selbstbewusst und eigenständig meistern können.

Leilas Schlafzimmer war stilvoll eingerichtet, mit Antiquitäten und arabischen Möbeln, die mit kostbaren Perlmutteinlagen verziert waren. Wie kichernde Teenager legten wir uns irgendwann schlafen. Dann geschah etwas, womit ich nicht im Traum gerechnet hatte. Leila war nur wenig älter als ich, damals vielleicht achtunddreißig, eine schöne, schlanke Frau mit dunklen, leicht rötlichen Haaren. Ihr Nachthemd war aus hauchdünner Seide und ihr Körper und ihr Haar dufteten betörend nach nussigem Arganöl. Als sie sich zu mir wandte, spürte ich ihre Brustwarzen auf meiner Haut, behutsam berührten ihre Fingerkuppen meine Hüften, zart begann sie, mich zu streicheln. Müde nach einem langen, heißen Tag und etwas benommen von dem Wein ließ ich für Augenblicke geschehen, was geschah. Dann entzog ich mich ihr behutsam und schlüpfte aus dem Bett. »Ich kann nur in Ulis Bett schlafen«, stammelte ich unsicher. »Sonst liege ich die ganze Nacht wach. Und wenn er anruft und ich bin nicht erreichbar, das geht nicht. Ich muss wieder runter!« Lachend ließ Leila mich ziehen und noch lange lag ich wach in dieser Nacht. Wir blieben gute Nachbarn. Aber auch diese Geschichte befremdete mich, anders allerdings als der Besuch Adnans und der Annäherungsversuch meines Chefs in Leverkusen. Ich fühlte mich nicht bedroht. Ich lachte – und wie so oft in diesen Tagen dachte ich an meine Eltern, meinen sittenstrengen Vater und seine ehernen Prinzipien. Wie würde er in dieser Welt zurechtkommen? Wo war ich hingeraten? Mit einem Lächeln schlief ich ein.

* * *

Schon in unseren ersten Tagen im Libanon war mir aufgefallen, dass Uli den Beiruter Polizisten eine besondere Aufmerksamkeit schenkte. Mir war klar, dass sein Interesse weder den Beamten noch deren Job galt. Zwar war das Schauspiel, das die Polizisten boten, unterhaltsam. Mit großem Talent und levantinischem Selbstbewusstsein gaukelten sie eine Ordnung vor, die es nicht gab. Wenn sie in ihren blitzend weißen Helmen und Gamaschen über den Lederstiefeln in den Verkehrskreuzungen standen, wild gestikulierten und mit ihren Trillerpfeifen pfiffen, wirkte das eher komisch als eindrucksvoll – schließlich wurden sie von sämtlichen Verkehrsteilnehmern konsequent ignoriert. Es war ein Vergnügen, im Straßencafé zu sitzen und ihnen und dem chaotischen Treiben auf den Straßen zuzuschauen. Das aber war nur ein Teil dessen, was Uli faszinierte – noch mehr als die Performance der Ordnungshüter interessierten ihn die chromblitzenden Harley-Davidson-Motorräder, mit denen sie immer tief dröhnend aufkreuzten. Ich befürchtete Schlimmstes.

Es kam, wie es kommen musste. »Ilse«, sagte mein Mann eines Tages, »ich kaufe mir eine Harley.« Ich war entsetzt – ich kannte mittlerweile Ulis Fahrstil zur Genüge. Wenn er so Motorrad fahren würde wie er Auto fuhr, musste ich mir ernsthafte Sorgen machen! »Uli«, erwiderte ich bemüht sachlich und hoffte, den Schwaben in ihm zu treffen, »weißt du, was das kostet?« – »Ilse, ich weiß. Die sind saumäßig teuer!«, sagte er und ich merkte, dass er sich lange mit dem Entschluss gequält hatte. Ich hoffte, ihn von dem Kauf abbringen zu können, rechnete ihm vor, was wir bereits für Möbel und Teppiche ausgegeben hatten; und er rechnete mir vor, wie viel Zeit er mit dem Motorrad im dichten Beiruter Verkehr täglich sparen könnte. Alles Argumentieren half nichts, gemeinsam mit Assem Audi, seinem arabischen Kameramann, wollte er am nächsten Tag losziehen, um ein solches Monstrum zu erstehen. Assem Audi – er also war meine letzte Hoffnung.

Den darauffolgenden Tag verbrachte ich zu Hause, ich kümmerte mich um den Haushalt und um die Wäsche, erledigte lange liegengebliebene Korrespondenz und ging immer wieder nervös auf den Balkon, um nachzuschauen, wann Uli endlich heimkäme – und vor allem: wie.

Unsere Haustür wird energisch geöffnet. »Scheiße!« Ulis Stimme dröhnt durchs ganze Treppenhaus. Wie von der

Tarantel gestochen renne ich zur Tür – da steht er, verschwitzt, und wirft einen großen, eingewickelten Gegenstand vor meine Füße. »Was ist los?«, rufe ich besorgt. – »Dieses Arschloch!« Uli ist wütend, kann sich kaum beruhigen. »Ich wollte Assem Audi dabei haben, um nicht völlig übers Ohr gehauen zu werden. Bevor wir aber zum Harley-Händler fuhren, musste er mir unbedingt das Geschäft eines Teppichhändlers zeigen. Er hatte schon recht – das musst du gesehen haben! Dort sitzen wir dann und plaudern mit dem Händler, trinken Tee und plötzlich hatte ich diesen Teppich gekauft. Damit ist das Geld für das Motorrad weg!« Uli ist stinksauer – auf Assem, auf den Teppichverkäufer und am meisten auf sich selbst. »Wie konnte ich so blöd sein!« – »Ach Uli«, versuche ich ihn zu beruhigen, »kauf dir halt später eine Harley.« Ich lächle ihn an, streichle ihm übers Haar, im sicheren Bewusstsein, die Kienzle'sche Rhetorik längst zu beherrschen. Später heißt – nie.

* * *

Kurze Zeit später hatte ich Glück: Bei der deutschen ökumenischen Gemeinde in Beirut bekam ich eine Stelle als Religionslehrerin. Es war merkwürdig: Die Kirche hatte für mich in Beirut vollkommen an Bedeutung verloren. Nicht der Glaube war mir abhanden gekommen, noch immer betete ich regelmäßig und war verwurzelt in meiner christlichen Welt. Aber ausgerechnet hier habe ich nie einen Gottesdienst besucht. Lag es daran, dass mir das Verhalten der christlichen Maroniten gar nicht christlich vorkam? Religion empfand ich hier als ein undurchsichtiges Geschäft, an dem ich nicht teilhaben wollte. Die ethischen Grundlagen des Christentums aber, meinen Zugang zum Glauben, liebend gern wollte ich das unterrichten.

Endlich konnte ich wieder arbeiten, wenn auch nur einmal in der Woche. Ich besorgte mir in der Bibliothek des Goethe-Instituts die Lehrbücher – und gerade, als ich mich eingearbeitet hatte, bekam ich einen Anruf von der Deutschen Schule: Eine Stelle als Deutschlehrerin war frei geworden! Deutsch – von der fünften Gymnasialklasse bis zum Abitur. Eine wunderbare Aufgabe. Ob ich es mir überlegen wollte? Schließlich könnte man mich nur als Ortskraft bezahlen mit deutlich geringerem Gehalt als das der anderen deutschen Auslandslehrer. Natürlich sagte ich sofort zu.

Von diesem Moment an war ich im Libanon angekommen. Meine Ängste und das Gefühl der Einsamkeit waren wie weggeblasen, ich fühlte mich so wohl wie selten zuvor in meinem Leben.

Der Krieg beginnt

Der Krieg begann, als meine Schwiegermutter zu Besuch war. Noch nie in ihrem Leben war sie in ein Flugzeug gestiegen, noch nie hatte sie Deutschland verlassen – und jetzt bewegte sie sich in dieser orientalischen Welt mit einer Selbstverständlichkeit, die mich verblüffte. An einem Sonntag machte ich mit ihr einen Ausflug nach Damaskus, es war der 13. April 1975. Heute weiß man: ein historisches Datum für den Libanon. Die syrische Hauptstadt liegt nur etwa zwei Autostunden von Beirut entfernt, eine herrliche Strecke über das Libanongebirge, quer durch die Bekaa-Ebene und über den Anti-Libanon. In Damaskus schlenderten wir durch den Souk und besichtigten die berühmte Umayyaden-Moschee im Nordwesten der Altstadt – ein schöner Tag.

Auf der Rückfahrt aber geschah etwas Merkwürdiges: Je weiter wir uns von der syrischen Grenze entfernten, desto weniger Fahrzeuge sahen wir. Schließlich waren wir weit und breit die Einzigen, mindestens eine Stunde lang begegneten wir keinem anderen Auto. Wie unnatürlich ruhig alles war! Ich war irritiert und fuhr immer schneller, bis ich selbst über einen Bahnübergang mit Vollgas raste, sodass meine Schwiegermutter mit dem Kopf gegen den Autohimmel prallte – tagelang hatte sie danach eine Beule.

Nachdem wir wieder wohlbehalten zu Hause waren, erfuhren wir, dass am Nachmittag auf Pierre Gemayel, Begründer der maronitischen Phalange-Partei, der wichtigsten politischen Bewegung der Christen im Libanon, ein Anschlag verübt worden war. Gemayel hatte das Attentat unverletzt überlebt, vier seiner Begleiter aber waren ums Leben gekommen. Wenige Stunden später hatten Mitglieder seiner Miliz einen vollbesetzten Bus angegriffen und in einem Racheakt siebenundzwanzig Palästinenser und muslimische Libanesen massakriert. Seitdem war die Stadt wie ausgestorben, keiner traute sich mehr aus dem Haus. Der Libanon war in Schockstarre.

Kurze Zeit später begannen die Kämpfe, am Anfang vor allem zwischen dem christlichen Stadtteil Aschrafiyya und dem muslimischen Chiah, in einem klar begrenzten Bereich. Als Uli und ich meine Schwiegermutter einige Tage nach Kriegsausbruch zum Flughafen brachten, fuhren wir an den ersten Ruinen vorbei, erreichten unser Ziel aber ohne Probleme. So lange ich Ulis Mutter kannte, war sie nicht ein einziges Mal in Urlaub gefahren. Jetzt, nachdem ihr Mann gestorben war und sie ihren Lebensmittelladen aufgegeben hatte, war sie in den Orient gekommen – neugierig und aufgeschlossen. Mit ihrem strengen Dutt, dieser typischen Frisur älterer evangelischer Schwäbinnen, war sie selbst eine Exotin in dieser für sie exotischen Welt. Als ich sie kennenlernte, war sie eine große, füllige Frau. Seit dem Tod ihres Mannes hatte sie stark an Gewicht verloren. Fast asketisch sah sie aus, hatte sich gesundheitlich aber wieder gut erholt. Über alles, was wir ihr zeigten, hatte sie gestaunt – Beirut, die Bekaa-Ebene, die römischen Ruinen in Baalbek. Und fasziniert und voller Neugier probierte sie mit uns libanesische Spezialitäten. Sie schmeckten ihr – auch wenn sie ihrer Meinung nach natürlich nicht so gut waren wie die schwäbischen. Alle Spannungen aus unserer gemeinsamen Zeit in Neckarrems waren wie weggeblasen; es war einfach nur schön, mit ihr zusammen zu sein.

Damals funktionierte der Flugverkehr noch reibungslos. Unsere Sorge galt deshalb in erster Linie Ulis Mutter, denn sie sprach weder Englisch noch Französisch, nicht einmal

Hochdeutsch, nur breites Schwäbisch – und sie musste in Amman umsteigen. Als wir aber von der Aussichtsterrasse aus sahen, wie sie aufs Flugfeld ging und sich mit Händen und Füßen verständigte, waren wir recht zuversichtlich. Tatsächlich rief sie uns am Abend von Deutschland aus an und erzählte, sie sei mit ihrem Schwäbisch wunderbar durchgekommen. Alle hätten sie verstanden.

* * *

Schon wenige Wochen vor dem Besuch von Ulis Mutter hatte es einen dramatischen Vorfall gegeben, direkt vor unserem Haus. Ich war gerade dabei, Deutschaufsätze zu korrigieren, Uli arbeitete an einem Text für ein Feature. Die großen Balkontüren standen weit offen. Plötzlich Motorengeheul, quietschende Reifen, eine wilde Schießerei. Ich stürzte auf den Balkon: Links unten, am Ende unserer kleinen Straße, versuchte ein VW-Käfer zu wenden. Im Kugelhagel flog die Autotür auf, der Fahrer sprang heraus und hetzte im Zickzack auf unser Haus zu. Ständig fielen Schüsse. Als er zum Eingang kam, schrie ich ohne nachzudenken: »Come in please!« – »Bist du verrückt geworden!«, brüllte Uli. »Auf den Boden!« Durchs Treppenhaus rannten wir nach unten, auch die anderen stürzten jetzt aus ihren Wohnungen. Die Schüsse verstummten und auf der Treppe saß ein Mann. Er blutete und wurde von dem christlichen Arzt, der im ersten Stock wohnte, versorgt. Schon nach wenigen Minuten stand ein Krankenwagen vor unserem Haus und brachte den Verletzten ins christliche Militärkrankenhaus ganz in der Nähe. Der Mann überlebte. Ein Palästinenser, wie sich später herausstellen sollte.

Als ich mir am nächsten Tag den VW-Käfer anschaute, zählte ich über dreißig Einschüsse. Mit Leila und den anderen Hausbewohnern wollte ich mich über den Vorfall unterhalten, aber irgendwie herrschte ein merkwürdiges Desinteresse an dem Thema. Alle beruhigten mich, das sei nicht ernst zu nehmen, irgendeine private Fehde, nichts anderes. Am nächsten Tag ging das Leben weiter, als wäre nichts geschehen. Wir aber waren verunsichert.

Nach dem 13. April war alles anders. Krieg in der Großstadt. Seit Ausbruch der Kämpfe konnten wir nicht mehr ungehindert von unserer Wohnung im christlichen Stadtteil Hazmieh zum ARD-Büro ins schiitische Chiah fahren. An der großen Ausfallstraße von Beirut nach Damaskus, über die Uli jeden Morgen zur Arbeit fuhr, tauchten plötzlich Barrikaden und Sandsäcke auf.

Dahinter lagen mit Kalaschnikows bewaffnete Milizionäre, die kontrollierten, wer in die Stadt hinein- und wieder herausfuhr. Wen sie passieren ließen, der musste im Schritttempo durch eine schmale Gasse fahren, immer im Fadenkreuz der Kämpfer. Uli war nun ständig in der Stadt unterwegs, er traf sich oft mit Carl Buchalla, dem erfahrenen Korrespondenten der »Süddeutschen Zeitung«, einem ausgewiesenen Nahost-Experten, dem er vertraute. Er hatte Kontakte zu Palästinenserführern und zu christlichen Clanchefs – es war nur schwer zu verstehen, was sich da abspielte. Der Kollege vom ZDF und die meisten anderen Korrespondenten taten die Ereignisse als typisch arabische Scharmützel ab, Clan-Streitigkeiten. Uli war einer der ersten, die von einem Krieg im Libanon sprachen – und wieder bekam er Ärger mit seiner Heimatredaktion: In Stuttgart misstraute man seiner These. Doch Uli sollte Recht behalten. Es dauerte nur wenige Monate, da war allen klar, was sich im Libanon abspielte. Dass dies der Beginn eines jahrelangen, blutigen Bürgerkriegs war, konnte damals aber noch niemand wissen.

Allmählich wurde mir bewusst, in welche Situation wir geraten waren. Um das zu verstehen, musste ich mich mit der Geschichte beschäftigen. Der Libanon war eine Kreation der französischen Kolonialmacht nach dem Ersten Weltkrieg. Die Franzosen wollten damals die Vorherrschaft der Christen sichern. Deshalb trennten sie die Region, die mehrheitlich von christlichen Maroniten bewohnt war, von Syrien und fügten gerade einmal so viele von Moslems bewohnte Gegenden hinzu, dass das Land groß genug war, um lebensfähig zu sein – ohne die christliche Bevölkerungsmehrheit zu gefährden. Der Libanon ist bis heute ein Kunstprodukt, von den europäischen Kolonialmächten geschaffen – wie viele Länder in der Region. Bei der Staatsgründung im Jahr 1943 hatten siebzehn verschiedene Religionen unter französischer Führung vereinbart, die Macht untereinander zu teilen. Den größten wirtschaftlichen und politischen Einfluss hatten die Christen; nur sie, so sieht es die Verfassung noch heute vor, können den Präsidenten und den Armeechef stellen. Die Ärmsten im Land sind die Schiiten. Ihr Bevölkerungsanteil aber wuchs in den vergangenen fünfzig Jahren schneller als der der meisten anderen religiösen Gruppierungen im Land, aus einer christlichen war längst eine muslimische Mehrheit geworden.

Die Palästinenser bedrohten dieses fragile Gebilde jetzt zusätzlich. Sie waren nach der Gründung des Staates Israel im Jahr 1948 aus ihren angestammten Gebieten vertrieben worden und hatten mehrheitlich in Jordanien Schutz gesucht. Über die Jahre hatte sich dort ein Staat im Staat entwickelt – ein politischer Stachel für den jordanischen König Hussein. Um seine Macht zu sichern, vertrieb er im September 1970 die Palästinenser in einem blutigen Krieg aus seinem Land. Die waren in den Libanon geflohen und lebten seitdem in großen Flüchtlingslagern – exterritoriale Gebiete innerhalb des Libanon. So war es im »Kairoer Abkommen« von 1969 festgelegt worden. Hier hatte nicht die libanesische Staatsgewalt das Sagen, sondern palästinensische Milizen. Die Christen empfanden dies als Bedrohung ihrer Machtstellung und begannen sich zu militarisieren – neben der libanesischen Armee entstanden bestens ausgerüstete christliche Privattruppen. Ein hochexplosiver Cocktail aus verschiedensten Interessen. Ein kleiner Funke schon genügte, um eine Katastrophe auszulösen.

***

Es war ein merkwürdiger Krieg. In den ersten Kriegsmonaten lebte man rings um den Flughafen, in den Drusendörfern, durch die ich auf meinem Weg zur Arbeit fuhr, und bei uns in Hazmieh fast so wie in Friedenszeiten. In anderen Stadtteilen wurde gekämpft. Auch in unserer multireligiösen Hausgemeinschaft aus Christen, Moslems und Drusen war von Spannungen nichts zu spüren. Noch immer saß ich auch jetzt fast jeden Abend mit Leila zusammen, wir unterhielten uns – über das Leben, Gott und die Welt. Über Politik sprachen wir nie. Toni, der Sohn des Chefarztes der christlichen Armee, gab jetzt an manchen Abenden, wenn wir nicht in die Stadt kamen, kleine Hauskonzerte, Chopin und Mozart, in der Wohnung seiner Familie oder oben bei Leila und Adnan.

In den Nächten stand ich auf dem Balkon und verfolgte die Dramen, die sich in der Stadt abspielten. Links unter uns lag das Schiitenviertel Chiah, rechts das Christengebiet Aschrafiyya. Ich sah Leuchtraketen, Feuerblitze, Flammen und wusste immer genau, wo die Kämpfe gerade tobten. Anders als Uli, der nach zwei, drei Gläsern Ksara Rouge tief im Land der Träume versinken konnte, habe ich wenig geschla-

fen in dieser Zeit; nächtelang hielten mich Neugier und Aufregung wach. Wenn Uli morgens aufstand, konnte ich ihm
detailliert berichten, wie sich der Kriegsverlauf entwickelt
hatte. Ich wusste immer, was passiert war.

Nach dem Frühstück machte ich mich jeden Morgen auf
den Weg zur Deutschen Schule, die damals noch in einem
südlichen Vorort von Beirut lag, im Drusengebiet, eine halbe
Stunde von Hazmieh entfernt. Ich war glücklich, wieder
Lehrerin zu sein. Es machte mich zufrieden, wieder Kinder
unterrichten zu dürfen – Libanesen, deren Eltern auf das
deutsche Abitur Wert legten, Deutsche, deren Eltern an der
Botschaft oder bei deutschen Firmen und Banken arbeiteten.
Auch viele deutsch-libanesische Kinder waren dabei. Eine
offene, multikulturelle, fröhliche Atmosphäre.

Als die Unruhen zunahmen, gab es Tage, an denen die
Schule geschlossen blieb. Irgendwann musste der Unterricht
in die Innenstadt verlegt werden, in die Räume des Goethe-
Instituts – für die Schüler war es einfach zu gefährlich geworden, von ihren Wohnorten in die Deutsche Schule zu fahren.
An manchen Tagen waren die Kämpfe jetzt so heftig, dass
man nicht mehr über die Green Line kam, die Grenze zwischen den verfeindeten Gruppen. Manchmal, wenn wir in
der Stadt waren und nicht mehr zurückkamen, mussten wir
im Hotel übernachten.

Dann begann der Exodus – immer mehr Menschen verließen den Libanon. Die deutschen Lehrer kehrten nach
Deutschland zurück, deutsche Unternehmen zogen ihre
Mitarbeiter ab, Banken und Konsulate wurden geschlossen
und die meisten Schüler flogen mit ihren Familien nach
Hause. In den Unterricht kamen jetzt nur noch ganz wenige
libanesische Kinder; sie waren die Einzigen, die übrig geblieben waren – und ich war die letzte Lehrerin, die an der
Deutschen Schule damals noch unterrichtete. Aber nicht eine

Sekunde lang dachte ich darüber nach, selbst nach Deutschland zurückzukehren. Für Uli war eine Rückkehr ausgeschlossen – er war Journalist, hier spielten sich umwälzende politische Ereignisse ab. Für mich kam eine Rückkehr nicht infrage, weil sie für Uli nicht infrage kam. Der Gedanke, allein in Stuttgart zu sitzen und mich um ihn zu sorgen, war für mich unvorstellbar.

Als der Krieg nach einigen Monaten die Innenstadt erreichte, war Beirut längst in einen muslimischen linksgerichteten Westteil und einen christlich-konservativen Ostteil zerfallen, und um die Situation endgültig undurchschaubar zu machen, gab es Zeiten, da bekämpften sich nicht nur Christen und Moslems, sondern auch die christlichen und muslimischen Milizen plötzlich untereinander. Es gab Krieg zwischen den christlichen Clans, die um die Vorherrschaft im christlichen Lager kämpften, und es gab Krieg zwischen Schiiten und Sunniten im muslimischen. Es bildeten sich Koalitionen und man musste Experte sein, um sich in der Stadt bewegen zu können.

Unter den Christen, den Moslems und der PLO gab es viele verschiedene Gruppierungen und die Checkpoints der einzelnen Gruppen konnte man nur mit entsprechenden Passierscheinen überwinden. Immer häufiger wurden an diesen Übergängen Menschen verhaftet, entführt oder wegen ihrer Religionszugehörigkeit erschossen. An welchem Kontrollpunkt sind wir? Welche Gruppierung ist das? Bloß nicht in die falsche Tasche greifen, nicht den falschen Passierschein zeigen! Im Lauf der Zeit gewöhnte ich mir an, die Ausweise der linken Gruppierungen in die linke BH-Hälfte und die der konservativen in die rechte zu stecken. Ich wusste immer, welche Gruppe in welchem Gebiet das Sagen hatte, kein einziges Mal erwischte ich einen falschen Schein. Und das war gut so, denn wer in einer Kontrolle aus Versehen den falschen

Ausweis vorlegte, riskierte sein Leben. Auf dem Dach meines Mini Cooper prangte jetzt gut lesbar die Aufschrift »Sahafi Almani« – deutscher Journalist. Das faszinierende, multi-ethnische und multireligiöse Beirut, in dem Christen und Moslems, Araber und Europäer selbstverständlich und fried-lich zusammengelebt hatten, dieses Beirut, das wir scheinbar kennengelernt hatten, das gab es nicht mehr. Heckenschüt-zen bedrohten jetzt die Innenstadt und Kidnapping wurde zur allgegenwärtigen Gefahr, fast täglich war in der Presse von Menschen zu lesen, die plötzlich verschwunden waren – noch immer erschienen in Beirut täglich fast zwanzig Tageszeitungen.

Das Haus, in dem das ARD-Büro lag, war eins der ersten, das zusammengeschossen worden war. Die Wohnung im obersten Stockwerk, in der Gerhard Konzelmann residiert hatte und wir eine unserer ersten langen Nächte verbracht hatten – verschwunden. Wir zogen mit dem Büro ins Hotel Phoenizia, das größte Hotel Beiruts, am Meer gelegen. Das ganze Team blieb jetzt oft mehrere Tage lang dort. Nur bei Waffenstillstand, wenn sich die Lage wieder einmal beruhigt hatte, kehrten wir in unsere Wohnungen zurück. Manchmal konnten diese Waffenstillstände tagelang dauern, manchmal Wochen, manchmal nur wenige Stunden. Dann kamen die Händler zurück. Die Geschäfte wurden von Schutt und Staub befreit, innerhalb weniger Stunden kehrte der ge-wohnte Beiruter Alltag zurück, es wurde gehupt und geredet, gelacht und gehandelt, die Straßencafés waren wieder über-füllt. Illusionen eines Friedens. Beirut lebte auf.

An einem solchen Tag entdeckte ich in einer kleinen Seitenstraße eine arabische Boutique, die unter anderem Kupfersachen verkaufte. Im Schaufenster stand aber etwas, das mich viel mehr interessierte: ein mit Koransuren und Kasak-Motiven bunt bemalter Holzschrank. Der Ladenbesitzer erklärte mir, der Schrank sei eine Einzelanfertigung, von einem Scheich aus den Golfstaaten maßgenau bestellt. Wochenlang hätten die Handwerker daran gearbeitet. Acht Tage lang, wann immer ich konnte, ging ich in dieses Geschäft. Ich spekulierte darauf, dass die reichen Scheichs aus den Golfstaaten, die im liberalen Beirut ihre Ferienvillen hatten, wegen des Bürgerkriegs in diesem Sommer ausblieben. Tatsächlich gab der Ladenbesitzer eines Tages die Hoffnung auf, den Schrank noch an seinen Auftraggeber verkaufen zu können. Ich hatte Glück und bekam ihn. Der Kaufmann hatte damit nicht nur Uli und mir eine große Freude bereitet: Zwei Tage, nachdem ich den Schrank erstanden hatte, traf eine Granate den Laden, er brannte vollständig aus. Bis heute steht der Schrank in unserem Wohnzimmer und ist Teil dieser Erinnerungen, die zu meinem Leben gehören. Noch immer freue ich mich, wenn ich ihn sehe.

Es wurde immer schwieriger, zu uns in die Berge hochzukommen. Auch in Hazmieh hatte sich das Leben mittlerweile vollständig verändert, die Auswirkungen des Krieges waren nicht mehr zu übersehen: Zeitweilig gab es kein Wasser mehr, die Leitungen waren zerstört. Ein Trinkwasserbrunnen im südlich von uns gelegenen Ort Baabda, wo der Präsidentenpalast stand, wurde zum Retter in der Not. Nach Baabda, das wie Hazmieh zum Christengebiet gehörte, konnte ich mit meinem Mini problemlos fahren. Dort holte ich unser Wasser. Wochenlang stand meine Küche voller Kanister. Auch Zucker gab es irgendwann nicht mehr. Wie früher begann ich, meinen Kaffee wieder schwarz zu trinken; schnell gewöhnte ich mich wieder daran. Morgens beim Frühstück hielt ich die leere Zuckerdose hoch, Uli und ich mussten schmunzeln, als wir uns in diesem Moment an unsere Studentenzeit in Tübingen erinnerten. Bei schwarzem Kaffee bin ich bis heute geblieben.

Benzin wurde knapp. Das hieß: stundenlanges Anstellen an Tankstellen, wo manchmal die Hölle los war. Einmal drehte einer durch und zerschoss mit seiner Kalaschnikow die Zapfsäulen – jetzt gab es gar kein Benzin mehr. Von den anderen Wartenden wurde er fast gelyncht. Ich hatte bald eine unbändige Wut auf diese Typen mit den Kalaschnikows. Ihre Haltung, ihre Blicke, ihre Arroganz, ihre Brutalität – ich musste mich jedes Mal zusammenreißen, wenn ich sie an einem Checkpoint sah oder ihnen auf der Straße begegnete. Und doch war mir klar: Auch sie waren Opfer dieses Krieges, eingekauft von den Warlords, angestellte Milizionäre mit Festgehalt, für viele die einzige Möglichkeit, einen Job zu bekommen und ihre Familie ernähren zu können.

In einem Höllentempo rase ich aus der Stadt nach Hause. Ob ich mir jemals wieder eine normale Fahrweise angewöhnen werde? Aber nur in diesem Tempo fühle ich mich einigermaßen sicher, vor Heckenschützen, vor Kidnappern, vor Gangstern. Am Nachmittag hat es in Strömen geregnet, fast zwei Stunden lang. Es schüttete, als hätte jemand im Himmel Eimer geleert. Nun sind die Straßen voller Pfützen. Mit einem harten Schlag kommt der Mini plötzlich zum Stehen. Am Lenkrad habe ich mir den Kopf angeschlagen, aus einer Platzwunde tropft Blut. Da stehen plötzlich die Kämpfer vor mir mit ihrer Kufiya, dem Araberkopftuch, und ihren unrasierten Gesichtern, die Gewehre lässig in den Händen. Sie krümmen sich vor Lachen, zeigen mit Fingern auf mich, kommen näher. Ich habe ein kratergroßes Schlagloch übersehen, vom Regen bis an den Rand mit Wasser gefüllt. Ich stecke fest. Die Männer reden laut miteinander, stellen sich im Kreis um das Auto auf, einer gibt das Kommando – und mit einem gemeinsamen arabischen »Hauruck!« heben sie den Mini und

*mich aus dem Wasserloch. Ich starte den Motor, winke
ihnen zu und rase weiter.*

In den wenigen Augenblicken zu Hause erledigte ich überfäl-
lige Arbeiten, Wäsche musste dringend gewaschen, Briefe
mussten geschrieben werden. Immer war ein Koffer mit dem
Notwendigsten gepackt. Sonya und ihr Mann waren mittlerweile weggezogen, als Muslim war es für den Arzt lebensgefährlich geworden, im christlichen Viertel zu leben. Waren
sie nach England zurückgegangen? Ich hatte nicht einmal
Gelegenheit gehabt, sie zu verabschieden. Auch zu Leila hatte ich jetzt kaum mehr Kontakt.

Der Krieg hatte unseren Alltag fest im Griff. Ich kann
mich noch an den Tag erinnern, als Uli nach Hause kam und
erzählte, dass er den ersten Toten gesehen hatte, bei Dreharbeiten zu einem Bericht für die »Tagesschau«. Ich kann mich
noch daran erinnern, wie er zu erzählen begann, nachdenklich, geschockt. Einmal saßen wir auf dem Balkon beim
Abendessen, ich hatte wieder einmal Leber gebraten. Leber
aß ich damals noch leidenschaftlich gern. Doch diese Leber
war ungewöhnlich geformt und hatte einen sehr eigenartigen
Geschmack. Das war keine Tierleber. Wir kippten das Essen
in den Müll. Irgendwann beginnt die Paranoia. Jahrelang
habe ich danach keine Leber mehr angerührt.

* * *

Inzwischen lagen auch beim Team die Nerven blank. Die
Sekretärin des ARD-Büros war in die Berge geflüchtet. Und
die drei libanesischen Mitarbeiter des Teams kamen nur noch
sporadisch zur Arbeit – sie hatten guten Grund, vorsichtig zu
sein: Alle drei waren Christen. Für sie war es jetzt lebensgefährlich, das Team in muslimische Viertel zu Dreharbeiten

zu begleiten. Einmal war es bereits zu einem dramatischen Zwischenfall gekommen – Hannah, der Fahrer, wurde von palästinensischen Kämpfern mit vorgehaltener Kalaschnikow aus dem Auto gezerrt und verschleppt. Nur Ulis schneller Reaktion und seinen guten Kontakten zu Abu Abbas, dem Chef einer palästinensischen Splittergruppe, war es zu verdanken, dass Hannah in einem improvisierten Gefängnis gefunden und befreit werden konnte. Nach diesem Vorfall haben wir Hannah nie wieder gesehen.

Tonmann Roland Engele kam mit der neuen Situation zurecht, die beiden Kameraleute dagegen waren schon nach den ersten Kriegstagen nervlich am Ende. Der Nachfolger Hans Schalks war ein hervorragender Kameramann – sobald aber Schüsse fielen, auch weit entfernt, zuckte er zusammen und war nicht mehr in der Lage zu arbeiten. Er war ein Nervenbündel, er hatte Angst. Er hielt es für Selbstmord, hier zu drehen. »Du bringst uns alle um!«, brüllte er Uli an. Tagelang tauchte er ab. Er wohnte in unserer unmittelbaren Nähe, wir konnten seine Wohnung von unserem Haus aus sehen. Die Rollläden waren geschlossen. Er reagierte nicht auf Anrufe und öffnete nicht, wenn Uli an seiner Haustür klingelte.

Auch der zweite Kameramann, Assem Audi, der Libanese, der früher beim WDR gearbeitet hatte, war inzwischen in Streik getreten. Wenn das Team morgens zum Drehen abfahren wollte, saß er einfach nur da und ließ unaufhörlich die Gebetsschnur durch seine Hände gleiten. Von Tag zu Tag wurde er blasser und stummer. Fast einen ganzen Monat lang ging das so. Uli war verzweifelt. Mittlerweile war Peter Scholl-Latour für das ZDF nach Beirut gekommen. Er lieferte regelmäßig Berichte, Teams aus der ganzen Welt berichteten vom Libanonkrieg – nur vom ARD-Korrespondenten sah und hörte man nichts. Es waren dramatische Tage. Immer wieder versuchte ich zu vermitteln. Ich konnte Uli, aber auch die beiden Kameraleute verstehen. Sie waren zu Friedenszeiten ins Land gekommen, sie hatten sich nicht für einen Kriegseinsatz gemeldet. Auf eine solche Situation waren sie nicht vorbereitet. Gleichzeitig wussten alle, dass Auslandseinsätze besonders honoriert wurden: Die Mitarbeiter hatten sich auch deshalb darauf eingelassen, weil sie hier mehr verdienten; es galt eine Wohnung abzubezahlen, Schulden zu tilgen. Sie waren also durchaus bereit, in Beirut zu bleiben – nicht aber, unter diesen Umständen zu arbeiten.

Eines Tages nahm mich Assem zur Seite: »Ilse, dir ist ja wohl klar: Ein Scharfschütze kostet momentan fünfzig libanesische Pfund. Es ist ein Leichtes, einen zu finden, der gezielt jemanden abknallt.« Was wollte er mir damit sagen? Wollte er drohen, Uli umbringen zu lassen? Zeitweilig hatte ich mehr Angst vor ihm als vor dem ganzen Bürgerkrieg. Kurz nach diesem Gespräch schlug eine Gewehrkugel nur wenige Zentimeter neben meinem Kopf in die Wand ein, als ich zu Hause auf dem Balkon saß und Kirschen entsteinte. Danach wurde aus meiner Angst eine regelrechte Panik. War absichtlich auf mich geschossen worden? War die Kugel ein Irrläufer? Von da an betraten wir den Balkon nicht mehr und Uli entschloss sich, beide Kameraleute zurück nach Deutschland zu schicken. Ich war froh, als die beiden endlich weg waren. Nur verlor ich jetzt auch noch meine Freundin Heidrun, die deutsche Frau des libanesischen Kameramanns. Vom ersten Augenblick an hatten wir uns gemocht. Heidrun hatte Assem Audi in Köln kennengelernt, wo er jahrelang für den WDR gearbeitet hatte. Er sprach fließend Deutsch, war scheinbar ein »Europäer« geworden. Sie hatten geheiratet und waren zu seiner Familie nach Beirut gezogen. Hier hatten wir nur wenige Minuten voneinander entfernt gewohnt. Deshalb trafen wir uns immer häufiger. Halblange schwarze Haare, fein geschnittenes Gesicht, schlank, immer freundlich: Heidrun mochte ich. Seltsam nur: Wenn ich sie besuchte, hörte sie schwermütige klassische Musik und wirkte oft deprimiert. Eines Tages erzählte sie mir: »Als ich zu Assems Familie kam, verstand ich kein Wort Arabisch. Abends, wenn alle zusammensaßen, musste ich mich ans Ende der Reihe setzen – für die anderen war ich anscheinend gar nicht anwesend.« Assem hatte sein libanesisches Familienverhalten wieder angenommen. Die Pässe von ihr und ihren beiden Kindern hatte er unter Verschluss. Mit Assem darüber zu reden war sinnlos.

An meinem Geburtstag Anfang Juni war das Team wie so oft auf Dienstreise. Mit Heidrun und ihren Kindern wollte ich zum Schwimmen gehen in unseren Beach Club. Aber Assem war dagegen. Dabei wusste er, dass wir beiden Frauen mit den beiden Kindern allein gewesen wären. Aus dem charmanten »Europäer« war ein strenger Libanese geworden. Vielen anderen Frauen, die Libanesen geheiratet hatten, war es ähnlich ergangen. Heidrun war kein Einzelfall. Für sie waren der Krieg und damit die Rückkehr nach Deutschland ein Glück.

* * *

Mit Mike Condé kam ein neuer Kameramann aus Stuttgart, ein sympathischer, menschlicher und mutiger Kollege. Für das zweite Team fand Uli einen Franzosen: Alain Debos. Er war hoch aufgeschossen, hatte schwarze Locken, ein schmales Gesicht – und war hektisch und nervös. Uli war ihm in den vergangenen Wochen immer wieder an den verschiedensten Schauplätzen begegnet. Debos war Autodidakt und Abenteurer: Er hatte sich eine Beaulieu – eine französische Kamera – besorgt, mit der man Ton und Bild gleichzeitig aufnehmen konnte, deshalb konnte er als Ein-Mann-Team selbstständig drehen. Er war auf eigene Faust wegen des

Krieges in den Libanon geflogen und arbeitete als freier Mitarbeiter für kleine skandinavische Sender, die sich kein eigenes Team vor Ort leisten konnten. »Zulu-TV« nannte er seine Auftraggeber. Er hatte Nerven wie Drahtseile und war in größter Gefahr immer der Letzte, der aufhörte zu drehen. Wenn geschossen wurde und alle anderen längst auf dem Boden lagen, stand er immer noch, die Kamera auf der Schulter. Als Uli ihn einmal fragte: »Hast du keine Angst?«, antwortete er lakonisch: »Natürlich habe ich Angst. Aber ist es nicht egal, ob ich im Liegen oder im Stehen sterbe?« Alain Debos war ständig unter Strom – und wurde für mich bald zu einem neuen Problem: Jetzt machte ich mir Sorgen, dass sich die beiden gegenseitig hochschaukeln und zu viel riskieren würden.

Roland Engele war geblieben, er war unverwüstlich und verstand sich gut mit Mike Condé. Eines Tages erschienen die beiden in einem schnittigen Sportwagen, einem braunen Pontiac Firebird. Den hatten sie sich kurzerhand, wie sie sagten, »ausgeliehen«. Der Flitzer gehörte einem Nachbarn von Roland, einem Scheich aus den Golfstaaten, der wegen des Krieges nicht mehr in den Libanon kam. Roland war der Meinung, dass es für den Wagen besser wäre, wenn er bewegt würde und auf diese Weise auch vor Plünderern und Dieben geschützt wäre, die jetzt Konjunktur hatten. Bei Waffenstillstand waren er und Mike ständig mit dem Firebird unterwegs, reihten sich in den Korso auf der Hamra ein und hatten großen Spaß. Eine gute Tat also, und auch eine Art Selbst-Therapie in diesen Tagen.

Eines Abends hatten Uli und ich die beiden zum Abendessen zu uns nach Hazmieh eingeladen. Wir saßen auf unserem Balkon und warteten. Es herrschte friedliche Stille. Plötzlich in der Ferne eine wilde Schießerei. »Das ist an der Green Line«, sagte ich erschrocken. »Am Checkpoint. Das

sind die beiden!« Kurz darauf stoppte der Pontiac mit quiet-
schenden Reifen vor unserem Haus und kreidebleich standen Mike und Roland vor der Tür. Vom »Roten Libanesen«
beschwingt hatten sie keine Lust gehabt, die zeitraubenden
Kontrollen der Milizionäre über sich ergehen zu lassen und
darauf spekuliert, dass die Grenzposten nach einigen Tagen
Waffenstillstand nachlässiger waren als zu Kriegszeiten. Also
waren sie im Schritttempo auf den Posten zugerollt und hatten dann Vollgas gegeben. Im Zickzack waren sie durch die
kurvigen Schikanen aus Sandsäcken gerast. Durch dieses
irrwitzige Manöver waren die Krieger so überrascht, dass sie
nicht gleich reagierten. Mit einigen Einschüssen knapp
unterhalb der Fahrertür kamen Mike und Roland davon.

Einige Wochen später standen sie vollkommen demora-
lisiert im Büro: Der Pontiac war ihnen abgenommen worden. Im muslimisch-palästinensischen Teil von Beirut waren
sie unter einer Brücke von Bewaffneten angehalten und aus
dem Firebird gezerrt worden. Die Palästinenser hatten
Roland und Mike an die Wand gestellt, ihnen Portemonnaie,
Schlüssel und Sportwagen abgenommen und waren so
schnell, wie sie gekommen waren, verschwunden. Uli, der
die ganze Firebird-Geschichte ohnehin mit viel Skepsis verfolgt hatte, war der Meinung, dass das ARD-Team sich nicht
ein Fahrzeug »ausleihen« könne, ohne es wieder zurückzuge-
ben – und er rief Mahmoud Labadi an, seinen Kontaktmann
bei der PLO, einen persönlichen Referenten Jassir Arafats.

Am nächsten Tag musste das Team nach Amman. Also
wurde ich beauftragt, mit einem PLO-Begleiter im mir bereits bekannten Palästinenserlager Sabra nach dem Firebird
zu suchen. Wir hatten kaum Hoffnung, ihn zu finden, natürlich war uns klar, dass der Wagen längst umgespritzt und mit
neuen Kennzeichen versorgt war. Dennoch fuhr ich am
nächsten Morgen mit meinem palästinensischen Begleiter

nach Sabra, in Jeans und kurzärmeligem T-Shirt, und marschierte mit ihm einen ganzen Tag lang durch das Lager, von einer Gasse zur nächsten, von Hütte zu Hütte, von Garage zu Garage. Immer wieder fragten wütende Palästinenser, was ich in ihrem Lager zu suchen hätte. Und immer wieder mussten wir mit ihnen Kaffee trinken und mit ihnen reden, bevor sie uns weiterziehen ließen. Es war ein nervenaufreibendes Erlebnis, als Europäerin fast einen ganzen Tag lang durch Sabra zu gehen, mitten im Krieg – auch wenn wir das Auto nicht gefunden haben.

* * *

Trotz des Krieges berichtete Uli weiter aus den anderen arabischen Ländern, wenn auch seltener. Beirut stand im Brennpunkt des Interesses. Im Sommer 1975 aber flog er für vier Tage nach Kuwait – damals war der Flughafen noch nicht geschlossen. Als Uli abflog, herrschte Waffenstillstand in der Stadt, alles war ruhig und das libanesische Leben lief in geordneten Bahnen. Urplötzlich brachen kurz danach die Kämpfe zwischen PLO und Maroniten wieder aus. Ich saß zu Hause fest und konnte von unserer Terrasse aus tagelang die Kämpfe verfolgen – bis eines Nachmittags Uli aus Kuwait zurückkommen sollte. Ich hatte Angst, er würde sich am Flughafen ins Auto setzen und nach Hazmieh fahren – er wusste ja nicht, was sich mittlerweile abgespielt hatte und dass es wegen der Kämpfe unmöglich war, unsere Wohnung zu erreichen. Wie ich Uli kannte, würde er mögliche Warnungen der Libanesen einfach ignorieren.

Die einzige Lösung: Uli am Flughafen abzufangen und mit ihm ins Phoenizia zu fahren. Dafür wollte ich die Mittagspause nutzen. Im ersten Kriegsjahr schwiegen tatsächlich mittags Punkt zwölf alle Waffen: Siesta-Zeit. Die Kämpfer ruhten sich aus, aßen – und griffen Punkt drei Uhr nachmittags wieder zum Maschinengewehr. Man konnte die Uhr danach stellen. Wer einkaufen, tanken oder irgendetwas erledigen musste, nutzte dafür die tägliche Feuerpause. Ich nahm Geld, Koffer und meinen Pass und fuhr zur Tankstelle, wo ich die einzige Kundin war. Es herrschte Totenstille. Als ich dem Tankstellenbesitzer erzählte, dass ich zum Flughafen wollte, um meinen Mann abzuholen, weigerte er sich zunächst, das Auto vollzutanken. Das sei reiner Selbstmord, sagte er. Ich aber hatte es eilig, denn wenn ich eine Chance hatte, dann jetzt: Ich musste unbedingt vor Ende der Feuerpause am Flughafen sein.

Mein Plan war, über die Drusendörfer in südlicher Richtung zum Flughafen zu fahren. Zunächst wollte ich im Schutz des Waldes nach Baabda im Christengebiet und von dort hinunter in die Ebene fahren, wo die Drusendörfer und der Flughafen lagen. Als ich mich auf den Weg machte, bewegte sich nichts, kein Mensch, kein Tier. Kein Ton war zu hören, obwohl die Fenster wegen der Wärme weit offen standen. Vor Angst klopfte mir das Herz bis zum Hals.

Zunächst ging alles gut. Ich kam problemlos bis nach Baabda, wo ich den Schutz der Bäume verlassen und hinab in die Ebene musste. Die Strecke war mir vertraut – ein schmaler Schotterweg führte steil bergab, links und rechts keine Büsche, nichts. Plötzlich fielen Schüsse. Mir war sofort klar, dass sie mir galten, es gab ja sonst niemanden in der Nähe. »In solchen Situationen musst du Vollgas geben und Zickzack fahren!«, hatte mir Uli immer wieder eingeschärft. Und was machte ich: Vollbremsung! Mit durchgetretenem Gaspedal jagte ich dann aber den Berg hinunter, auf die Senke zu, in der die Drusendörfer lagen. Beim ersten Haus, das ich sah, hielt ich vor der hellblau gestrichenen Tür an. Dann warf ich mich zwischen Mini und Tür auf den Boden und brach in Tränen aus. Ich hatte panische Angst.

Noch nie hatte ich solche Todesangst gehabt. Minutenlang lag ich auf dem Boden, dann hörte ich ein Auto näherkommen. Zu meiner Erleichterung: ein großer Militärlastwagen, besetzt mit Soldaten der libanesischen Armee. Als mich die Männer sahen, hilflos, weinend, vor Angst fast hysterisch, lachten sie mich aus. »Kein Problem«, sagte dann einer, »du kannst durch den nächsten Ort fahren, dann weiter zum Flughafen.« Mit zitternden Knien stieg ich in den Mini und raste weiter.

Im nächsten Dorf der nächste Schock: Von allen Seiten tauchten plötzlich Bewaffnete mit Kalaschnikows auf. Schüsse schlugen direkt vor meinem Auto ein. Ich trat auf die Bremse, die Männer schrien mich an. Verzweifelt kratzte ich einige arabische Brocken zusammen, die ich inzwischen gelernt hatte, und rief voller Panik: »Chosie ruach min Kuwait. Ana ruach al matar! – Mein Mann kommt von Kuwait, ich muss ihn am Flughafen abholen.« Damit löste ich erneut einen Heiterkeitsausbruch aus – die Männer schlugen sich vor Lachen auf die Schenkel. »Ruach! Jalla! – Hau ab, aber schnell!« Das ließ ich mir nicht zweimal sagen und fuhr wie der Teufel die letzten Kilometer zum Flughafen.

Auf der großen Aussichtsterrasse setzte ich mich mit einem Buch auf eine Bank, versuchte mich zu beruhigen und wartete auf Ulis Flieger. Der Flughafen war komplett von Militär besetzt und kaum hatte ich das Buch aufgeschlagen, hockten sich zwei Soldaten links und rechts neben mich und redeten auf mich ein. Ich stand auf und ging zum Geländer der Aussichtsplattform, wo sich das Spiel wiederholte: Diesmal war es gleich eine ganze Gruppe von vier oder fünf Soldaten, die mich bedrängten. Wo ich auch hinging, folgten mir die Männer, bis ich in einem der Seitengänge des Flughafens in meiner Aufregung einfach eine Tür mit der Aufschrift »Direktor« aufriss. In dem Zimmer saßen Gott sei Dank freundliche Zivilisten, die mir anboten, bei ihnen zu warten, bis mein Mann ankommen würde.

Endlich kam er. Wie ich vermutet hatte, wollte Uli zuerst nicht glauben, was ich hinter mir hatte und dass man nur unter Lebensgefahr in die Berge hoch nach Hazmieh fahren konnte. Schließlich ließ er sich von mir überzeugen: Das Team stieg in den Dienst-Mercedes, den die drei am Flughafen abgestellt hatten, und gemeinsam fuhren wir auf verschlungenen Wegen in die Stadt. Dort wohnten wir wieder im Phoenizia – bis uns der nächste Waffenstillstand erlaubte, in unsere Wohnungen zurückzukehren.

Wenn das Morden Alltag wird

Mein Leben hatte sich verändert. Tag und Nacht hörten wir in unserer Wohnung das Signalgeheul der Krankenwagen. Pausenlos brachten sie Verletzte in das benachbarte christliche Militärhospital. Das Geheul der Sirenen konnte ich jahrelang nicht vergessen. Noch viele Jahre später, wieder zurück in Deutschland, zuckte ich zusammen, wenn ich ein Einsatzfahrzeug hörte. Erlebte ich den Krieg am Anfang noch aus der Distanz, so war ich jetzt mittendrin und die Angst mein ständiger Begleiter. Vor allem sorgte ich mich um Uli und das Team, die ständig in Gefahr waren. Kaum ein Tag verging, an dem sie nicht mit irgendwelchen Gräuelgeschichten nach Hause kamen.

Einmal wurden sie Zeuge, wie christliche Phalangisten einen Palästinenser mit einem Seil an einen VW-Käfer banden, um ihn bei lebendigem Leib so lange in schnellem Tempo über die von Steinen und Schlaglöchern übersäte Bergstraße zu schleifen, bis er tot war. Ihre Arbeit war nicht nur psychisch ungemein belastend, sie war auch gefährlich. Nie konnten sie sicher sein, dass nicht einer der bewaffneten Milizionäre durchdrehte. Der Finger am Abzug saß ziemlich locker. Ein anderes Mal kam das Team zurück mit einem von Granatsplittern völlig durchlöcherten Dienst-Mercedes. Sie hatten bei der Präsidentenwahl im Parlament gedreht, als plötzlich Gegner des Kandidaten Elias Sarkis das Feuer eröffneten und das Parlament mit Mörsern und Granaten angriffen. Es grenzt an ein Wunder, dass keins der drei Teammitglieder verletzt wurde.

Die Zerstörungen im Stadtbild waren nicht mehr zu übersehen. Besonders an der Green Line gab es Straßen, in denen kein einziges unversehrtes Haus mehr stand. Ruinen, eingestürzte Mauern, schwarze, leere Fensterlöcher – und nur wenige Meter hinter der Front neue Stahlträger und Baugerüste, denn die Libanesen begannen schon mitten im Krieg mit dem Wiederaufbau! Verrückt. Wenn ich die Menschen, die dem täglichen Terror ausgesetzt waren, in dieser eigentlich so fröhlichen Stadt beobachtete, taten sie mir unendlich leid. Ich spürte ihren Lebenswillen, wie sie sich gegen diesen Krieg stemmten – vor allem in Zeiten des Waffenstillstands, wenn sie immer wieder aufs Neue und mit einer unglaublichen Beharrlichkeit die Trümmer wegräumten und unbeirrbar ihren täglichen Aufgaben nachgingen. Als wäre nichts geschehen. Noch heute bewundere ich ihren Lebensmut und ihren unbändigen Optimismus.

Ein Beispiel für diese Lebenshaltung war eine Radiosendung, die täglich auf Radio Liban lief. Eine der beliebtesten Hörfunksendungen im Libanon, von Sharif Achawe, einem christlich-libanesischen Journalisten. Jeden Vormittag brachte er auf Französisch und Arabisch sein Programm mit Nachrichten, Berichten – und Überlebenstipps: Er warnte vor Scharfschützen. Alle hörten sein Programm – Christen und Moslems, Linke und Rechte, Palästinenser und Libanesen. Jeden Morgen wartete ich auf diese für mich wichtigste Sendung des Tages. Achawe sprach so vertrauensvoll und aufmunternd zu seinen Hörern, dass Furcht und Schrecken des Krieges erträglicher erschienen, wenn er auf Sendung war. Eines Tages rief er zu einer Friedensdemonstration auf: »Kommt morgen um zehn an die Green Line, an die Stelle, wo der Durchlass für besondere Personen ist. Wir werden für den Frieden demonstrieren. Bringt weiße Tücher mit!«

Wir waren gespannt, was passieren würde. Und tatsächlich: Die Friedensdemonstration fand wie geplant statt.

Auf der christlichen Seite kamen die Leute aus ihren Häusern und trafen an der Green Line auf Moslems, die in der Nachbarschaft wohnten und sich monatelang nicht gesehen hatten. Gemeinsam warfen sie Reis in die Höhe als Zeichen des Friedens, laute Musik dröhnte aus Lautsprechern, die Menschen tanzten und überquerten die Green Line, immer wieder, hin und her. »Wir sind doch alle Libanesen«, rief Sharif Achawe in sein Megafon. »Wir wollen diesen Krieg nicht!« So wurde ein Frieden gefeiert, den alle herbeisehnten. Sie wollten nicht sterben, sie wollten aber auch nicht in Angst und Demütigung leben. Kaum waren sie nach Hause gegangen, eröffneten die Milizen an derselben Stelle, von beiden Seiten aus, wieder das Feuer. Danach blieb die Green Line für lange Zeit geschlossen.

* * *

Noch immer war ich lebensfroh und wissbegierig und es gab die Momente, in denen Uli und ich ein Paar waren, weit entfernt von Krieg und Anspannung, in denen es nur uns beide gab; manchmal waren es Augenblicke, irgendwo am Rande des Krieges, manchmal Stunden. Viel häufiger aber waren die schlaflosen Nächte und die Angst. Wie kann so etwas wie dieser Krieg geschehen, fragte ich mich immer und immer wieder.

Und dann passierte mir auch noch ein Missgeschick, das meine Tage in einen Albtraum verwandelte. Das Team war zu uns nach Hause gekommen, auf dem Weg zu Dreharbeiten. Mike wollte, bevor sie losfuhren, noch eine Totale vom Balkon aus drehen. Nachdem er die Aufnahmen im Kasten hatte, standen wir noch einige Zeit gemeinsam draußen. Plötzlich, ganz in der Nähe, fielen Schüsse und gleichzeitig klingelte unser Telefon. Ich rannte vom Balkon ins Wohnzimmer und stolperte in meiner Hektik über die große Filmkamera, die Mike mitten im Wohnzimmer abgelegt hatte. Mit dem rechten Ellenbogen schlug ich auf dem harten Marmorboden auf und als ich mich hochrappelte, merkte ich, dass ich den Arm kaum noch bewegen konnte; mein ganzer rechter Oberkörper schmerzte. Das Team fuhr zum Drehen, ich legte mich ins Bett, aber die Schmerzen wurden immer stärker. Irgendwann hielt ich es nicht mehr aus und rief bei der Deutschen Botschaft an. Annerose Schmidt, die Frau des stellvertretenden Botschafters, die ich bei verschiedenen Empfängen kennen und schätzen gelernt hatte, kam sofort und brachte mich ins amerikanische Krankenhaus – das einzige, das Ausländer noch behandelte.

Fast ohnmächtig vor Schmerzen setzte ich mich dort auf den Boden. Kein anderer Platz war frei – um mich herum überall Schwerverletzte, mit zerschossenen Armen und Beinen, mit Kopfverletzungen, blutend, jammernd, schreiend. Und ich mitten drin. Ohne Geld ging zunächst einmal gar nichts. In der Aufnahme verlangten sie Cash: 1200 libanesische Pfund. Uli, der mittlerweile gekommen war, fuhr los, um das Geld von zu Hause zu holen. Auf dem Rückweg wurde er schon nach wenigen Metern an einem Checkpoint maronitischer Milizionäre angehalten und durchsucht. Er hatte das Geld in seinen Socken versteckt, bei der Leibesvisitation entdeckten sie es. Sie nahmen ihm das ganze Geld ab, bis auf eine Fünfzig-Pfund-Note: »Zum Tanken!«, sagte einer grinsend.

Bis ich geröntgt wurde, vergingen Stunden. Dann sagte der Arzt: »Das ist ja gar nichts, nur der Ellenbogen zersplittert.« Für solche Kleinigkeiten hätten sie keinen Platz auf dem OP-Plan. In meiner Verzweiflung drohte ich ihm mit meinem Hauswirt, Abdel Samad, dem stellvertretenden Geheimdienstchef. Und plötzlich ging alles ganz einfach.

Nach der Operation wachte ich in einem kleinen Zimmer auf. Ein bestialischer Gestank, Blut, Schweiß, Urin. Um mich herum lagen überall Patienten, auch auf dem Boden. Neben meinem Bett ein in weiße Verbände gehüllter Mensch, keine Ahnung, ob Mann oder Frau; daneben ein kleines Mädchen, dem ein Auge ausgeschossen worden war. Dort lag ich in der Hitze des nicht klimatisierten Raumes, umgeben von stöhnenden, weinenden Menschen, hatte selbst Schmerzen, wusste nicht, wie die Operation verlaufen war und nicht, an wen ich mich wenden konnte. Zum Glück schlief ich von der Narkose geschwächt immer wieder ein. Am nächsten Morgen kam endlich der Arzt, der mich operiert hatte, und entließ mich. Ohne Schmerzmittel. Dafür hatte ich jetzt einen Gips am rechten Arm, bis zur Schulter hoch.

Nachdem der Splitterbruch geheilt war, blieb der Arm zunächst steif. Wochenlang fiel mir jedes Geldstück, jede Gabel aus der Hand, doch glücklicherweise bin ich Linkshänderin. Als Therapie begann ich, Wassereimer zu schleppen, zunächst leichte, dann immer schwerere. Nach einem halben Jahr konnte ich den Arm wieder gut bewegen. Als der Ellbogen später einmal von einem deutschen Arzt geröntgt wurde, war dieser irritiert und sagte: »Das muss ein absoluter Künstler gewesen sein, der diesen Arm operiert hat.« Fünf Zentimeter des Gelenks fehlten, Muskeln und Sehnen waren wieder zusammengewachsen. Bis heute habe ich Schwierigkeiten bei bestimmten Drehbewegungen – aber der Arm funktioniert.

* * *

Die Grenzen zwischen politisch motivierter und krimineller Brutalität waren fließend. Als wir eines Abends in einem kleinen Lokal in der Innenstadt zum Abendessen waren, flogen plötzlich die Türen auf, maskierte Bewaffnete drängten in den Raum und bedrohten die Gäste. »Uhr her! Geldbeutel her! Schmuck her!« Der ganze Spuk dauerte kaum zwei Minuten, dann waren die Banditen wieder verschwunden. Die normale Reaktion – die Polizei zu rufen, den Vorfall der Versicherung zu melden –, hier war das alles zwecklos. Mir wurde schlagartig klar, wie sehr wir längst auf uns allein angewiesen waren. Beiruter Polizisten waren grundsätzlich nicht da, wo sie gebraucht wurden. Irgendwann wurden sie zum Kriegsbarometer: Machten sie sich plötzlich aus dem Staub, war Vorsicht geboten. Fuhren sie aber auf ihren Motorrädern ihre prachtvollen weißen, mit goldenen Fransen besetzten Uniformen spazieren, konnte man völlig beruhigt sein – dann herrschte Waffenstillstand.

Aber auch während eines Waffenstillstands musste man wachsam sein. Täglich wurden Dutzende Menschen entführt und Heckenschützen terrorisierten die Straßen. An einem strahlenden Tag fuhren wir zum Holiday Inn, dem höchsten Gebäude der Stadt. Den ganzen Krieg über war es hart umkämpft, ein ebenso strategisch wie symbolisch wichtiges Ziel. Kaum war es einer der Kriegsparteien gelungen, es zu besetzen, begann eine der anderen mit dem Versuch, es zurückzuerobern. Dementsprechend sah es aus: von Maschinengewehreinschüssen und Granateinschlägen durchlöchert wie Schweizer Käse, ohne Fenster, ein trotziges Mahnmal, das nicht fiel. Seit Tagen war es ungewöhnlich ruhig geblieben rund ums Hotel und Uli wollte sich vor Ort selbst ein Bild machen. Gemeinsam fuhren wir dorthin. Die Corniche, die prachtvolle Uferstraße, war wie ausgestorben und erinnerte mit ihren eleganten Villen an den Charme der französischen Riviera. In den Vorgärten leuchteten die roten Blüten der Hibiskusbüsche und Bougainvillea, und Laubbäume und Palmen sorgten für wohltuenden Schatten. Scheinbar eine Idylle.

Es war windstill. Nur ein einsames Auto kam uns in der Ferne entgegen und ein junges Mädchen überquerte den Boulevard. Uli fuhr langsam. Plötzlich lösten sich Blätter von den Bäumen und fielen auf die Fahrbahn herab. »Heckenschützen!«, wurde uns beiden fast zeitgleich klar. Das Mädchen begann zu rennen und brach, nach einigen schnellen Schritten, unter den Palmen zusammen – getroffen offensichtlich von maronitischen Scharfschützen, die sich auf dem Dach des Holiday Inn positioniert hatten und auf alles schossen, was sich, für sie einsehbar, in den Straßen Beiruts bewegte. Das Auto, das uns entgegenkam, hielt bei dem Mädchen an. Ein Mann stieg aus und nahm sie auf die Arme. Ihr Kopf mit den langen schwarzen Haaren hing herab. Alles geschah in wenigen Sekunden. Uli wendete auf dem breiten Boulevard, gab Vollgas, und wir rasten davon.

Schnell kamen wir aus der Gefahrenzone, wie in Trance erreichten wir nach wenigen Minuten die Hamra. Auch an diesem Tag war die Gegend um die Hauptgeschäftsstraße eine Insel der Normalität, auf den Gehsteigen hatten die Händler ihre Waren ausgelegt, in den Geschäften drängten sich die Kunden. In einem der Straßencafés entdeckten wir Alain Debos, der uns zuwinkte. Uli parkte und wir setzten uns zu ihm. Seit den Schüssen war gerade einmal eine Viertelstunde vergangen. Uli bestellte Kaffee und plauderte mit Alain, als er mich irgendwann unvermittelt ansah und fragte: »Du siehst so traurig aus. Was ist denn los mit dir?« – »Was mit mir los ist?«, gab ich zurück. »Uli! Wir sind gerade eben noch beschossen worden. Und das Mädchen – ist es tot?« Er fragte tatsächlich: »Welches Mädchen?« Ich konnte es kaum fassen, er hatte den Vorfall einfach verdrängt! Wir waren gerade mit viel Glück mit dem Leben davongekommen, direkt neben uns war vermutlich ein junger Mensch gestorben – und Uli wusste nichts mehr davon! So weit war es gekommen: Uli hatte zum Selbstschutz begonnen, alles zu verdrängen, was ihm nicht guttat. Das war seine Überlebensstrategie. Erst als ich ihm genau beschrieben hatte, was geschehen war, wurde er still und nachdenklich und es fiel ihm wieder ein. »Ja, stimmt«, sagte er.

* * *

Bald war es kaum noch möglich, die Green Line zu überqueren. Wir schlossen unsere Wohnungen ab, ließen die Möbel zurück, nahmen unsere Wertsachen, Kleider und alles Lebenswichtige mit – und zogen mit dem kompletten Team endgültig ins Phoenizia. Auch das Maschek, diese Oase in einer verrückt gewordenen Stadt, hatte jetzt geschlossen. Selbst dem abgebrühten Österreicher war es mittlerweile zu heiß geworden, er war an die Côte d'Azur geflogen, versuchte sich im Diamantenhandel und wartete auf bessere Zeiten.

In der Schule waren mir noch zehn oder zwölf Schüler geblieben, die von ihren libanesischen Eltern morgens gebracht wurden – wenn die Situation in der Stadt es zuließ. Wir hatten keinen Strom mehr, keine Schulbücher, kein Material. Meist saßen wir zusammen auf den Stufen vor dem Gebäude und die Kinder erzählten von ihren Erlebnissen. Sie brachten mit, was sie auf der Straße gefunden hatten: Patronen, kleine Schrottteile von zerschossenen Autos, Reste von Möbeln. Im Grunde taten wir in diesen Stunden nichts anderes, als Kriegserlebnisse zu bewältigen. Ich war mehr Therapeutin als Lehrerin. Mitunter versuchten die Kinder, sich gegenseitig zu übertrumpfen. Wenn eins sagte: »Mein Vater hat gestern an der Green Line drei Palästinenser erschossen«, sprang ein anderes auf und schrie: »Mein Vater ist viel stärker! Der hat fünf erschossen!«

Wie so oft fahre ich allein durch das Christengebiet in Asch-
rafiyya. Auf der Gegenseite geht ein Junge die Bergstraße
hoch, die Straße nach Hazmieh. Er ist ungefähr sechzehn
Jahre alt. An einem Seil schleift er einen etwa gleichaltrigen
Toten hinter sich her. Schlagartig bremse ich und gehe über
die Straße. »Hey!«, brülle ich entsetzt. »Was machst du
da?« – »Das ist mein Feind – Palästinenser!« Ich stehe allein
mit diesem Jungen hilflos auf der staubigen Straße. Ich star-
re auf den Toten an dem Seil. Was soll ich tun? Ich renne
zurück zum Auto. Und fahre weiter.

Nachdem schließlich auch das Goethe-Institut seine Tore
schließen musste, übernahm ich die Buchhaltung des
ARD-Büros. Schon vor Monaten war die Sekretärin, eine
mit einem libanesischen Piloten verheiratete Deutsche, verschwunden. Ersatz war nicht zu finden und so war vieles
einfach liegengeblieben. Für den neuen Job musste ich einen
Schnellkurs in Buchhaltung machen. Dazu fuhr ich über
Damaskus nach Amman und flog von dort nach Stuttgart zu
einem fünftägigen Crashkurs beim SDR.

So einfach war es eigentlich, dem Wahnsinn zu entkommen. Für uns. Die Palästinenser in ihren Lagern, die Libanesen in der Stadt, sie hatten diese Wahl nicht. Meine Eltern
waren überglücklich, mich wiederzusehen – und keiner verstand, dass ich tatsächlich nach fünf Tagen wieder zurück
nach Amman flog und als Aushilfssekretärin der ARD nach
Beirut zurückkehrte.

Jetzt war ich eingebunden in das Team. Dieses Gefühl,
gebraucht zu werden, machte es mir leichter, die tägliche Bedrohung zu ertragen. Ich bin überhaupt kein Zahlenmensch
und es war für mich ein größerer Kraftakt, den Überblick
über die vielen kleinen Ausgaben zu bewahren, sie minutiös
buchhalterisch zu erfassen und zu dokumentieren. Erschwe-

rend kam hinzu, dass es auch in Buchhaltungsfragen keine geregelten Abläufe in Beirut gab; die Banken hatten geschlossen, ständig musste ich größere Mengen Bargeld im Hotelsafe deponieren.

Wenn das Team zu Dreharbeiten in ein anderes arabisches Land reiste, dann bereiteten mir die Umrechnung in die verschiedenen Währungen und das Besorgen der Devisen größte Probleme. Täglich machte ich eine Stippvisite bei den Straßenhändlern auf der Hamra und informierte mich dort über die gerade aktuellen Kurse.

Schnell kannten mich alle und jeder wusste, dass ich größere Geldmengen verwaltete, ein unheimliches Gefühl. Hinzu kam, dass mir die oft schwer zu quittierenden Ausgaben Kopfzerbrechen bereiteten. So wie die Abteilung »Honorare und Lizenzen« sich das in Stuttgart vorgestellt hatte, konnte ich nicht jede Ausgabe fein säuberlich belegen. Einmal musste ich, als ich in Beirut unterwegs war, einen Wegzoll von einigen libanesischen Pfund bezahlen: Ein etwa vierzehnjähriger Junge hielt mich auf der Straße an, indem er mit seiner Kalaschnikow direkt vor mein Auto feuerte. Ich war mehr empört über das unverfrorene Auftreten dieses Flegels als verängstigt. Aber ich hatte keine Wahl: Ich musste bezahlen – und saß später im Phoenizia, um eine lange Begründung für diese Ausgabe, für die ich keine Quittung bekommen hatte, zu tippen.

Die Stuttgarter wollten es immer ganz genau wissen. Aber mir tat diese Arbeit gut: eine Chance, meine Aufregung und die belastenden Kriegserlebnisse zu verarbeiten. Später, als wir den Nahen Osten verließen, sagte mir die zuständige Sachbearbeiterin bei der Abrechnungsabteilung: »Wie schade, Frau Kienzle! Ihre Abrechnungen waren so spannend! Wir haben dadurch den ganzen Krieg hautnah miterlebt!«

***

Es dauerte nicht lange, da wurde auch rings um das Phoenizia geschossen, unsere Situation wurde immer gefährlicher. Auch hier mussten wir bald raus – die Frage war nur: wohin? Die internationale Presse traf sich jetzt Abend für Abend in der Bar des Hotel Commodore, einer Oase in der zerstörten Stadt. Touristen gab es längst nicht mehr, nur noch Journalisten, Botschaftsangehörige und Waffenschieber – diese merkwürdige Mixtur, Menschen, die entweder berufsbedingt im Libanon ausharren mussten oder vom Krieg angezogen wurden. Das Commodore lag ebenfalls in der City, stand unter dem Schutz der »Palästinensisch-linksprogressiven Allianz« und hatte einen eigenen Stromgenerator. Hier funktionierte alles: Telefon, Faxgerät und Klimaanlage. Die Kellner gingen in feinen dunklen Anzügen und trugen Fliege, ihre Hemden waren frisch gewaschen und wurden täglich gebügelt. Aber ins Commodore wollte Uli nicht.

Wir entschlossen uns, in das kleinere Hotel Concorde zu ziehen. Das Concorde lag sehr zentral und nur fünf Minuten von der Hamra entfernt. Dort waren wir die einzigen Gäste und von dort aus war es nur ein Katzensprung bis zur Deutschen Botschaft und zum Goethe-Institut. Mit dem kompletten ARD-Team residierten wir jetzt im ersten Stock, hier waren unsere privaten Zimmer und das Büro.

Ein Abend im Dezember, seit zwei Tagen ist kein Schuss mehr gefallen, die Stadt kann wieder einmal zur Ruhe kommen. Ein kühler Wind bläst vom Meer über die Corniche. »Lass uns zum Essen ins Phoenizia gehen«, sagt Uli, und wie in einem Film von Luchino Visconti sitzen wir später allein im großen, noblen Speisesaal des Renommierhotels, eine morbide Situation. Der Manager höchstpersön-

lich bedient uns. Er und seine Angestellten halten die Stellung. Wir kennen ihn gut, auch er ist Österreicher, aber anders als Maschek kein abenteuerlustiger Selfmademan, eher ein sehr wohlgenährter und gemütlicher Mensch. Den ganzen Abend plaudern wir mit ihm, er erzählt uns von Zuhause, zeigt uns Fotos von seinem Haus in der Steiermark, von seiner Frau und seinen Kindern. Er schwärmt von seiner Heimat und freut sich auf das nahende Weihnachtsfest und seine Familie. »Dann hat der Wahnsinn ein Ende!«, sagt er und prostet uns lachend zu.

Eine Woche nach diesem Treffen kam das Ende für das prachtvolle Phoenizia. Schon von weitem konnte man den Brand sehen. Die Angestellten hatten sich rechtzeitig in Sicherheit bringen können oder waren zu den Angreifern übergelaufen. Im Keller harrte der österreichische Manager aus, dort suchte er Schutz vor dem Dauerbeschuss der Granatwerfer. Als er aber bemerkte, dass das Hotel zu brennen begann, war es zu spät: Die Fluchtwege nach oben waren unpassierbar. Durch ein Kellerfenster versuchte er, sich ins Freie zu retten. Doch seine Körperfülle wurde ihm zum Verhängnis: Er kam nicht durch die Öffnung, blieb stecken, er konnte weder vor noch zurück. Dort, im Rahmen des Kellerfensters, fanden einige Journalisten am nächsten Tag seine verkohlte Leiche. Ich musste an die Fotos von seiner Frau und seinen Kindern denken, die er uns gezeigt hatte, und daran, wie sehr er sich auf die Weihnachtsferien zu Hause gefreut hatte. Wie würden sie zu Hause von seinem Tod erfahren?

Zwei, drei Tage später wurde unser Hotel von einer radikalen Palästinensergruppe besetzt, die sich PFLP General Command nannte. Sie war aus der von George Habash mit ins Leben gerufenen »Volksfront zur Befreiung Palästinas«

hervorgegangen, eine Splittergruppe, die von Saddam Hussein finanziert wurde. Zu zweifelhaftem Ruhm kam sie erst später, in den 1980er-Jahren, durch die Entführung des Kreuzfahrtschiffes *Achille Lauro*. Von morgens bis abends lungerten jetzt etwa zwanzig bis an die Zähne bewaffnete junge Palästinenser in der Hotelhalle herum, nur, wenn ein Fronteinsatz bevorstand, verließen die Kämpfer das Concorde. Unter ihnen war eine junge Libanesin, Danielle, eine maronitische Christin, die vom Hotelpersonal übrig geblieben war. Sie und ich waren die einzigen Frauen im Haus.

Eines Nachts wurden wir aus dem Schlaf gerissen. Lärm drang aus der Lobby zu uns herauf. Vor dem Hotel dröhnten laufende Motoren. Kurz darauf stand ein bewaffnetes Kommando in Mikes Zimmer. Sie hielten ihm eine Panzerfaust unter die Nase. Ein Riesenaufruhr, lautes Geschrei: »Ihr habt Filme hier versteckt. Da sind wir drauf!« Das stimmte: In einem schwarzen Filmsack lagen die Weltspiegel-Kassetten im Büro. Sie zwangen Uli, das Material herauszurücken. Was sollte das? Die PLO wusste, dass wir ein deutsches TV-Team waren! Als sie verschwunden waren, rief Uli wütend bei seinem PLO-Verbindungsmann an. Der sagte zu, sich um die Angelegenheit zu kümmern. Und das tat er: Wenige Tage später stoppte wieder ein Jeep vor unserem Hotel, ein Gegenstand wurde in die Lobby geworfen. Ich saß dort und unterhielt mich mit Danielle, und wie sie und alle anderen in dem Raum warf ich mich zu Boden. Überall lagen die Kämpfer der PFLP General Command, hinter Schränken, unter Bänken und Sofas. Kein Laut war mehr zu hören. Atemlos warteten wir auf die Explosion der vermeintlichen Bombe. Aber nichts passierte. Irgendwann fasste sich einer der Milizionäre ein Herz, näherte sich der Tür und zog vorsichtig den dicken, dunkelroten Samtvorhang zur Seite: Da lag unser schwarzer Filmsack mit allen Filmen.

***

Einige Tage nach Weihnachten erhielt Uli einen Anruf von Mahmoud Labadi: Gemayels christliche Milizen drangen in das von der PLO kontrollierte Elendsviertel Karantina im Osten Beiruts ein und richteten unter den dort lebenden Kurden, Armeniern, Libanesen und Palästinensern ein entsetzliches Blutbad an. Apokalyptische Szenen spielten sich ab.

Im Lager boten sich dem Team Bilder des Grauens: Überall Feuer und beißender Rauch, dazwischen Tote, Sterbende, Schwerverletzte und immer wieder Schüsse. Die Angreifer waren im Blutrausch und nahmen Uli und das ARD-Team zunächst gar nicht wahr. Sie waren die ersten Journalisten vor Ort, Zeugen eines Massakers.

Überlebende versuchten verzweifelt, sich in Sicherheit zu bringen; Mike Condé drehte – bis seine Kamera zu einem alten Mann schwenkte, der an einem Baum lehnte. Eine Hand des Alten war abgeschossen, aus dem Stumpf spritzte das Blut. Mike ließ die Kamera sinken, starrte den Mann an, er konnte nicht mehr filmen. »Lasst uns verschwinden! Schnell weg hier!«, brüllte Uli. – »Wir müssen dem Mann helfen«, rief Mike. »Der verblutet!« – »Bist du wahnsinnig?«, schrie Uli. »Wir können hier nichts tun, wir sind keine Sanitäter! Wir haben nicht mal einen Verbandskasten dabei. Wir müssen so schnell wie möglich hier weg. Sonst sind wir auch tot.«

Inzwischen hatten die christlichen Milizionäre das Fernsehteam wahrgenommen. Sie warfen sich in Siegerpose und forderten Mike auf, sie zu filmen. Mit vorgehaltenen Maschinengewehren befahlen sie einigen der angstverstörten Palästinenser, die mit erhobenen Händen an einer Häuserwand standen, die Hymne der Phalangisten zu singen.

Mit Sektflaschen in der Hand feierten sie ihren Sieg, ein perverses Spektakel. Sie waren betrunken. Irgendwie gelang es dem Team dann, sich ins Auto zu drücken und zu verschwinden.

Eine Schreckensmeldung. Unglaubliche Bilder. Die drei aber standen unter Schock, vor allem Mike konnte die entsetzlichen Bilder nicht verkraften. Die ganze Nacht über saßen sie im Concorde und brüllten sich an. Uli sagte: »Wir sind nicht hierhergekommen, um zu helfen, wir sind hier, um zu berichten!« Mike brüllte: »Du bist ein Schwein!« Er konnte sich nicht beruhigen. »Du bist ein Schwein!« Stundenlang ging das so.

»Wir sind nicht vom Roten Kreuz geschickt worden! Wir sind hier, um zu berichten«, rief Uli. »Niemand kann sich mehr darauf berufen, es nicht gewusst zu haben!« Uli war in Rage. Ich zitterte. Roland Engele saß stumm und erschöpft in einem Sessel. Wir saßen zusammen im Aufenthaltsraum im ersten Stock, einem langen schmalen Raum mit einem Fenster zur Straße, und diskutierten wild über unsere Verantwortung. Über die Aufgaben der Presse. Über den Wahnsinn des Krieges. Über Voyeurismus. Über den Sinn unserer Arbeit. Über Gefahr. Über Angst. Ich konnte Mike Condé verstehen, aber auch meinen Mann.

Wir hatten begonnen, uns zu verändern. Um zu vergessen, um Ruhe zu finden, um schlafen zu können, floss am Abend der Alkohol in Strömen. Meistens in der Bar des Commodore, im Kreis der anderen Journalisten, denen es nicht anders ging als uns. Andere rauchten Haschisch, den berühmten »Roten Libanesen« aus der Bekaa-Ebene. Irgendwann griff Mike schon zum Frühstück zu Hochprozentigem. Und ich wurde zur Kettenraucherin. Drei Schachteln pro Tag waren es wenigstens.

* * *

Am nächsten Morgen kam Paul von Maltzahn, der Pressesprecher der Deutschen Botschaft, zu uns ins Hotel. »Ilse«,
sagte er, »die Schwester des Botschafters Rüdiger von Pachelbel lebt in Baabda. Sie ist dort seit Monaten eingeschlossen.
Es geht ihr gesundheitlich nicht gut. Morgen fliegt der Botschafter nach Deutschland zurück und er möchte seine
Schwester vorher unbedingt noch einmal sehen und sich
von ihr verabschieden. Es gibt aber nur eine einzige Möglichkeit, die Green Line zu überqueren – dafür brauchen wir
deine Hilfe.«

Ich ahnte, wie er auf diese verwegene Idee kam. Da ich
ständig mit meinem grünen Mini kreuz und quer durch Beirut fuhr, war ich mittlerweile stadtbekannt. Auf dem weißen
Dach stand unübersehbar »Sahafi Almani« – deutscher Journalist. Alle Gruppen wussten, wer ich war. Und wir hatten
gute Beziehungen zur PLO. Die wollte der Botschafter nun
nutzen – und tatsächlich erklärte sich die PLO bereit, mich
bis zur Green Line zu begleiten, um mich an die Christen
weiterzureichen. Da mir dieser Plan durchführbar erschien,
sagte ich: »Das mache ich.«

Der Botschafter setzte sich in meinen kleinen Mini und
wir fuhren hinter mehreren Jeeps der PLO mit weißer Flagge
zur Green Line. Dort übergab uns die PLO an die christliche
Seite. Der schmale Übergang für »spezielle Personen« war
plötzlich offen und ich konnte hindurchfahren. Auf der
christlichen Seite stand ein anderer Jeep mit weißer Flagge,
der bis Baabda vor uns herfuhr, wo der Botschafter einige
Stunden mit seiner Schwester verbrachte. Während ich auf
ihn wartete, wurde ich fürstlich verköstigt, danach fuhren
wir auf demselben Weg und unter denselben Sicherheits-
vorkehrungen nach Beirut zurück. Am nächsten Tag wurde

die Deutsche Botschaft komplett evakuiert, Botschafter Rüdiger von Pachelbel und auch der Pressesprecher Paul von Maltzahn verließen den Libanon. In Beirut blieben nur der stellvertretende Botschafter Michael Schmidt und seine Frau Annerose zurück. In den folgenden Wochen wurden wir Freunde.

* * *

Zwei Tage nach dem Massaker nahm die PLO Rache für die mehr als tausend Toten von Karantina. Ziel des Vergeltungsschlags war eine christliche Enklave knapp zwanzig Kilometer südlich von Beirut: Damur, Heimat der Familie Chamoun. Camille Chamoun war in den 1950er-Jahren Präsident des Libanon gewesen. Sein Clan mischte im libanesischen Bürgerkrieg kräftig mit. Damur, das direkt am Meer lag, war von den Palästinensern eingeschlossen. In Beirut machten Gerüchte von einem Massaker die Runde. Was spielte sich in Damur ab? Unter den eingekesselten Christen war auch der Ex-Präsident selbst. Würde Camille Chamoun, einer der bedeutendsten Protagonisten der libanesischen Politik, in die Hände der Palästinenser fallen?

Mitten in der Nacht entschloss sich Uli, über die Berge nach Damur zu fahren. Und während das Team das Equipment zum Auto brachte, saß ich im Büro und rauchte eine Zigarette nach der anderen. Mir war klar: Das würde ein Himmelfahrtskommando sein. Hatte Uli die Situation noch im Griff? Schätzte er das Risiko noch richtig ein? War es Sensationsgier, die Jagd nach dem ultimativen Scoop? Am liebsten wäre ich mitgefahren, denn nichts ist schlimmer als allein zu sein und zu warten, aber daran war nicht zu denken. Ich blieb im Hotel zurück und versuchte, ruhig zu bleiben.

Am Morgen berichtete das Radio von nichts anderem als von der bevorstehenden Katastrophe in Damur, Kommentatoren spekulierten, welche Konsequenzen die Kämpfe für den weiteren Verlauf des Krieges haben würden. Die Stunden vergingen, niemand wusste, was sich in dem kleinen Ort am Meer abspielte. Gegen vier Uhr am Nachmittag rief mich Carl Buchalla an, Ulis Kollege von der »Süddeutschen Zeitung«. Wie alle Journalisten hatte auch Carl seine Informanten, bekam regelmäßig Nachrichten gesteckt. »Ilse«, sagte er, »Damur ist von den Palästinensern eingekreist. Da kommt keiner mehr lebendig raus!«

Diese Schreckensmeldung versetzte mich in Panik. Ich hielt es nicht mehr im Hotelzimmer aus, ich konnte nicht mehr warten, ich lief hinaus auf die Hamra. Uli würde nicht wiederkommen — jetzt würde wahr werden, was ich immer befürchtet hatte. Ich war paralysiert, irgendwann saß ich erschöpft in einem kleinen Frisörladen. Gleichgültig sah ich zu, wie der Araber, zunächst noch zögerlich, meiner Bitte folgte und mir das Haar abschnitt. Meine langen schwarzen Haare fielen zu Boden — so kehrte ich schließlich ins Hotel zurück, legte mich aufs Bett und konnte nicht einmal mehr weinen.

Als es dunkel wurde, kehrte das Team zurück. Völlig erschöpft, aber unversehrt. Uli ging sofort ins Bett. Mike und Roland setzten sich zu mir in das schmale Arbeitszimmer. Und als sie bemerkten, wie ich aussah, brüllte Mike: »Wie siehst du denn aus? Wie kann man so blöd sein? Sich selbst so zu verunstalten!« Eine halbe Stunde lang prasselten die übelsten schwäbischen Schimpfwörter auf mich ein. Ich heulte Rotz und Wasser. Vor Glück. Verletzt, weil Mike mich so anbrüllte. Und doch wusste ich, dass es ihm nicht anders ging als mir. Wir hatten die Grenzen des Erträglichen erreicht. Wir waren am Ende unserer Kräfte.

Das Schlimmste
war die Stille

Jeden Morgen beim Aufwachen derselbe Gedanke: Das ist mein letzter Tag. Irgendwann war er für mich zur Gewissheit geworden. Mein Leben war eine merkwürdige Mischung aus Gleichgültigkeit und höchster Aufmerksamkeit.

Eines Nachts lag die Innenstadt unter schwerem Beschuss. Uli und das Team waren wieder irgendwo im Orient unterwegs, in Bagdad, Kairo oder Tripolis, und ich war allein im Concorde. Die Einschläge kamen näher. Ich wusste mir nicht anders zu helfen, als mich im Badezimmer einzuschließen, der einzige Raum, der keine Fenster hatte. Die Badewanne polsterte ich mit Kissen und Decken aus, darin verkroch ich mich. Ich hatte Angst. Innerlich unter Hochspannung, zum Warten verdammt, den Mörsergranaten, explodierenden Bomben, Maschinengewehrsalven hilflos ausgeliefert, verbrachte ich den Rest der Nacht. Das Schlimmste am Krieg war die Stille. Diese fürchterliche Stille, in der man auf den nächsten Einschlag wartet. Irgendwann schlief ich ein.

Merkwürdigerweise hatte ich während unserer Zeit im Libanon nicht einen einzigen Albtraum, der mit dem Bürgerkrieg zu tun gehabt hätte. Dagegen träumte ich regelmäßig von meiner kleinen Schwester, von Edith, um die ich mich als junges Mädchen gekümmert hatte, als meine Mutter so krank war. Wenn es ganz schlimm wurde, träumte ich von ihr, dass ihr etwas zugestoßen war, ich sie nicht mehr retten konnte.

Am nächsten Tag saß ich in meinem Arbeitszimmer im Concorde über der Buchführung. Es war ein heißer Nachmittag, das Fenster stand weit offen. Der Krieg legte eine Pause ein. Ich stand auf, schaute auf die Straße und beschloss, eine Zigarette zu rauchen. Ich durchquerte die Lobby und nickte den müden Straßenkämpfern zu, die dort wie immer herumsaßen. Alles war friedlich, auf dem kleinen Straßenmarkt an der Ecke kauften die Leute Obst und Gemüse. Sie feilschten, redeten miteinander und gingen mit ihren Einkäufen bepackt weiter.

Zwei Kinder kommen vom Markt auf das Concorde zu. Unter dem Balkon des gegenüberliegenden Hauses bleiben sie stehen. Plötzlich spüre ich, dass Gefahr droht, ich weiß nicht warum – instinktiv, ohne irgendeine bewusste Wahrnehmung. Ich renne auf die beiden Kinder zu, packe sie am Handgelenk, zerre sie dort weg. Ohne nachzudenken. Ohne dass die Kleinen wissen, wie ihnen geschieht, rennen wir um unser Leben. Als wir am Concorde ankommen, schlägt im Nachbarhaus eine Mörsergranate ein. Der Balkon, unter dem die Kinder gestanden hatten, bricht herab. Sie wären tot gewesen. Noch heute weiß ich nicht, was mich dazu angehalten hatte, so zu reagieren. Aber ich erinnere mich an das Glück, das ich damals empfunden habe.

Für das Team und mich wurde die Situation im Hotel Concorde immer gefährlicher. Die PFLP-Kämpfer, mit denen wir von morgens bis abends unfreiwillig zusammen waren, gerieten untereinander regelmäßig in Streit, und als Danielle mir einmal erzählte, dass einer von ihnen seine hochschwangere Frau geschlagen hatte, platzte mir der Kragen. Ich knöpfte mir den schwer bewaffneten Mann vor. Die Situation war völlig irrational und hochexplosiv. Ich schrie ihn an, auf Eng-

lisch und Arabisch, und machte ihm klar, wie unwürdig sein
Verhalten sei, dass der Stärkere nicht automatisch im Recht
sei. Mit aufgerissenen Augen saß er da. Und natürlich war mir
klar, dass ich ihn vor seinen Kollegen bloßstellte, doch das
war mir egal in diesem Moment, es musste einfach heraus –
und ich machte offensichtlich Eindruck auf ihn: Der Schläger
wehrte sich nicht, sondern wurde ganz kleinlaut. Als ich wieder nach oben ging, wurde mir bewusst, dass die Dinge an-
fingen, außer Kontrolle zu geraten. Die Nerven lagen blank.

Wir mussten weg, so schnell wie möglich. Unauffällig
bereiteten wir unseren Auszug vor. Wir verstauten Koffer
und Equipment im Mercedes, als würden wir zum Drehen
aufbrechen. Ich räumte die Buchhaltungsunterlagen im
Büro zusammen und holte unser Geld aus dem Hotelsafe,
unsere wichtigste Überlebensgarantie. Im Lauf des Tages
fuhr das Team davon, als sei es Routine, und nachts um halb
vier verließen auch Uli und ich heimlich das Concorde. Das
Geld hatte ich in eine Plastiktüte gestopft und mit dieser
kostbaren Fracht unterm Arm schlichen wir uns aus der Ein-
gangshalle und machten uns auf den Weg ins Hotel Bristol,
das auf der anderen Seite der Hamra in der Innenstadt lag,
nur etwa zehn Minuten vom Journalistenhotel, dem Commodore, entfernt. Es war gefährlich, sich nach Einbruch der
Dunkelheit auf den Straßen von Beirut zu bewegen. Wir
hatten Glück – in dieser Nacht blieb alles ruhig. Erleichtert
kamen wir im Bristol an.

$$* * *$$

Irgendwann wurde die Lage im Libanon völlig unberechen-
bar. Die letzten Botschaftsangehörigen und Mitarbeiter aus-
ländischer Firmen verließen das Land. Die Amerikaner stellten einen Flugzeugträger bereit, unter dessen Schutz die

Ausländer evakuiert wurden. Dann kam der Tag, an dem die Corniche so belebt war wie zu ihren besten Zeiten. Busse und Autos fuhren vor und brachten Leute aus allen Ecken des Landes zum Hafen. Auf Booten wurden sie zum Flugzeugträger gebracht. Ein riesiges Medienaufgebot begleitete den Exodus. Alle großen europäischen Sendeanstalten, die Amerikaner und viele arabische Journalisten waren da – und auch ich stand dort mit unserem Team und beobachtete mit einem mulmigen Gefühl in der Magengegend das Geschehen. Die letzten Europäer verließen das sinkende Schiff, das ließ nichts Gutes für die kommenden Wochen erwarten.

In der Ferne sah ich Uli, mit einem amerikanischen TV-Kollegen in ein offensichtlich kontroverses Gespräch verstrickt. Immer wieder schüttelte er den Kopf, gestikulierte, dann zuckte er mit den Schultern und beide kamen auf mich zu. »Wir haben ein Problem«, sagte Uli. »Unser Material und das der Kollegen sollte möglichst schnell auf dem Landweg nach Damaskus und von dort aus weiter nach Amman gebracht werden, wo der einzige erreichbare TV-Satellit steht. Nur so ist gewährleistet, dass die Sender die Berichte ausstrahlen können. Es ist aber heute kein Taxifahrer bereit, Leute mit Filmmaterial nach Damaskus zu fahren. Es ist zu viel passiert in letzter Zeit. Einer aber würde es riskieren – allerdings nur unter einer Bedingung: Er akzeptiert keinen Mann, sondern nur eine Frau als Begleitung. Das macht Sinn. Eine Frau hat bei Kontrollen die besten Chancen, unkontrolliert durchzukommen.« Nervös stand der amerikanische Kollege daneben: »Would you do it, Mrs. Kienzle?« Uli sagte: »Ilse, das ist lebensgefährlich. Du musst es nicht machen. Dann gibt's eben keine Berichte – das ist es nicht wert!«

Ich musste nicht lange überlegen: »Ich mache es. Ich mache es nicht für dich oder die Amis – ich mache es für mich. Ich will es machen!« Uli und auch die anderen Kollegen waren verdutzt, auch Mike sagte: »Ilse, überleg es dir nochmals in Ruhe!« Aber ich war entschlossen.

Der Taxifahrer brachte mich ins Bristol. Schnell zog ich mich um, packte einige Sachen zusammen. Dann fuhren wir weiter ins Commodore, wo mir die Journalisten das Material übergaben. Meine Mission hatte sich schnell herumgesprochen, da war ordentlich etwas zusammengekommen: Ein ganzer Stapel runder, etwa drei Zentimeter dicker Filmbüchsen aus Blech lag in einer großen Reisetasche im Kofferraum. Über die Kassetten stopfte ich eine dicke Schicht Unterwäsche; und damit an der syrischen Grenze auch wirklich niemand auf die Idee kommen sollte, darin herumzuwühlen, ritzte ich mir in den Arm und ließ das Blut auf die Wäsche tropfen. Vor dem Beifahrersitz unter meinen Füßen lag ein Zwiebelsack. Unter den Zwiebeln waren ebenfalls Filme gestapelt, daneben eine Stange Zigaretten. Das Material von ARD, ZDF und den Amerikanern hatte ich mir mit einem breiten Klebeband um den Bauch gebunden. Darüber trug ich ein langes, schwarz-weiß gestreiftes Kleid, A-Schnitt, der letzte Schrei aus Paris – oben eng und nach unten ausgestellt. Zum ersten Mal seit Monaten trug ich wieder ein Kleid. Ich sah aus, als ob ich schwanger wäre.

Dann fuhren wir los. Nicht über die Hauptstraße, die über die Green Line geführt hätte, sondern auf Schleichwegen durchs Drusengebiet. In den Vororten brannten einige Häuser. Die meiste Zeit waren wir allein unterwegs, eine gespenstische Stille, wie ich sie zur Genüge kannte. Angespannt saß der Taxifahrer hinter seinem Lenkrad. Er nahm die Hand nur vom Steuer, wenn er eine Zigarette zum offenen Fenster hinauswarf und sich eine neue anzündete. Jobs wie dieser waren top bezahlt, wenn alles gut ging, konnte er seine Familie über Wochen von den Einnahmen ernähren. Wo sonst sollte er noch Fahrten herbekommen, jetzt, wo die letzten Geschäftsleute das Land verlassen hatten und Touristen über Monate nicht zu erwarten waren? Wenn er sich nicht auch als Söldner einer der Milizen anschließen wollte, blieb ihm gar nichts anderes übrig. Dafür riskierte er diese Fahrt.

Alles ging gut. Endlich erreichten wir nach den langen Umwegen durch die Berge die Hauptroute, die Landesstraße Nr. 1, die durch die Bekaa-Ebene nach Damaskus führt. Am syrisch-libanesischen Grenzort Anjar stieg der Taxifahrer aus und verschwand mit unseren Papieren im Zollgebäude, um die Visa für uns ausstellen zu lassen. Ich blieb im Taxi, bemühte mich, gelangweilt und müde zu wirken und lächelte. Ein junger syrischer Soldat mit Kalaschnikow und Patronengurt umkreiste unaufhörlich den Wagen. Bald fing er an, auf Arabisch mit mir zu reden. Eigentlich konnte ich mich inzwischen ohne große Probleme in der neuen Sprache unterhalten, stammelte jetzt aber absichtlich unbeholfen. Ich sagte, dass ich Deutsche sei, aus Beirut geflohen. Ich erzählte vom Krieg und dass ich nach Damaskus wollte. So verging die Zeit, die mir endlos erschien, und von Minute zu Minute fiel es mir schwerer, entspannt zu wirken. Wahrscheinlich wunderte er sich, dass ich die Gelegenheit nicht nutzte, um auszusteigen und mir die Beine zu vertreten, aber beharrlich blieb ich mit meinem dicken Bauch und dem Zwiebelsack zwischen den Beinen schweißtriefend in dem engen Wagen sitzen. Allmählich bekam ich es mit der Angst zu tun – wo blieb der Taxifahrer?

Endlich tauchte er wieder auf, hielt unsere Papiere und die Visa in der Hand und setzte sich wieder hinter das Steuer. Der Soldat beugte sich plötzlich zu mir herab, zeigte auf den Zwiebelsack mit den Filmrollen zwischen meinen Füßen. »Machen Sie das nie wieder! Ruach!«, drohte er grinsend. Der Taxifahrer gab Vollgas und wir rasten los.

In Damaskus empfingen uns die amerikanischen Journalisten und die Leute von der Botschaft wie vereinbart im
besten Hotel der Stadt. Vor Freude, dass ich das Filmmaterial
brachte, warfen sie mich sogar in die Luft! Ein Fahrer stand
schon bereit, der das Material sofort nach Amman weiter-
transportierte, wo es entwickelt und überspielt werden konnte. Mir zu Ehren wurde ein fantastisches Fest arrangiert, es
wurde eine lange Nacht. Ich war unglaublich stolz. Am
nächsten Tag kehrte ich nach Beirut zurück. Die Grenze passierten wir auf dem Rückweg ohne längere Wartepause, der
Schleichweg über die Drusendörfer war ohne Probleme zu
befahren. Uli war erleichtert und froh, als ich wieder im
Bristol stand. Es gab Sekt, einer fing an zu singen und alle
lachten. Sonst war ich immer die, die warten musste. Zum
ersten Mal hatte Uli Angst um mich gehabt.

* * *

Wegen meiner kurzen Haare, meiner Größe und meiner
breiten Schultern wurde ich auf der Straße jetzt häufig für
einen Mann gehalten: »Hallo, Sir!«, begrüßte man mich.
»Good morning, Sir!« In den Augen vieler Libanesen konnte
nur ein Mann so aussehen wie ich. Röcke oder Kleider trug
ich schon lange nicht mehr, mit Ausnahme dieses einen
Mals – Jeans und T-Shirts sind praktischer im Krieg. Ich habe
das bedauert, aber es war nicht wichtig.

Dann kam Paula. Seit Jahren beschäftigte das ARD-Team
drei arabische Mitarbeiter: Hannah, der Fahrer, leistete als
Ortskundiger in einer Zeit, in der es noch keine Navigations-
systeme gab, unbezahlbare Dienste; Abi Ramiah war der
»Besorger«, wie ihn Uli immer nannte, er transportierte
Filmmaterial zum Flughafen, verrichtete Botengänge und
kleinere Recherchedienste; Guy Arab war Ulis Assistent, er

bereitete Dreharbeiten und Recherchereisen vor, kümmerte sich um Drehgenehmigungen und war als Dolmetscher bei Interviews für die sprachlichen Feinheiten zuständig. Uli hatte alle drei Mitarbeiter von Gerhard Konzelmann übernommen, erfahrene, schwer ersetzbare Ortskräfte, die uns wichtige Orientierungshilfen gaben im libanesischen Chaos. Schon bald nach Kriegsbeginn aber waren sie verschwunden – Abi Ramiah zuerst, dann Hannah, für den es immer gefährlicher wurde, sich mit uns in der Stadt zu bewegen. Zuletzt kam auch Guy Arab nicht mehr.

Seit Monaten war das Team auf sich selbst gestellt. Die Suche nach einem arabischen Mitarbeiter, der sich in allen politischen und religiösen Lagern ungefährdet bewegen konnte, war schwierig. Kein Wunder, dass ausgerechnet Alain Debos auf die clevere Idee kam: Es musste eine Frau sein. Als Ersatz für Ulis Assistenten Guy Arab brachte er eines Tages Paula mit ins Büro, eine temperamentvolle, vielleicht fünfundzwanzigjährige libanesische Christin, die uns alle gründlich aufmischte. Paula war im wahrsten Sinne des Wortes eine Erscheinung – leuchtend rote Haare, ein großer, ausladender Busen, den sie gern zur Schau stellte, und mit einer riesigen goldenen Kunststofftasche bewaffnet, ohne die sie keinen Schritt tat.

Mittlerweile war es Hochsommer geworden. In der Innenstadt herrschten unerträgliche vierzig Grad und als Paula in ihrem luftigen Kleid und den offenen Sandaletten mit den hohen Absätzen zum ersten Mal im Büro einschwebte, blieb nicht nur den Kollegen die Luft weg. Paula sprach fließend Englisch, Französisch und Arabisch. Sie war klug, eloquent, immer gut gelaunt und im Flirten machte ihr niemand etwas vor. Wenn sie von nun an allmorgendlich ins Büro kam, sich lasziv auf einen der Schreibtische setzte und dann, irgendwann, den Kopf an Ulis Schulter lehnte, tief seufzte und mit gekonntem Augenaufschlag hauchte: »Uli, I'm so tired«, verschlug es mir die Sprache. Es verging kein Morgen, an dem sie nicht müde war – und ihre Müdigkeit hatte keinen erkennbaren Zusammenhang mit dem Kriegsverlauf. Gleichzeitig war Paula völlig unerschrocken und sie pflegte zu unserer Verblüffung beste Kontakte – nicht nur zu Christen, sondern auch zu Moslems und Palästinensern. Uli war begeistert. Paula war also die neue Kontaktfrau des Teams.

Ich betrachtete diese Entwicklung nachdenklich und staunend. In dieser ungewöhnlichen Frau begann ich, mich selbst zu reflektieren. Ich weiß nicht, ob sich Paula jemals mit Fragen der Emanzipation, die in Europa jetzt die Diskussionen bestimmten, beschäftigt hat. Gut möglich, so eng vernetzt wie sie mit der europäischen Kultur war und gut informiert über die aktuellen Entwicklungen, vor allem in Frankreich. Wenn sie sich tatsächlich Gedanken machte über ihre Rolle als Frau, dann interpretierte sie diese deutlich anders als viele deutsche Frauenrechtlerinnen dieser Tage. Paula gab sich nicht den Hauch einer Mühe, es den Männern in irgendeiner Form gleichzutun. Sie war Frau, und sie war es mit jeder Faser ihres Wesens. Sie sah keinen Sinn darin, schöne Beine in Hosen zu verstecken, und Kommunikation war für sie kein rein rationaler Vorgang. Ich beobachtete sie mit Irritation; ihren Humor genoss ich, ihre Lebensfreude war ansteckend und um ihre Fähigkeiten, sich in dieser martialischen Machowelt zu behaupten, beneidete ich sie.

Und ein wenig Eifersucht war auch dabei. Durch Paula begann ich, mir Gedanken über meine Doppelrolle zu machen, die ich an Ulis Seite spielte. Tagsüber war ich längst ein Teammitglied, erledigte gewissenhaft meine Aufgaben, telefonierte, besorgte die Devisen für die Auslandsreisen, war akzeptiert. Ich war ein Kollege in einem Team von Männern. Dass der Kollege weiblich war, wurde längst nicht mehr beachtet. Und doch war ich Frau. Aber die Frau, die ich im Privaten war, verwandelte sich, sobald es um den Beruf ging, in die der Männerwelt angepasste Kollegin. Erst mit Paula begann ich, diese Doppelrolle zu realisieren und wurde mir bewusst, dass diese Trennung nicht zwanghaft sein musste. Das Selbstverständnis, mit dem Paula nicht in Rollen dachte, sondern Frau war, in jeder Situation ihres Lebens, beeindruckte mich.

* * *

Es war schwierig, Interviews mit den Hauptakteuren des palästinensischen Widerstands zu bekommen. Sie hatten Angst vor israelischen Spionen und Mordkommandos. Diese Angst war nicht unbegründet, denn immer wieder war es israelischen Spezialeinheiten gelungen, Palästinenserführer mitten in Beirut zu liquidieren. Paula schaffte es trotzdem, schnell einen Interviewtermin bei George Habash zu bekommen, einer der Schlüsselfiguren. In Palästina Ende der 1920er-Jahre geboren und aufgewachsen, hatte er an der Amerikanischen Universität Beirut Medizin studiert und danach in palästinensischen Flüchtlingslagern von Jordanien als Arzt gearbeitet. 1968 gründete er die PFLP, die Volksfront zur Befreiung Palästinas, eine linke Widerstandsgruppe, Mitglied in der von Jassir Arafat geführten Palästinensischen Befreiungsorganisation PLO. Habash setzte explizit auf Gewalt, auf sein Konto gingen etliche Flugzeugentführungen, er galt als einer der gefährlichsten Terroristen dieser Zeit, vom israelischen Mossad und von sämtlichen westlichen Geheimdiensten wurde er gejagt. Seine spektakulärste Tat war die Entführung dreier westlicher Linienmaschinen in die jordanische Wüste, wo er sie vor den Augen internationaler Medienvertreter in die Luft sprengen ließ. Eigentlich war es aussichtslos, an ihn heranzukommen.

Uli war nervös. Ein Interview mit Habash in einem westlichen TV-Sender war eine Sensation. In Begleitung mehrerer bewaffneter Palästinenser fuhren wir nach Sabra, kreuz und quer durch die schmalen, verwinkelten Gassen, bis wir völlig orientierungslos waren. Ohne Führer würden wir aus diesem Labyrinth nie wieder herausfinden. Dann hielt der Konvoi. Wir wurden in ein Gebäude geführt und fanden uns in einem lang gestreckten Raum wieder, dessen Türen von bewaffneten Palästinensern bewacht wurden, auch an den Fenstern standen Kämpfer. Entlang der Wände waren Stühle aufgereiht, von denen zwei schon besetzt waren: Ein junges Paar saß dort, eindeutig keine Araber. Der Mann war blond, die Frau trug ein geblümtes Sommerkleid und bei ihrem Anblick dachte ich: »Genau das ist zur Zeit in England Mode.« Beide wirkten erschrocken, als sie Uli offensichtlich erkannten, er begrüßte sie auf Deutsch und machte der Frau ein Kompliment wegen ihres Kleides. Sie wurde rot, bevor es aber zum Gespräch kommen konnte, wurden Uli und das Team zum Interview gerufen. Ich wartete im Vorzimmer, und die beiden verschwanden.

Einige Tage später wurde das Habash-Interview im »Weltspiegel« der ARD ausgestrahlt und machte die erwarteten Schlagzeilen. Am Abend nach der Sendung luden uns Michael und Annerose Schmidt zum Essen ein, noch immer war der stellvertretende deutsche Botschafter mit seiner Frau im Libanon. Die beiden lebten in einem Appartement im obersten Stock eines Traumhauses mit Blick aufs Meer. Selbstverständlich waren sie über Ulis Berichte bestens informiert und natürlich wussten sie von Ulis Gespräch mit Habash.

Michael Schmidt kam beim Abendessen sehr schnell auf die Zusammenarbeit zwischen der deutschen Terrorszene und den Palästinensern zu sprechen. »Sind Sie bei Habash Deutschen begegnet?«, lautete die direkte Frage. »Hatten Sie bei Ihren Recherchen Begegnungen mit deutschen Terroristen?«

Diese Begegnungen hatte es gegeben. Erst Tage zuvor hatte Uli in Schtaura, einer Kleinstadt in der Bekaa-Ebene, Jörg Lang getroffen, einen Kommilitonen aus Tübinger Zeiten. Schon lange war Langs Bild auf den Fahndungsplakaten der deutschen Polizei: Er galt als Waffenbeschaffer der RAF. Und auch über das Paar im Vorzimmer von George Habash hatten Uli und ich lange geredet, auch in ihnen glaubten wir zwei bekannte deutsche Gesichter erkannt zu haben, die auf den Fahndungslisten standen. Doch darüber sprachen wir nur untereinander. Mit offiziellen Stellen darüber zu sprechen, kam einem Todesurteil gleich.

Da Michael Schmidt bei Uli auf Granit biss, bat er mich nach dem Abendessen nach nebenan in sein Büro, um mit ihm dort das RAF-Fahndungsplakat anzusehen. Ich bräuchte nichts zu sagen, beschwor er mich, nur mit dem Kopf zu schütteln oder zu nicken. Aber ich weigerte mich. Aus gutem Grund: Erst wenige Wochen zuvor hatte uns der ehemalige »Stern«- und »Spiegel«-Journalist Karl Robert Pfeffer im Büro besucht. In Beirut arbeitete er als freier Korrespondent und recherchierte nicht nur über den Waffenhandel im Libanon, sondern auch über die Kontakte zwischen BKA und PLO. In Kollegenkreisen neigte er dazu, etwas allzu lässig von seinen Geschichten zu erzählen. Einige Tage nach unserem Gespräch war er tot. Erschossen von einem Palästinenserkommando. Die PFLP von George Habash, so die offiziellen Meldungen, hatte sich zu dem Mordanschlag bekannt. Habash schwieg.

* * *

Das Massaker von Tel al-Zaatar im August 1976 stellte alles in den Schatten, was ich bisher an Gräueltaten im Libanon erlebt hatte. Noch Jahrzehnte später verfolgten mich die Bilder. Tel al-Zaatar war damals eins der größten Palästinenserlager im Libanon, direkt an der Grenze zum Christenviertel Aschrafiyya. Über neunzig Tage lang riegelten christliche Milizen das Lager von der Außenwelt ab und nahmen es unter Dauerbeschuss. Die Palästinenserführung hatte schon vor Monaten unterirdische Versorgungswege in Tel al-Zaatar anlegen lassen, weil sie mit dem Schlimmsten gerechnet hatte. Wohnungen waren unter die Erde verlegt worden, sogar ein unterirdisches Hospital gab es dort. Immer wieder machten Berichte über die unmenschlichen Zustände in Tel al-Zaatar die Runde: Nicht nur die medizinische Versorgung war katastrophal, die Essensvorräte waren aufgebraucht, es gab kein Trinkwasser mehr und jeden Tag wurden unter den Frauen Wasserträgerinnen ausgelost, die am einzigen Brunnen, den es gab, die Kanister füllen mussten – ideale Ziele für die christlichen Scharfschützen. Nur selten kehrten alle Frauen lebend zurück.

Schließlich sorgte die tragische Geschichte eines Liebespaares für Bestürzung: Ein Mädchen war zum Wasserholen geschickt und von Scharfschützen erschossen worden. Daraufhin band sich ihr Verlobter einen Sprengstoffgürtel um, stieg auf den Thymianhügel, der dem Lager seinen idyllischen Namen gab, und jagte sich aus Verzweiflung in die Luft. In Beirut wurde das Drama um Tel al-Zaatar mit Entsetzen verfolgt. Es waren christliche Milizionäre, aber – was für Christen waren das? Uli hatte in den vorangegangenen Tagen immer wieder aus Randgebieten des Lagers berichtet. Einmal erlebte er, wie einige Christen auf einen einzelnen Palästinenser brutal einschlugen und ihn folterten. Der Anführer des Schlägertrupps kam Uli aus der Ferne bekannt vor; langsam ging er näher, bis er Toni erkannte: »Was machst du hier! Hört auf!« Da ging der Sohn des Armeearztes aus der Wohnung unter uns, der wohlerzogene junge Golfer und begabte Klavierspieler, mit seiner M17 im Anschlag auf Uli zu und brüllte: »Uli, halt den Mund! Ich bin besoffen von deinem Wein! Hau ab, sonst bist du dran!«

Ich war entsetzt, als Uli mir das erzählte. Ein Weltbild brach für mich zusammen. Dass Menschen, die sich als Elite der christlichen Gesellschaft und der europäischen Kultur verpflichtet fühlten, zu solchen Bestien werden konnten! Mir war das völlig unbegreiflich – bei allem Verständnis für ihre Angst und die Bedrohung, in der sie sich sahen.

Nur wenige Tage nach dieser Begegnung bekam Uli im Hotel sehr früh morgens einen Anruf von Mahmoud Labadi: »Die Christen stürmen Tel al-Zaatar!« Uli und das Team fuhren sofort los. Gemeinsam mit einem amerikanischen Kollegen von der »Los Angeles Times« waren sie die einzigen Journalisten vor Ort. Sie sahen, wie schwer bewaffnete Phalangisten mit Maschinengewehren in die Behausungen der Palästinenser feuerten. Wahllos schossen sie auf alles, was sich bewegte – Babys, Kinder, Frauen, alte Menschen. Überall Blut. Verletzte versuchten zu fliehen, schreiende, röchelnde Menschen. Mit Schaufelladern schoben die Mörder die Leichen zusammen und verfrachteten sie auf bereitstehende Lastwagen.

Irgendwann wurden die Mörder auf das TV-Team aufmerksam und anders als noch vor einigen Monaten in Karantina setzten sie jetzt alles daran, das ARD-Fernsehteam so schnell wie möglich loszuwerden. Mit unmissverständlichen Drohungen zwangen die Phalangisten das Team, zum Ausgang des Lagers zurückzukehren. Dort bot sich ihnen ein grauenvoller Anblick: Auf dem schmalen Weg, der aus Tel al-Zaatar hinausführte, lagen ermordete junge Palästinenser in der gleißenden Sonne – Seite an Seite, säuberlich aufgereiht wie Jagdtrophäen. Mit Maschinenpistolen im Anschlag zwangen die Mörder das Team in den Mercedes und forderten sie auf, weiterzufahren. Aber die einzige Straße, die aus dem Lager führte, war bedeckt von den Toten. »We can't drive!«, schrie Uli verzweifelt. Doch der Anführer hielt ihm nur zynisch seine Waffe vors Gesicht: »You drive. Or we shoot.« Ohne Alternative, in Todesangst, in völliger Verzweiflung, gab der Fahrer Gas und der Mercedes rollte über die leblosen Körper. Aschfahl im Gesicht kamen die drei kurze Zeit später bei mir an.

Am nächsten Tag herrschte in Beirut Totenstille. Kein Mensch ging auf die Straße. Nichts bewegte sich. Die Stadt lag in Schockstarre. Tel al-Zaatar war zum Symbol des palästinensischen Widerstands geworden. Uli hielt es nicht im Hotel. »Weißt du was«, sagte er plötzlich. »Wir waren jetzt über ein halbes Jahr nicht mehr in unserer Wohnung. Lass es uns heute versuchen! Es ist so ruhig. Heute könnte es gelingen, über die Green Line hoch nach Hazmieh zu kommen.«

Es war wieder einmal Waffenstillstand. Wir setzten uns in den Mini und fuhren los. Niemand war unterwegs, wir kamen unbehelligt durch alle kritischen Stellen. An der Strecke hinauf nach Hazmieh lag ein Fluss, lauter weiße Kugeln schwammen auf dem Wasser. »Uli,« rief ich, »lauter weiße Luftballons!« Als wir den Fluss erreichten, hielten wir an und sahen Dutzende Tote, die Bäuche in der Hitze aufgequollen.

Ich weiß nicht mehr, wie wir an jenem Tag zu unserer Wohnung in Hazmieh gekommen sind. Als ich an der Tür stand, läutete ich verwirrt an unserer eigenen Wohnungstür. Ich war nicht einmal erstaunt, als die Tür geöffnet wurde und vor uns eine Gruppe von Frauen mit Kopftüchern und vielen kleinen Kindern stand – Flüchtlinge. Als sie uns sahen, fingen sie an zu heulen, es war ihnen klar, dass sie den rechtmäßigen Besitzern der Wohnung gegenüberstanden; und auch sie hatten wohl Angst. Sie zogen uns in die eigene Wohnung, schoben mich auf unser Sofa und ich sah zu, wie

eine der Frauen unseren wunderschön bemalten Lieblings-
schrank, den ich an der Hamra gekauft hatte, öffnete, unsere
Kaffeetassen herausnahm und uns arabischen Kaffee anbot.
Wir blieben nicht lange. Von unseren Hausnachbarn trafen
wir niemanden.

Zurück im Hotel schrieb ich die entsetzlichen Erlebnisse
der letzten Tage auf, in einem Brief an meine Eltern. Als ich
viele Jahre später ihren Nachlass durchsah, war dies der einzige Brief, den sie aufgehoben hatten. Was meine Eltern damals für Sorgen ausgestanden haben müssen, wurde mir erst
viel später klar.

*** *

Wir fragten uns, wie lange wir noch im Libanon bleiben
konnten. Der Flughafen war geschlossen, der Hafen zerstört,
und auch über den Landweg über Damaskus nach Amman
konnte das Filmmaterial nur bei Waffenstillstand transpor-
tiert werden. Darüber dachte auch Carl Buchalla nach; Uli
und er diskutierten jetzt oft darüber, wie es weitergehen
könnte – ein Korrespondentenplatz Beirut, von dem aus
über den ganzen Nahen Osten berichtet werden sollte,
machte keinen Sinn mehr. Hier war man isoliert. Da unsere
Situation immer prekärer wurde, beschlossen wir, zunächst
unsere Möbel zu retten und sie nach Deutschland zu schaffen. Alain Debos hatte auch hierfür eine gute Adresse: Er
wusste, dass die französische Botschaft eine bewaffnete
Spezialtruppe engagiert hatte. Die waren in der Lage, das Ei-
gentum von Franzosen und anderen Europäern aus besetzten
Wohnungen zu retten. Und wie schon bei unserem Einzug
war Uli auch beim Auszug aus unserer Wohnung irgendwo in den Weiten des Orients unterwegs. Ich war allein im
Bristol, als es nach einer unruhigen Nacht mit ständigem

Gewehrfeuer morgens um vier Uhr plötzlich lautstark an meiner Zimmertür klopfte: Die Franzosen waren da. »Packen Sie Ihre Tasche und Ihre Ausweise ein. Wir fahren in die Berge und holen Ihre Möbel.«

Vor dem Bristol wartete ein langer Lkw mit Anhänger. Ich kletterte zu den Männern ins Führerhaus und preschte mit ihnen durch das brennende, inzwischen teilweise von den Syrern eingenommene Beirut. Auf Schleichwegen wollten sie bis nach Hazmieh vordringen. Ob sie keine Angst hätten, fragte ich sie, und wie sie da durchkommen wollten. Doch sie lachten nur und zeigten mir ihre Waffen. »Wir sind auf alles vorbereitet. Wir haben die Erlaubnis von den Botschaften aus Europa. Wir haben Ausweise von jeder Kampfgruppe. Es wird keine Probleme geben.« So wie das Umzugspersonal auftrat, schien es direkt aus der Fremdenlegion zu kommen. Die Möbelpacker sahen zum Fürchten aus – und das beruhigte mich. Ich hatte das Gefühl: Die konnten sich durchsetzen. So begann im Morgengrauen eine abenteuerliche Fahrt durch ein heiß umkämpftes Kriegsgebiet.

Als wir in Hazmieh ankamen, war dort alles ruhig. Ich schloss unsere Wohnungstür auf, drinnen auch jetzt nur Frauen und Kinder. Völlig überrascht von unserem frühmorgendlichen Besuch fingen sie sofort an zu jammern. Schnell holte ich das Geschirr aus dem bemalten arabischen Schrank, den die Möbelpacker mithilfe einer Seilwinde hinunterließen, wo ihn zwei muskelbepackte Kollegen auf die Ladefläche des Lkw hievten. Dann kam das Sofa dran, die Ledersessel und zwei arabische, mit Perlmutt eingelegte Schränkchen, die wir in Syrien auf dem Souk gekauft hatten. Dann ein weit über hundert Jahre altes Set aus drei arabischen Kaffeekannen, eine Rarität. Während ich mich auf die Dinge, die mir am Herzen lagen, konzentrierte, vergaß ich in der Hektik die viel wichtigeren Mappen mit unseren Papieren und unsere Fotos. Wir haben bis heute kein Familienbuch mehr. Keine Geburtsurkunden, keine Hochzeitsurkunde, keine Hochzeitsfotos, alles haben wir in unserer Wohnung zurückgelassen – auch den Traum von Balkon, von dem man einen herrlichen Blick hatte über die Stadt bis hinunter zum Flughafen.

Als die Franzosen gerade dabei waren, einen unserer großen schweren Ledersessel auf die Ladefläche des Lkw abzuseilen, fielen plötzlich Schüsse. Vor Schreck ließen sie den Sessel fallen – später in Deutschland stellten wir fest, dass er stark eingedellt und das Gestell gebrochen war. »Wir müssen weg!«, brüllten sie, die Nacht-und-Nebel-Aktion hatte für sie schon zu lange gedauert. Auf dem gleichen Weg, wie wir gekommen waren, brachten sie mich ins Hotel zurück und transportierten die Möbel anschließend über den Landweg, über Syrien und die Türkei, nach Deutschland. Schließlich landeten die Möbel in der Nähe von Stuttgart in einem Lagerraum.

Obwohl wir nicht alles retten konnten, war ich keinen Moment traurig über den Verlust. Es war einfach nicht wichtig, ich brauchte die Sachen nicht zum Überleben. Erst Jahre später, als wir unsere Wohnung in Bremen einrichteten, dachte ich wieder an die vielen Fotos und an unsere wunderschönen Rosenholzmöbel, die wir in Beirut hatten zurücklassen müssen. Doch damals, im Hotel Bristol in Beirut, war ich nur froh, diese abenteuerliche Aktion heil überstanden zu haben.

* * *

Kaum zurück in der Stadt bekam Uli von Paula einen hochbrisanten Tipp, der das Ende unserer Zeit in Beirut einläuten sollte. Ein Informant behauptete, dass die Israelis Vorbereitungen träfen, um im Südlibanon eine Sicherheitszone einzurichten, einen Puffer gegen die zunehmenden Angriffe der PLO. Dazu rüstete Israel, so der Informant, eine libanesische Miliz auf. Sollte Israel tatsächlich im Begriff sein, einen Teil des Libanon unter seinen Einfluss zu bekommen, war das politischer Zündstoff. Die Konsequenzen wären nicht absehbar. Gerüchte machten schon länger die Runde, doch nun wurde Uli der Ort detailliert beschrieben, wo die Waffen der Israelis über die libanesische Grenze kamen – nun musste nur noch die Echtheit der Information überprüft werden. Das ging aber nur, indem er an die knapp hundert Kilometer entfernte libanesisch-israelische Grenze im Südlibanon fuhr. Wieder also machten sich Mike Condé, Roland Engele und Uli auf zu einer Fahrt ins Ungewisse.

Das letzte Stück der bergigen Grenzregion war nur mit Eseln zu bewältigen, auf abenteuerlichen Wegen schaukelte das TV-Equipment möglichst nah an den Ort heran, der von dem Informanten beschrieben worden war. Und tatsächlich: Die Information stimmte. Hinter Büschen versteckt drehte Mike Condé, wie Kisten von israelischen Soldaten über den Grenzzaun geschafft und auf libanesischer Seite von christlichen Milizionären entgegengenommen wurden. Doch dann passierte, was passieren musste: Die Wachen der Israelis wurden auf das TV-Team aufmerksam und eine längere Diskussion begann mit Major Haddad, dem christlichen Milizenchef. Mike sollte sein ganzes Material herausgeben. Das schwäbische Schlitzohr aber trickste Haddad aus, indem er belichtetes und unbelichtetes Material in seinem Dunkelsack vertauschte: Der Major bekam nur wertlose Filme. Das Team schaffte es, unbeschadet abzuziehen; Uli schrieb seinen Text, nahm ihn auf, drehte seinen Aufsager, und auf schnellstem Weg fuhren sie mit dem Material nach Amman.

Ein Scoop! Jetzt war es bewiesen: Israel arbeitete mit christlichen Milizen zusammen. Die Story im »Weltspiegel«

erregte politisches Aufsehen. Der Fernsehdirektor des SDR meldete sich über Telex: »Deine Informationen können nicht stimmen! Der israelische Botschafter behauptet, das sei alles gelogen!« Der Intendant und der Fernsehdirektor standen unter Druck. Konnten sie ihrem Korrespondenten vertrauen – oder hatten die Israelis recht? Aber wieder blieb Uli hartnäckig: Er bestand darauf, das seine Informationen stimmten. Er hatte schließlich das Team als Augenzeugen. »Wenn das nicht stimmt, bist du nicht mehr haltbar«, war die knappe Antwort aus Stuttgart.

Noch am Abend, als der Beitrag in Deutschland gesendet wurde, stand Carl Buchalla bei uns im Hotel. »Ich habe gerade israelisches Radio gehört. Dort läuft stündlich die Meldung, dass Uli die Aktionen der Israelis aufgedeckt hat. Auch sein Name wird immer genannt.« Auch für die israelischen Medien war das natürlich eine Top-Story. »Ihr müsst für einige Zeit aus dem Libanon raus. Ihr seid hier nicht mehr sicher!«

Schnell war auch Uli davon überzeugt, dass wir jetzt ein Ziel für einen Racheakt christlicher Milizen waren. Unsere Lage war so brenzlig wie noch nie, mich beherrschte nur noch ein Gedanke: ganz schnell weg von hier! Wieder einmal holte ich unser Geld aus dem Safe, packte die wichtigsten Bürounterlagen zusammen und was wir an Kleidung unbedingt brauchten. Wenige Minuten später flüchtete das komplette Team im Dienst-Mercedes quer über das Libanongebirge und die Bekaa-Ebene nach Amman und später von dort mit dem Flugzeug weiter nach Kairo.

Beim Pharao und seinen »fetten Katzen«

Der Ankunftsterminal am Kairoer Flughafen glich einem Termitenhaufen. Auf den ersten Blick war es das typische orientalische Chaos. Verzweifelte Fluggäste suchten ihre Koffer, umherirrende Touristen, Geschrei – ein wildes Durcheinander. Ich bekam einen ersten Eindruck, wie Ägypten funktioniert: Clevere Kofferträger hatten die Gepäckstücke von den Bändern geschnappt und »in Sicherheit« gebracht. Vor der Zollkontrolle standen sie jetzt aufgereiht und gaben den erleichterten Reisenden die Koffer gegen Bakschisch wieder heraus. Wartende, Suchende, Ankommende, Taxifahrer, Stadtführer, Schuhputzer – gern wäre ich eine Zeit lang nur dagestanden und hätte beobachtet, das aber war unmöglich: Ständig wurde ich angesprochen oder um Bakschisch gebeten. Ruhe, das wurde mir schnell klar, gab es hier nicht.

Kairo war eins der gefragtesten Reiseziele der 70er-Jahre. Das hatte die Stadt Anwar as-Sadat zu verdanken, damals Ägyptens Präsident und Liebling der westlichen Medien. In Deutschland wurde ihm sogar der Bambi verliehen. Wie einst den Schah von Persien verehrten ihn die bunten Blätter, Sadat war der »Lieblingsaraber« der Deutschen. Wie kein anderer arabischer Herrscher verkörperte er den Mythos und den Stolz des Orients. Für die Ägypter aber war Sadat nur ein neuer »Pharao«.

Sein Vorgänger, Gamal Abdel Nasser, war dagegen ein Mann des Volkes, ihn hatten sie geliebt. Am Ende seiner Regierungszeit aber hatte Nasser mehrere militärische Niederlagen gegen das kleine Israel zu verantworten und eine Wirtschaft, die am Boden lag. Ägypten war faktisch pleite.

Nasser hatte mit der Sowjetunion paktiert, Sadat setzte seine Hoffnung auf den Westen. Ein Kurswechsel. Er lockerte die Reisebestimmungen und versprach eine Art Pressefreiheit. In Scharen strömten die Touristen jetzt ins Land, besuchten die Pyramiden von Gizeh, fuhren über den Nil und bestaunten das Ägyptische Museum. Und dass er auch noch Friedensverhandlungen mit Israel begonnen hatte, brachte ihm regelmäßig Schlagzeilen. Neben dem Libanonkrieg war Ägypten das Hauptthema der internationalen Presse. Uli war in den vergangenen Jahren regelmäßig hier gewesen und hatte über die Entwicklungen im Land berichtet. Er kannte sich aus und amüsierte sich über mein Erstaunen, als ich jetzt zum ersten Mal in meinem Leben in Kairo stand. Kaum hatten wir das Flughafengebäude verlassen, steigerte sich das noch: Kairos Straßenverkehr stellte alles in den Schatten, was ich bisher erlebt hatte – selbst den libanesischen Verkehr. Niemand hielt sich hier an Regeln, ein Durcheinander von klapprigen Autos, Eselskarren und Fahrrädern. Pure Anarchie.

In Deutschland hatte ich den Führerschein gemacht, in Beirut hatte ich fahren gelernt; hier war ich froh, nicht selbst am Steuer sitzen zu müssen. Mit Höchstgeschwindigkeit war ich im Libanon durch die Gefahrenzonen gerast, hatte gelernt, anstatt zu blinken, die linke Augenbraue hochzuziehen – und zwar nur die linke. Im Beiruter Straßenverkehr bedeutete dieses Zeichen: Pass auf, ich fahre jetzt! Ein untrügliches Signal, jeder wusste Bescheid. Zum Schluss hatte ich diese subtile arabische Geste perfekt beherrscht. Dazu kamen die Handzeichen durchs offene Fenster und die Hupe, das wichtigste Zubehör eines libanesischen Autos, weit wichtiger als Blinker oder eine funktionierende Beleuchtung. In Kairo sorgten die Hupen im Zusammenspiel mit den elektrisch verstärkten Rufen der Muezzins, die aus über tausend Minaretten drangen, für einen ohrenbetäubenden Lärm. Die lauteste Stadt der Welt!

Allen Widrigkeiten zum Trotz erreichten wir unbeschadet unser neues Domizil: das Nile Hilton. Endlich waren wir angekommen in der ägyptischen Hauptstadt und das Team war wieder komplett: Mike, Roland und Alain. Für die Buchhaltung war nach wie vor ich zuständig; Paula dagegen hatte es trotz des Krieges vorgezogen, im Libanon zu bleiben. Auf wundersame Weise aber war Guy Arab, das ausgebuffte Schlitzohr, Ulis libanesischer Assistent, wieder aufgetaucht. Unsere Zimmer befanden sich in einem der oberen Stockwerke, großzügige Räume mit riesigen Fenstern und, was ich besonders genoss: mit einem fantastischen Ausblick auf den Nil.

$$* * *$$

Wir hatten endgültig Abschied von Beirut und dem Libanon genommen, Uli hatte deshalb beschlossen, das ARD-Büro nach Kairo zu verlegen. Meinen Mini hatten wir an einen Haschischhändler aus der Bekaa-Ebene verkauft, und selbst der von Einschüssen schwer ramponierte Dienst-Mercedes fand auf wundersame Weise einen Käufer.

Meine Abrechnungen für die Stuttgarter SDR-Bürokratie enthielten jetzt keine Kriegserlebnisse mehr, sondern nur noch in mühevoller Kleinarbeit zusammengestellte Zahlenkolonnen. Wir alle waren erleichtert, endlich nachts schlafen zu können, ohne von irgendwelchen Mörsereinschlägen geweckt zu werden. Wir konnten wieder auf die Straße gehen, ohne auf Heckenschützen achten zu müssen – und mussten nur aufpassen, nicht überfahren zu werden.

Es dauerte nicht lange, da hatte Uli am Ufer des Nil Räume für das neue Büro gefunden, ganz in der Nähe des Informationsministeriums und des ägyptischen Fernsehens. Wir richteten es ein, ich zog mit meinem Arbeitsplatz und der Buchhaltung um – und nutzte jede freie Minute, wenn das Team zu Dreharbeiten unterwegs war, um das Land der Pharaonen kennenzulernen. Kairo war ein Spektakel. Im riesigen Souk, Khan al Khalili, ging es geschäftiger, umtriebiger zu als in Beirut oder Damaskus. Das Ägyptische Museum lag in Fußnähe des Hotels, unweit des Tahrir, gleich am Nilufer. Seine Schätze kannte ich teilweise aus Büchern; leibhaftig vor den Zeugnissen längst vergangener Zeiten zu stehen, war faszinierend. Ganz anders als in den wohlgeordneten europäischen Museen herrschte hier ein beeindruckendes Durcheinander, keinerlei Struktur, weder in chronologischer noch didaktischer Hinsicht. Viele Exponate lagen einfach auf dem Boden herum, nur die Schätze Tutanchamuns und die Mumien der Pharaonen wurden in Glaskästen präsentiert. Oft ging ich dort von einem Ausstellungsstück zum nächsten und kam aus dem Staunen nicht heraus.

Wenn Uli in der Stadt war und er es einrichten konnte, reisten wir auch durch das Land. Ein Tagestrip führte uns zum Beispiel in die südwestlich von Kairo gelegene Oase Fayyum, den Gemüsegarten Kairos, gerade einmal eine Stunde mit dem Auto von der Nilmetropole entfernt. Wie aus dem Nichts tauchte vor uns, direkt aus der Wüste, plötzlich dunkelgrünes Land auf – keine trügerische Fata Morgana, sondern echte Palmen, so weit das Auge reichte.

An anderen Tagen fuhren wir ins Niltal mit seinen unzähligen Dörfern und Feldern, saßen am Ufer und schauten auf die weißen Seidenreiher mit ihren schmalen Köpfen und den langen, spitzen Schnäbeln und auf die Daus, deren große Segel sich im Wind blähten. In Alexandria, der zweitgrößten

Stadt des Landes, aßen wir in einem Restaurant am Meer die besten Shrimps meines Lebens.

* * *

Oft war ich allein im Büro. Wenn ich eine Pause machen wollte, ging ich in die Kaffeebar oder das belgische Bistro im Nile Hilton. Dort begegnete ich fast täglich einem Bekannten aus Beirut, denn nach und nach trafen immer mehr von Ulis Kollegen in der ägyptischen Metropole ein. Beirut hatte seine Bedeutung als Medienstandort im Nahen Osten verloren, Kairo war jetzt das Drehkreuz im Orient und das Nile Hilton seine Kontaktbörse. Hier wurden Geschäfte abgewickelt und Informationen ausgetauscht, Ehen vereinbart und Morde in Auftrag gegeben. Im berühmten Coffeeshop trafen sich Geschäftsleute, Diplomaten und Journalisten aus aller Welt. Anzugträger aus dem Westen, Scheichs aus den Golfstaaten und ihre stolzen, mit teurem Goldschmuck behängten Ehefrauen in reich bestickten Jalabiyas.

Die pompösen Festsäle des Nile Hilton waren Legende und auf Monate ausgebucht. Hier feierten die »fetten Katzen« Partys, die an Prunk und zur Schau gestelltem Reichtum nicht zu überbieten waren. Bei Hochzeiten versammelten sich, eine Stunde vor Auftauchen des Brautpaares, gemietete Jubelweiber vor dem Festsaal, bei großen Hochzeiten bis zu fünfzig. Wenn die frisch Vermählten eintrafen, stießen sie helle, durch Mark und Bein gehende Trillerschreie aus. Unter diesen schrillen Klängen und dem Jubel der geladenen Gäste regneten Blumen und kleine vergoldete Münzen auf die Feiernden herab. Als ich einige davon auffing, bemerkte ich, wie hauchdünn und leicht sie waren. Jahrelang trug ich sie bei mir, bis sie irgendwann bei einem unserer vielen Umzüge verschwanden.

Diese protzigen Feste waren erst durch den neuen »Pharao« möglich geworden. Um die marode Wirtschaft zu sanieren, hatte Sadat mehr als sechstausend staatliche Firmen privatisiert, oder besser: Unternehmern geschenkt, die er für seine Politik gewinnen wollte. Und die hatten weniger das Gemeinwohl im Auge als mehr das eigene Konto. So driftete die ägyptische Gesellschaft auf dramatische Weise immer weiter auseinander – auf der einen Seite lebten die »fetten Katzen«, wie die Ägypter die steinreichen Oligarchen nannten; sie besetzten die Schlüsselstellen in der ägyptischen Wirtschaft und waren die Gewinner von Sadats neuer Politik.

Auf der anderen Seite traf man an jeder Ecke auf Bettler, die einen anstießen und einem geduldig folgten, immer in der Hoffnung, irgendwann doch ein Bakschisch zu ergattern. Die meisten Menschen mussten mit einem Dollar pro Tag auskommen und selbst unter den Millionen von Armen der Stadt gab es Unterschiede: Wer es sich leisten konnte, wohnte auf dem Friedhof, in uralten Gräbern, in ehrwürdigen, aus Stein gemauerten Mausoleen aus der Mameluckenzeit, die sich am Ostrand der Stadt befanden. Es war gar nicht so einfach, dort an ein Grab zu kommen, es gab Wartelisten und Wächter, die jeden Monat die Miete kassierten und sorgsam darüber wachten, dass die Hausordnung im Reich der Untoten eingehalten wurde. Während die »fetten Katzen« zynisch ihre Extravaganzen pflegten, wurde die Zahl derer, die nicht wussten, wie sie über den nächsten Tag kommen sollten, immer größer. Zudem bedrohte eine Inflationsrate von fünfundzwanzig Prozent und mehr das knappe Einkommen der kleinen Leute, und als Sadat auch noch der Forderung des Weltwirtschaftsfonds nachkam, die Subventionen für sämtliche Grundnahrungsmittel zu streichen, war das Fass für die Ägypter voll. Die Verzweiflung der Massen näherte sich einem Punkt, an dem es kein Zurück mehr gab.

* * *

In einer Nacht im Januar fegte ein Sturm über die Stadt. Uli und ich lagen im Bett, die Fenster klapperten im Wind – und wir vor Kälte: Das Nile Hilton verfügte weder über eine Heizung noch über dicke Decken. Ich kann mich nicht erinnern, jemals so gefroren zu haben wie im Nile Hilton von Kairo. In jenen Wintertagen erreichten die Tagestemperaturen gerade einmal siebzehn Grad und fielen in der Nacht auf knapp über null. Vom Nil her kroch feuchtklamme Luft durch die Straßen, die einem bis in die Knochen drang. Als wir morgens mit triefenden Nasen aufwachten, trauten wir kaum unseren Augen: Das ganze Zimmer war mit goldgelbem Sand aus der Sahara überzogen, überall schimmerten und knirschten die feinen Körner. Der Sand war durch die geschlossenen Fenster im Nile Hilton gedrungen, durch alle Ritzen.

In völligem Kontrast zum Wetter hatte die Stimmung in der Stadt in diesen Tagen den Siedepunkt erreicht. Auf dem Tahrir-Platz, nur wenige Minuten vom Nile Hilton entfernt, kam es am 17. Januar 1977 zum Showdown zwischen aufgebrachten Ägyptern und den Machthabern. Immer mehr Menschen strömten zusammen, von allen Seiten drängten Demonstranten in Richtung Tahrir und skandierten ihre Parolen. Viele hatten ihre Arbeit niedergelegt. Mit Bussen wurden sie aus umliegenden Stadtteilen herangekarrt, irgendwann waren es Zehntausende. Schon am Vormittag hatte Uli einen Bericht über die angespannte Lage gedreht und nach Deutschland geschickt, jetzt gingen wir gemeinsam durch die Stadt und verfolgten neugierig das Geschehen.

Im Strom der Demonstrierenden schwammen wir mit und als wir am Tahrir ankamen, bemerkten wir zu spät, dass wir unaufhaltsam von den Massen, die aus den Seitenstraßen hereinströmten, in die Mitte des Platzes geschoben wurden. Wir waren eingeschlossen, es war unmöglich, sich aus der Menschenmenge zu befreien. Inzwischen war es Nacht geworden. Die berittene Polizei versuchte, die Demonstranten auseinanderzutreiben. Mit Tränengas und Peitschen. Ohne Erfolg. Die Menge jubelte, als die Polizisten irgendwann abzogen. Kurze Zeit später war das Rasseln von Panzerketten zu hören. Wir sahen die stählernen Kolosse auf den Platz rollen. Panik brach aus. Von einem Moment zum anderen wurde aus den Anti-Sadat-Parolen panisches Geschrei, Demonstranten versuchten verzweifelt wegzurennen, stießen andere zu Boden und trampelten über die auf dem Boden Liegenden hinweg. Die Luft war von Tränengas geschwängert, die Augen brannten. Ich hatte Todesangst.

Am Ende forderte die Massenpanik sechzig Tote und über sechshundert Verletzte. Wenn ich daran denke, höre ich die panischen Schreie, spüre das Tränengas, sehe die brennenden Autos, die verbogenen Laternenmasten und die stählernen Panzer, die sich von allen Seiten der eingekesselten Menschenmenge näherten. Und bis heute weiß ich nicht, wie wir es geschafft haben, diesem Hexenkessel zu entkommen. Vor dem Krieg waren wir geflüchtet, nun saßen wir wieder in einem Hotelzimmer fest und vor unseren Fenstern fuhren Panzer auf, Sirenen brüllten, es wurde geschossen.

Noch am darauffolgenden Tag, als ich im Zimmer saß, schmerzten meine Augen. Mittlerweile hatte die Regierung das Kriegsrecht ausgerufen. Trotz Drehverbot aber war Uli mit dem Team in die Stadt gegangen, um vom Tahrir-Platz zu berichten. Als sie lange ausblieben und Guy Arab mich

irgendwann aufgeregt anrief, war ich nicht wirklich überrascht: »Sie wurden gerade verhaftet!«, sagte er. »Es kann
länger dauern, bis sie wieder freikommen.« Trotz dieser Hiobsbotschaft behielt ich die Nerven, denn anders als in Beirut fürchtete ich in Kairo nicht um ihr Leben. Ich konnte mir
nicht vorstellen, dass das Regime es wagen würde, ein deutsches Fernsehteam lange festzuhalten. Ich wartete im Hotel.
Und tatsächlich: Nach ein paar Stunden tauchten sie vollzählig auf und wir begossen die glückliche Rückkehr im belgischen Bistro des Nile Hilton mit ägyptischem Stella-Bier.

Schon nach wenigen Tagen herrschte wieder Ruhe im
Land – die Armee hatte brutal durchgegriffen. Tausende
Verdächtige wurden festgenommen, die erhöhten Lebensmittelpreise wurden zurückgenommen. Die Brotunruhen,
die ersten Vorboten des Arabischen Frühlings vom Januar
2011, waren beendet.

*　*　*

Wir hatten keine Zeit, uns über unsere Zukunft Gedanken
zu machen. Und doch wurden wir bald dazu gezwungen: Uli
war zunehmendem politischen Druck aus Stuttgart ausgesetzt, wie damals, als er die »Abendschau« verlassen hatte.
Deutsche Politiker, die mit den christlichen Maroniten im
Libanon kooperierten, und vor allem der israelische Botschafter in Bonn ließen keine Gelegenheit aus, Ulis Berichte
aus Beirut anzugreifen und ihn persönlich zu diffamieren.
Intendant und Chefredaktion des SDR hatten einen schweren Stand – und so zeichnete sich ab, dass unsere Zeit im
Nahen Osten langsam ablief. Die Geschichte wiederholte
sich: Uli bekam ein Angebot. Im südlichen Afrika wollte
die ARD ein weiteres Korrespondentenbüro einrichten, Uli
sollte es eröffnen und leiten – und er nahm das Angebot an.

Wie schon bei unserem Abschied aus Stuttgart kam uns diese Entwicklung durchaus gelegen. Auch Uli kam mittlerweile an seine Grenzen. Immer wieder mussten er und das Team nach Beirut zurück, der Krieg im Libanon ging weiter. Aber Uli hatte keinen Abstand mehr zu den Ereignissen. Längst war er emotional zu sehr engagiert. Wie wir alle. Auch mich verfolgten die Schreckensbilder aus dem Libanon noch immer. In den letzten Wochen in Beirut war ich angesichts der ständigen Gewalt manchmal so verzweifelt gewesen, hilflos, wütend, dass ich mir gewünscht hatte, auch eine Kalaschnikow in den Händen zu halten und wild um mich schießen zu können. Ich hatte kein konkretes Ziel, kein Opfer, ich wollte niemanden töten, das war es nicht. Es entwickelte sich eine verzweifelte Aggression in mir, die mir Angst machte. Was ich mir nie vorstellen konnte, war für mich in Beirut zur Gewissheit geworden: Krieg ist ansteckend. Ich hatte erlebt, zu welch grauenvollen Dingen Menschen fähig sind, wenn Regeln wegfallen. Jahrelang habe ich die Erlebnisse unverarbeitet mit mir herumgeschleppt.

So nahmen wir Abschied vom Orient, mit großer Erleichterung und noch größerer Wehmut. Ich hatte nicht das Gefühl, für immer zu gehen. Dazu liebte ich den Nahen Osten zu sehr, die Menschen, ihren unbändigen Lebenswillen, ihre Sprache, ihren Humor, ihre Freundlichkeit und die unglaubliche Vielfalt ihrer Kultur. Uli und ich wussten, dass uns der Orient nie verlassen würde.

In der Wagenburg

Als unsere Maschine im August 1977 den Landeanflug auf Johannesburg begann und die ersten Hochhäuser der Wirtschafts- und Finanzmetropole Südafrikas auftauchten, war ich unbändig neugierig auf die Millionenstadt, die vor knapp hundert Jahren als burisches Goldgräbernest gegründet worden war. Sie empfing uns mit strahlendem Sonnenschein und kühlen Temperaturen: In Europa war Sommer, auf der Südhalbkugel Winter. Johannesburg liegt auf dem Highveld, dem südafrikanischen Zentralplateau, rund 1750 Meter über dem Meeresspiegel; da können die Temperaturen nachts auch mal unter den Gefrierpunkt sinken. Am Flughafen stiegen wir in ein Taxi, unser Ziel war Pretoria, die Hauptstadt Südafrikas. Sie sollte für die nächsten Jahre unsere neue Heimat werden. Wir fuhren an Wiesenflächen vorbei, die jetzt im Winter ausgebleicht und braun waren, mit nur wenigen Büschen und Bäumen. Uli hatte sich mittlerweile in einen »Araber« verwandelt – er hatte sich einen Schnauzer wachsen lassen. Ich musste mich nicht lange daran gewöhnen, es passte zu ihm und wurde zu seinem Markenzeichen.

Nach einer halben Stunde erreichten wir auf der gut ausgebauten Autobahn die etwa fünfzig Kilometer entfernte Burenstadt. Ich war begeistert, als ich die vielen Parks, Gärten und Villen zum ersten Mal sah. Pretoria liegt, von sanften Hügelketten umgeben, in einem fruchtbaren Tal, etwa vierhundert Meter tiefer als Johannesburg. Geschützt von den Magaliesbergen ist das Klima hier angenehm mild, an Nachmittagen kann es selbst im August, dem südafrikanischen Winter, mehr als zweiundzwanzig Grad warm werden.

Alles wirkte beschaulicher, bodenständiger, provinzieller als im viel größeren, urbanen Johannesburg mit seinen Highways und Hochhäusern.

Der SDR hatte in einem Hotel der Stadt ein Zimmer für uns gebucht. Im ersten Moment amüsierte es mich: Im Vergleich zu diesem bürgerlich-gediegenen Haus hatte das Nile Hilton ein geradezu modernes, weltläufiges Ambiente. Pretoria war geprägt vom Geist des 19. Jahrhunderts. Schon bald dämmerte mir, dass ich in einer der langweiligsten Hauptstädte der Welt gelandet war.

Vom Hotel aus machten Uli und ich uns auf zu unserem ersten Spaziergang durch die Innenstadt; »Stadtwandern«, wie Uli das nennt, ist bis heute unsere Lieblingsbeschäftigung. Am Church Square schlenderten wir an historischen Gebäuden vorbei, am alten Parlamentsgebäude und auch am Justizpalast, wo Anfang der 1960er-Jahre Nelson Mandela verurteilt worden war. Jetzt saß der Antiapartheidskämpfer bereits zehn Jahre auf der Häftlingsinsel Robben Island bei Kapstadt. Trotz des behäbigen Charmes der Stadt, bei aller Schönheit der Landschaft – schon bei unserem ersten Spaziergang hatte ich ein beklemmendes Gefühl. Überall traf ich auf Zeugnisse einer blutigen Geschichte, das Voortrekker-Denkmal, die Ohm-Krüger-Statue – was mir hier aber den Atem raubte, war das Gefühl, dass diese Geschichte noch nicht vorüber war.

Die Niederländer waren die Ersten, die Mitte des 17. Jahrhunderts am Kap der Guten Hoffnung eine Versorgungsstation für ihre Handelsschiffe errichtet hatten. Hundert Jahre später besetzten britische Truppen die Region und vertrieben die Buren, die Nachfahren der ersten niederländischen Kolonisten. Die wanderten im »Großen Treck« in die Gebiete nördlich des Oranje-Flusses aus. Sie ließen sich, nachdem sie die Zulu in der Schlacht am Blood River vernichtend geschlagen hatten, auf der fruchtbaren Hochebene nieder und gründeten Pretoria, von nun an Hauptstadt des neuen Burenstaates, der Südafrikanischen Republik, benannt nach einem ihrer Helden, General Andries Pretorius.

Lange konnten sie ihre Selbstständigkeit nicht genießen: Als man in der Gegend nämlich Gold und Diamanten entdeckte, tauchten die Briten wieder auf – und schufen neue Tatsachen: Der neue Staat wurde britisches Protektorat, die Buren wurden britische Staatsbürger und ihre Sprache, Afrikaans, als zweite Amtssprache anerkannt. 1910 wurde Südafrika unabhängig und Pretoria blieb Hauptstadt – eine Verwaltungsstadt, eine Beamtenhochburg. Spießig, langweilig, verklemmt.

Jetzt thronten die weißen Machthaber in den Union Buildings auf einem lang gestreckten, dicht mit Jacarandabäumen bewachsenen Hügel am nordöstlichen Rand der Innenstadt. Von fast jedem Platz in der Stadt aus konnte man die beiden Flügel des knapp dreihundert Meter langen Bauwerks sehen, die die beiden dominierenden Volksgruppen Südafrikas repräsentierten: die Engländer und die Buren. Die eigentlichen Ureinwohner der Region und die Millionen Nachfahren der vielen Sklaven, die die Kolonisten ins Land geschleppt hatten, hatten in dieser Stadt nichts zu sagen. Anstatt von der Vielfalt der Kulturen zu profitieren, galt strenge Rassentrennung am Kap: Die Gesellschaft war noch immer in weiß, schwarz, farbig und asiatisch eingeteilt.

* * *

Im ARD-Büro trafen wir Joachim Braun, der bereits seit einem guten Jahr mit seiner Frau in Pretoria lebte. Der Süddeutsche Rundfunk hatte nach dem Massaker in den Townships von Soweto im Juni 1976 schnell erkannt, dass Südafrika ein weltpolitisches Thema werden würde. Ein Erlass des südafrikanischen Bildungsministers hatte die Rassenspannungen zum Explodieren gebracht: Unterricht in den höheren Schulklassen sollte künftig nur noch in der Burensprache stattfinden. Afrikaans aber verstanden viele schwarze Schüler und Studenten kaum. Deshalb waren am 16. Juni 1976 mehr als 15 000 schwarze Kinder und Jugendliche in Soweto, einer Township im Südwesten Johannesburgs, auf die Straße gegangen und wurden von der Polizei brutal gestoppt. Wahllos schoss und prügelte die Staatsgewalt auf sie ein, mehr als fünfhundert wurden an diesem Tag ermordet. Tausende wurden verletzt, die Bilder dieses Gemetzels gingen um die Welt und wurden zu einem Fanal.

Während der Schülerproteste hatte die ARD mit Joachim Braun den ersten Hörfunkkorrespondenten nach Johannesburg geschickt. Ein gutes Jahr später waren Uli und ich in Johannesburg gelandet: Nach dem Hörfunkbüro sollte nun auch ein TV-Korrespondentenplatz eingerichtet werden, ein Job, um den Uli nur wenige seiner Kollegen beneideten. »Wie kann man nur dorthin gehen? In ein Land, in dem Apartheid herrscht!«, bekamen wir immer wieder zu hören. Aber Uli hatte ein gutes Gespür für Themen, er ahnte, dass sich mit dem nahenden Ende der Apartheidpolitik nicht nur in Südafrika, sondern auch in den Nachbarländern Rhodesien und Namibia historische Veränderungen anbahnten. Das reizte ihn.

Für mich war zunächst nicht sicher, ob ich mit ihm nach Südafrika gehen konnte. Als Beamtin musste ich eigentlich nach Beendigung meiner Beirut-Zeit wieder in den baden-württembergischen Schuldienst zurück. Um unsere Angelegenheiten zu regeln, waren wir vor unserem Abflug nach Johannesburg für einige Zeit nach Deutschland zurückgekehrt. In Stuttgart ging ich zum Kultusministerium und hatte Glück: Im Frühjahr 1975, kurz vor dem totalen Zusammenbruch, war an der Deutschen Schule in Beirut letztmals ein Abitur abgenommen worden – damals zu meiner Überraschung von einem Beamten des Kultusministeriums in Stuttgart. Dass ich ihn in Beirut getroffen hatte, erwies sich nun als Glücksfall, denn ausgerechnet ihm lief ich im Ministerium in die Arme. Als ich ihm von unseren Südafrikaplänen erzählte, sagte er: »Frau Kienzle, ich habe Sie an der Deutschen Schule in Beirut erlebt. Ich unterstütze Ihren Antrag auf Beurlaubung gern.« Eine Stelle an einer deutschen Schule in Pretoria war leider nicht machbar, aber immerhin war damit der Weg für mich frei.

Das Team musste neu zusammengestellt werden, Mike Condé und Roland Engele hatten sich entschieden, in Kairo zu bleiben. Leider wollte Uli aber seinen exzentrischen Kameramann Alain Debos nach Südafrika mitnehmen. Zu Alain hatte ich im Lauf der Zeit ein immer schwierigeres Verhältnis entwickelt: Seine ständigen Wutausbrüche bekam niemals Uli, sondern immer ich zu spüren. Wegen seines machohaften Auftretens, seiner Risikobereitschaft, die Uli schätzte und mir Sorgen machte, war es für mich nur schwer vorstellbar, weitere Jahre mit Alain zu verbringen. Ich bat Uli, auf Alain zu verzichten, aber ich biss damit auf Granit. Er wollte auf keinen Fall nochmals das Risiko eingehen, mit einem Team, das er nicht einschätzen konnte, in schwer kalkulierbare Situationen zu geraten. Zweiter Kameramann war der Niederländer Wim de Vos, der mit seiner Familie bei Johannesburg lebte. Die Verwaltung des TV-Büros übernahm Joachim Brauns Sekretärin. Sie stammte ebenfalls aus Deutschland, eine konservative Frau Anfang dreißig, die keinen Schritt ohne ihren scharfen Wolfshund tat. Auf mich wirkte sie wie eine NS-Frau, blond, groß, kräftig, streng und humorlos. Sie erzählte uns, dass sie in der Berliner

Fluchthelferszene mitgemischt und zahlreiche Menschen aus der DDR in den Westen geschleust hatte – und dass sie in ihrem Haus immer mit einem geladenen Gewehr neben dem Bett schlief.

Wie im Nahen Osten wurde das Team um einen lokalen Mitarbeiter ergänzt: Er sollte mit den Verhältnissen vor Ort vertraut sein, Kontakte herstellen, Drehtermine vorbereiten und Drehgenehmigungen beschaffen, wie in Beirut Guy Arab und Paula. In Pretoria übernahm diese Position ein junger Bure namens Louis Breytenbach. Das Pikante war, dass weder Uli noch die ARD den jungen Mann ausgesucht hatten: Er war von der südafrikanischen Botschaft in Bonn »empfohlen« worden. Schnell war klar, dass Ulis Akkreditierung als TV-Korrespondent von seiner Bereitschaft abhing, dieses Angebot anzunehmen. Da er in Sachen Geheimdienst vom Orient her mit allen Wassern gewaschen war, schreckte ihn dieser plump eingefädelte Deal nicht ab. Der südafrikanische Geheimdienst würde uns ohnehin beschatten – und so herrschten wenigstens klare Verhältnisse.

Breytenbach erwies sich als wacher, integrer und netter Mensch. Mit der Zeit begann er mehr und mehr, Ulis Blick auf die politische Situation zu verstehen. Uli sagte: »Erzähl deinen Leuten, was du für richtig hältst – und behalte für dich, was wichtig ist.« Auf diese Weise funktionierte die Zusammenarbeit wunderbar. Ich habe mich oft gefragt, wie Breytenbach in diese Lage gekommen war – das Lavieren zwischen zwei Lagern war ihm sichtlich unangenehm. Als wir 1980 nach Deutschland zurückkehrten, verließ auch Breytenbach Südafrika, arbeitete zunächst bei dem amerikanischen TV-Sender CBS und später als freier Kameramann in Beirut. In seine Heimat kehrte er erst nach dem Ende der Apartheid wieder zurück.

Nach den ersten Tagen in Pretoria wurde deutlich: Der Start in unser neues Leben verlief für mich nicht so glücklich, wie ich mir es gewünscht hatte. Ich konnte nicht als Lehrerin arbeiten, hatte nichts zu tun und musste Alain ertragen. Und meine Erlebnisse in Beirut, die ich nie verarbeitet hatte, holten mich hier ein. Ich bekam Angstzustände. Ich hatte Angst vor Menschen, sodass ich irgendwann im Hotel das Essen aufs Zimmer kommen ließ und die Tür immer nur so weit aufmachte, dass der Hausboy das Tablett oder die Zeitung gerade eben durchreichen konnte. Ich ging weder in den Speisesaal noch erlaubte ich jemandem, das Zimmer zu betreten. Die Angst machte mich einsam. Wenn ich es einmal wagte, das Hotel ohne Uli zu verlassen, raste ich, wie ich es aus dem Libanon gewohnt war, in hohem Tempo mit meinem neuen Mini Cooper durch die Stadt. In Beirut hatte mir Vollgas manchmal das Leben gerettet. In Südafrika waren selbst auf sogenannten Schnellstraßen nur 70 km/h erlaubt. Damit kam ich nicht klar. Auch Uli hatte Probleme mit den restriktiven Verkehrsregeln. Sie waren eine Reaktion auf das Ölembargo, Benzinsparmaßnahmen waren die Folge. In unserem ersten Jahr in Südafrika zahlten Uli und ich über tausend D-Mark für Strafzettel wegen Geschwindigkeitsübertretungen.

* * *

Nach fünf Wochen im Hotel zogen wir endlich in unsere eigenen vier Wände. Zunächst hatten wir nach einer Wohnung gesucht; ich wollte kein Haus, keine repräsentativen Räume, keinen großen Garten – und ganz gewiss keine Hausangestellten. Es war für mich undenkbar, einer schwarzen Köchin oder Haushälterin Befehle zu erteilen. Mit diesem weißen Herrenmenschgehabe wollte ich nichts zu tun haben. Wir suchten nach einer geeigneten Stadtwohnung, mussten aber schnell feststellen: Wohnungen für Weiße waren in Pretoria nicht vorgesehen. Das Angebot war ernüchternd, es war ein ehernes Gesetz, dass Weiße in Häusern zu residieren hatten – reiche Weiße lebten in Villen mit parkähnlichen Gärten, die ärmeren in kleineren Häusern. Und mochten sie auch noch so heruntergekommen sein: Dahinter stand mit Sicherheit noch ein kleiner Schuppen, in dem ein schwarzer Hausangestellter hauste. Schockiert stellte ich fest, dass sich die Weißen selbst in ärmeren Vierteln schwarze Angestellte wie Hunde in einer Hütte hielten – selbst die armen Weißen, und die gab es auch, fühlten sich hier als Herrenmenschen.

Schließlich fanden wir ein kleines Haus, einen Bungalow in bester Lage, in der Government Avenue, nicht weit entfernt vom Regierungssitz. Es hatte einen großen Garten, mit Blumenrabatten, roten Calla, orange blühenden Bougainvillea und einem Swimmingpool. Der Besitzer, ein Kunstprofessor, war in den Süden des Landes versetzt worden. So sehr ich mich anfangs gegen ein Haus gesträubt hatte, jetzt genoss ich es, die Räume so einzurichten, wie es mir gefiel. Eineinhalb Jahre lang hatten wir in Hotels gelebt! Aus Deutschland hatten wir nur wenige Möbel mitgebracht. Stoffe und Bettwäsche kauften wir in Johannesburg. Im Norden der Stadt, in Sandton, gab es ein englisches Geschäft, in dem wir Vorhänge, Möbelstoffe, Bettwäsche und Kissen fanden. Nach mehr als eineinhalb Jahren holte ich all das nach, was jahrelang nicht möglich gewesen war. Es war wie eine Befreiung für mich. Das Haus wurde allmählich zu unserem Heim. Ganz besonders mochte ich das »grüne Zimmer«, unseren Wintergarten, mit Zugang zum Garten. Das Sofa, die Sessel, die Vorhänge – alle Stoffe waren hellgrün. In den Ecken standen große Pflanzen.

Fast puristisch war unser Esszimmer eingerichtet. Weil es so klein war, gab es darin nur Platz für einen Glastisch und sechs Thonet-Bugholzstühle mit geflochtener Sitzfläche. Nach dem Essen saßen wir immer im Kaminzimmer, das ganz mit dunkelbraunem Holz getäfelt war, auf dem kunstvoll geschnitzte Szenen aus der burischen Geschichte dargestellt waren.

Für das Schlafzimmer ließen wir ein Bett anfertigen – aus Stinkwood, einem dunkelbraunen, extrem harten Holz, das es nur in Afrika gibt, und mit Teilen aus Yellowwood, dem hellbraunen, leicht ins Rötliche spielenden Holz des südafrikanischen Nationalbaums, der Breitblättrigen Steineibe. Dazu hellgelbe, mit Rosen bedruckte Vorhänge und eine Tagesdecke aus demselben Stoff.

Das eigentliche Zentrum unseres neuen Zuhauses aber war der Garten mit gepflastertem Innenbereich, einem runden Tisch und einem großen, Schatten spendenden Laubbaum in der Mitte. Wenn wir Zeit hatten, sprangen wir mehrmals am Tag in den Pool.

Mit jedem Tag, an dem ich an der Einrichtung unseres Hauses arbeitete, begann ich mich besser zu fühlen. Nun war ich Hausfrau, es ging mir besser als im Hotel, denn ich hatte immerhin eine Aufgabe. Aber trotz meiner Bemühungen um schwäbische Sauberkeit: Überall krochen braune, dicke Käfer, die zwei Zentimeter lang werden konnten. Noch heute erinnere ich mich an das ekelhafte Geräusch, wenn man aus Versehen auf einen dieser »beetles« trat. Noch schlimmer waren die »cockroaches«, die Kakerlaken. Schnell lernte ich: Hier musste man regelmäßig einen Kammerjäger bestellen, in Pretoria ein völlig normaler Vorgang. Alle vier Monate räumte man Geschirr und Lebensmittel aus der Küche und nahm die Kleider aus den Schränken. Dann kamen die Männer mit den weißen Schutzanzügen, verspritzten das süßlich riechende Gift, das Hustenreiz, Müdigkeit und Kopfschmerzen verursachte und die Schleimhäute anschwellen ließ. Bis sich dieser unangenehme Geruch verflüchtigt hatte, vergingen Tage. Zum Glück konnten wir die Fenster und Türen ständig offen halten.

Jeden Morgen begannen wir nun, direkt von unserer Haustür aus zu joggen. Unsere Strecke führte die vornehme Government Avenue entlang bis zum Regierungsgebäude, wo die Jacarandabäume jetzt in Blüte standen. Alljährlich im Oktober hüllte sich ganz Pretoria zwei bis drei Wochen lang in ein kräftiges Lila, das an die Lavendelfelder der Provence erinnert. Der ganze Hügel war ein Traum in Violett. Wir joggten durch den Park, dann mitten durch das lang gestreckte Union Building hindurch und zu unserem Haus zurück. Heute wäre es unvorstellbar, einfach in Sportkleidung durch einen Regierungssitz zu joggen, damals war das möglich. Auf unserer ersten Runde trug ich eins meiner alten Beirut-T-Shirts, das mit dem Konterfei eines Palästinensers bedruckt war, der die Kufiya trug – das »Arafat-Tuch«, damals ein weltbekanntes Symbol für den palästinensischen Widerstand. Bei meinem Anblick fielen die Sicherheitskräfte fast in Ohnmacht. Doch schnell gewöhnten sie sich an uns – vermutlich hatten sie uns überprüfen lassen und festgestellt, dass wir in der Government Avenue wohnten, Seite an Seite mit »respektablen« Ministern, die in weißen Villen residierten.

* * *

Wenn wir dem Justizminister mit seinem Wolfshund beim Joggen begegneten – er wohnte in derselben Straße wie wir –, wäre ich ihm am liebsten an die Gurgel gesprungen. Stattdessen nickte ich nur kurz, wenn er uns freundlich grüßte, und lief so schnell wie möglich weiter. Für mich war James Kruger zum Sinnbild der Apartheid geworden. Er war es, der den Tod des Bürgerrechtlers Steve Biko zu verantworten hatte. Über Biko sammelte ich ganze Aktenordner mit Artikeln und Informationen. Inspiriert von der Black-Power-Bewegung in den USA hatte Biko die Black Consciousness ins Leben gerufen. Schon als Schüler hatte er sich mit ganzer Kraft gegen die verhasste Rassentrennung gewehrt. Sein politisches Engagement hatte dazu geführt, dass er sein Medizinstudium nicht beenden konnte. Da er in den Augen der Buren immer gefährlicher wurde, hatte ihn die Regierung 1973 mit einem Bann belegt: Biko durfte weder seine Heimatstadt verlassen noch auf Versammlungen sprechen. Immer wieder wurde er verhaftet, denn er hielt sich nicht an die Auflagen. Am 18. August 1977 zum letzten Mal. An diesem Tag wurde Steve Biko ins Gefängnis von Port Elizabeth gebracht und stundenlang schwer misshandelt. Als er seinen Kopfverletzungen zu erliegen drohte, schaffte man ihn am 11. September wie ein Stück Vieh ins über tausend Kilometer entfernte Gefängniskrankenhaus von Pretoria, wo er in der folgenden Nacht starb. Erst zwei Tage später erfuhr die Öffentlichkeit von seinem Tod.

Unser Nachbar, Justizminister James Kruger, verkaufte Bikos Tod zunächst als Folge eines Hungerstreiks, doch die Wahrheit ließ sich nicht lange verheimlichen. Dies war vor allem einem Mann zu verdanken: Donald Woods, ein Weißer, war in seiner Jugend ein Befürworter des Apartheidsystems. Als Jurastudent hatte er Steve Biko in den frühen 1970er-Jahren kennengelernt. Sie waren Freunde geworden – und Woods zu einem engagierten Aktivisten der südafrikanischen Antiapartheidbewegung. Als Herausgeber des »Daily Dispatch«, einer renommierten englischsprachigen Tageszeitung am Ostkap, setzte er sich massiv für einen Dialog zwischen der Regierung und der Schwarzen-Bewegung ein. Er war es auch, der die Umstände von Bikos Tod aufdeckte. Danach musste auch er um sein Leben fürchten und floh auf abenteuerlichen Wegen mit seiner Familie über Lesotho nach England. Ihm ist es zu verdanken, dass Steve Biko weltweit zum Symbol des Antiapartheid-Widerstands wurde. Uli berichtete in mehreren Reportagen über die Tragödie. Steve Bikos Schicksal und sein Mut, sich gegen die unerträglichen Zustände aufzulehnen, beflügelten die Fantasie von Schriftstellern, Liedermachern und Regisseuren. Auch der Film *Schrei nach Freiheit,* den Richard Attenborough nach dem Buch von Donald Woods drehte, hat ihm ein Denkmal gesetzt.

Als James Kruger damals in einem Interview auf den Tod von Steve Biko angesprochen wurde, antwortete er lapidar: »Dit laat my koud.« Das lässt mich kalt.

* * *

Von Anfang an bemühten wir uns, Afrikaans zu lernen, eine grammatikalisch schlichte Sprache, die auf dem Alt-Niederländischen basiert. Wie auch das moderne Niederländisch ist sie eng verwandt mit dem Deutschen; auch viele englische Einflüsse sind dabei – »Dis my huis« zum Beispiel heißt: »Das ist mein Haus«. Ganz anders als in Beirut konnte ich hier schon nach kurzer Zeit Zeitungen lesen und Fernsehbeiträge verstehen. Dabei wurde schnell deutlich, dass auch durch die weiße Bevölkerung Südafrikas ein tiefer Riss ging: Auf der einen Seite standen die erzkonservativen Buren, auf der anderen die liberaleren, englischstämmigen Südafrikaner. Es war ein Spaß, in Zeitungen wie der »Sunday Times« regelmäßig die feinsinnig-boshaften Artikel über Buren zu verfolgen, denen man ein Verhältnis mit einer Schwarzen nachweisen konnte. Die englischsprachige Presse lebte von der Verlogenheit der Burenwelt, deren Doppelmoral sie genüsslich an den Pranger stellte.

Obwohl wir uns in diesem Land von Anfang an erheblich besser verständigen konnten als im Libanon, blieb uns das gesellschaftliche Leben zunächst verschlossen. Schnell merkten wir, dass wir nicht ins Bild passten. Nur zögerlich gelang es uns, in diese andere, die burische Welt einzudringen. Da wir aus Deutschland kamen, galten wir in ihren Augen als Linke, die sie ihrer Privilegien berauben und die Apartheid abschaffen wollten. Zudem eilte Uli sein Ruf voraus – die Deutschen in Südafrika kannten ihn und seine regimekritischen Berichte. Es gab damals noch kein Internet, aber ein Abo-Service versorgte die Deutschen mit VHS-Kassetten von deutschen TV-Sendungen, Nachrichten, Serien, der Sportschau.

Dennoch wurden wir eines Tages von einem deutschen Farmer eingeladen. Er besaß ein riesiges Anwesen, nur wenige Kilometer außerhalb von Pretoria. Das Haus war gediegen eingerichtet, mit alten englischen Möbeln; zum Dinner wurden erlesene südafrikanische Weine gereicht. Zu den Gästen der extrem konservativen Runde gehörte ein älterer Professor. Beim Tischgespräch, das sich vorrangig um die Apartheid drehte, behauptete er allen Ernstes, die Schwarzen hätten bedeutend kleinere Gehirne als die Weißen und seien allein schon deshalb unterlegen. Die Apartheid wäre daher das von Gott gewollte, einzig richtige gesellschaftliche System. Ich war sprachlos – wir befanden uns in den 1970er-Jahren und nicht im Mittelalter! Uli nahm kein Blatt vor den Mund: »So ein Stuss!«, sagte er völlig unverblümt, was zu einer heftigen Diskussion führte. Immer wieder wurden die Amerikaner als Beispiel erwähnt: »Die haben doch auch Apartheid! Was wollt ihr eigentlich?« Leider hatten die alten Herren nicht ganz unrecht: Das Ende der Rassentrennung in den USA lag gerade einmal gut zehn Jahre zurück. Jahrelang hatten die Amerikaner die südafrikanische Apartheidpolitik unterstützt, die CIA soll Anfang der 1960er-Jahre die entscheidenden Hinweise zur Verhaftung Nelson Mandelas gegeben haben. Der Weltsicherheitsrat hatte zwei Tage vor der damaligen Urteilsverkündung an die südafrikanische Regierung appellierte, Mandela und seine Mitangeklagten freizulassen. Die USA hatten sich dieser Forderung ausdrücklich nicht angeschlossen.

Unter dem Esstisch hatte unsere Gastgeberin eine vergoldete Klingel. Wenn etwas fehlte, trat sie mit dem Fuß auf den Knopf, und sofort erschien ein dienstbarer schwarzer Geist an der Tür, verbeugte sich und wartete auf Befehle. Rückwärts gehend und sich immer wieder verbeugend verließ er dann den Speisesaal und sagte: »Thank you, Madam!« oder »Thank you, Sir!« Ein groteskes Schauspiel.

Nach dem Dinner erhoben sich die Gäste. Unsere Gastgeberin hakte sich energisch bei mir ein und zog mich freundlich lächelnd in die Gruppe der anderen Damen ins Treppenhaus. Hinauf in den ersten Stock wurde ich gedrängt und noch auf der Treppe hielt ich Ausschau nach Uli. Ich hatte keine Lust auf »Damenseparation«, konnte aber gerade noch sehen, wie er im Kreis der Herren eine Zigarre verpasst bekam und nach draußen in den Park geleitet wurde. Ich fand mich in den großzügigen Räumen der Damentoilette wieder – und war sprachlos: Alles war dort vergoldet, die Türgriffe, die Wasserhähne, die Armaturen. Rosenmuster zierten die Wände, die mit Damast bespannt waren. Ich kam mir vor wie in einem britischen Kolonialroman des 19. Jahrhunderts. Meine kleinen Fluchtversuche hatte ich aufgegeben und übte mich in Geduld, bis sich die Damenwelt nach einer halben Stunde endlich wieder zurück ins Erdgeschoss begab, zu den Herren, die aus dem Garten zurückgekehrt waren. Nach einem Whisky und belanglosen Plaudereien war ich froh, als wir uns endlich verabschieden konnten.

Wir mussten lachen, als wir uns auf der Heimfahrt unsere Toilettenerlebnisse erzählten. Die Männer waren nach dem Dinner zu den großen, alten Bäumen im Park geschlendert. Angeregt plaudernd und Zigarren rauchend versammelten sie sich um den größten der Bäume, öffneten ihre Hosenläden – und pinkelten ungeniert gegen den Stamm. Alte Farmersitte – die feinen Damen in den feinen Räumlichkeiten, die rauen Kerle draußen in der rauen Natur. Nach diesem denkwürdigen Abend hatten wir nie wieder Kontakt zu dieser Gesellschaft.

* * *

Natürlich gab es unter den Buren auch liberalere Vertreter, die »Verlighten«. Hin und wieder trafen wir einen mit einigermaßen aufgeklärter Geisteshaltung. Buren und Briten hatten in den 1930er-Jahren sogar einmal den Versuch unternommen, ihre beiden Parteien zu vereinen, um damit ein Zeichen der Versöhnung zu setzen – aus der britischen »South African Party« und der »Nasionale Party« der Buren war die »United Party« geworden. Die Versöhnung war aber nicht von langer Dauer: Schon 1939 kam es wieder zur Spaltung, da keine Einigkeit über den Eintritt in den Zweiten Weltkrieg erzielt werden konnte. Die Briten waren für ein Eingreifen an der Seite Großbritanniens, die Buren sympathisierten mit Hitler-Deutschland und strebten eine radikale Rassentrennung an.

Letztlich hatte sich die »Nasionale Party« durchgesetzt und dominierte seitdem die südafrikanische Politik. Innerhalb ihrer Reihen spielten die »Verlighten« damals keine entscheidende Rolle. Ihre Gegenspieler waren die »Verkrampten«, die täglich den Untergang ihrer Welt kommen sahen. Traditionell gehörte der Außenminister zu den »Verlichten«, der Innenminister zu den »Verkrampten«. Groß waren ihre Unterschiede nie.

So war aus Südafrika ein Land geworden, in dem auf jeder Parkbank »Nur für Weiße!« zu lesen war und an den Rasenflächen, noch zynischer: »Für Schwarze und Hunde verboten«. Wo die Straßenlampen, wie ich immer wieder in einer Mischung aus Belustigung und Entsetzen beobachten konnte, von Trupps repariert wurden, die aus drei Leuten bestanden: einem weißen Vorarbeiter, einem Farbigen und einem Schwarzen. Der Farbige und der Schwarze holten die Leiter und den Werkzeugkoffer aus dem Auto und trugen sie zu der Lampe. Der Schwarze stellte die Leiter auf, der Farbige öffnete den Koffer. Dann stieg der Weiße die Leiter hoch, schaute, was zu tun war, kam wieder herunter und erteilte Anweisungen. Nun kletterte der Farbige rauf und tauschte die Birne aus. Schließlich packten der Farbige und der Schwarze alles wieder ein, öffneten dem Weißen die Autotür und fuhren weiter. Die typisch burische Art zu arbeiten. Grotesk und provozierend.

Wer die Augen vor der Apartheid verschloss, konnte in Südafrika leben wie im Paradies. Schwarze Angestellte pflegten die Häuser, die Weißen konnten ein herrschaftliches Leben führen. Mit der richtigen Hautfarbe hatte man enorme Aufstiegschancen: Viele einfache Handwerker aus Europa, die ihr Glück in Südafrika gesucht hatten, waren dort innerhalb von wenigen Jahren zu wohlhabenden Unternehmern geworden. Für sie hatte es sich gelohnt, nach Südafrika auszuwandern: Sie lebten wie die Prinzen, spielten Rugby, Tennis und Golf und warfen abends den Grill an. Grillen war das Highlight der südafrikanischen Esskultur: Die Buren waren ganz verrückt auf Braai, wie sie das Grillen nennen. Auf die heiße Holzkohle kamen Steaks, Lammfleisch, Schweinekoteletts oder Fisch. Dazu gab es Milipap – Maisbrei. Auch Uli und ich grillten häufig – und sehnten uns nach der kulinarischen Vielfalt des Nahen Ostens. Selbst im Krieg war Beirut ein Feinschmeckerparadies verglichen mit diesem pretorianischen »Einheitsbraai«.

Einmal im Jahr nahmen sich die Buren eine Auszeit: Beim Rugby-Endspiel war in Pretoria die Hölle los. Überall Männer mit seltsamen Mützen, in kurzen Hosen und weißen Kniestrümpfen, aus denen der obligatorische Kamm halb herausschaute – typisch burisch. Sturzbetrunkene fuhren grölend in Schlangenlinien durch die Stadt. Einmal gerieten wir unfreiwillig in einen solchen Korso, ein lebensgefährliches Abenteuer. Die Briten spielten Fußball – Rugby war der Burensport, das Spiel der harten Männer. Wie hart es dabei zuging, konnte man im vollbesetzten Stadion von Pretoria sehen: Beim Rugby-Fest saßen dort viele junge Leute in den ersten Reihen – in Rollstühlen. Ehemalige Rugby-Spieler, fürs Leben gezeichnet.

Der Rest des Jahres war in Pretoria sterbenslangweilig – sogar für die Buren selbst. Morgens gingen sie zur Arbeit, abends grillten sie. Für die Ausländer, die Botschaftsangehörigen, die Mitarbeiter großer Firmen und Journalisten, bestand die einzige Unterhaltung in gegenseitigen Einladungen. Regelmäßig gab es Anlässe, bei denen man miteinander zu Abend aß, redete und vor allem viel trank – wie bei einer Einladung des finnischen Botschafters.

Es ist heiß an diesem Abend, in der Ferne ziehen Gewitterwolken auf. Als Uli und ich bei der Feier ankommen, läuft Musik im Hintergrund. In mehreren Räumen wird getanzt, eine lebhafte, fröhliche Stimmung. Wir unterhalten uns, es sind einige Journalisten anwesend, denen wir bei anderen Gelegenheiten schon begegnet sind. Ich bin im Ge-

spräch mit einer jungen schwedischen Referatsleiterin, im Garten sehe ich Uli, umringt von Kollegen. Es wird Weißwein getrunken, auch Cocktails werden gereicht, ein interessanter Abend. Irgendwann werden die Lichter gelöscht, in schummrigen Ecken beginnen sich Grüppchen zu bilden. Als ich bemerke, wie sich ein Paar unter den Tisch zurückzieht, muss ich lachen – da scheint jemandem der Wein zugesetzt zu haben. Als sich andere auf dem Sofa und auf den Teppichen niederlassen, mache ich mich auf die Suche nach Uli. Die lebhaften Gespräche gehen zunehmend in ekstatisches Stöhnen über. Da entdecke ich meinen Mann inmitten einer Gruppe. Auch er schaut etwas verschämt. Seine Gesprächspartner sind mit den Gepflogenheiten in der Residenz des Botschafters offensichtlich bestens vertraut. »Glompy pompy«, lacht einer, als wäre das, was sich hier abspielt, das Selbstverständlichste der Welt. Anfangs denken wir noch, dass es sich um Einzelfälle handelt. Mittlerweile sind die Gäste, wo man auch hinsieht, ineinander verschlungen. Im Wohnzimmer, im Foyer, auf dem Küchentisch, im Garten, auch die junge Referatsleiterin entdecke ich im Getümmel. Mitten in Afrika sind wir nichts ahnend in eine Swingerparty beim finnischen Botschafter geraten. »Glompy pompy«, Gruppensex auf Burisch. Als es plötzlich in Strömen zu regnen beginnt, werden wie selbstverständlich und in Windeseile Eimer aufgestellt: Das Dach der finnischen Botschaftervilla ist nicht dicht. Doch das stört keinen der völlig weggetretenen Gäste. Uli und ich nutzen die Gelegenheit, uns still und leise abzusetzen.

* * *

Für die »Sunday Times« war die verlogene Sexualmoral der Buren ein Dauerbrenner. Uli berichtete darüber in einem

»Weltspiegel«-Beitrag aus Swasiland, dem bevorzugten Ziel des südafrikanischen Sextourismus. Swasiland ist ein kleines, selbstständiges Binnenland an der Grenze zu Mosambik. Seit rund einem Jahrzehnt war das ehemalige britische Protektorat unabhängig und wurde von König Sobhuza II. regiert. Der hatte andere Moralvorstellungen als die weißen Südafrikaner: In Swasiland gab es Polygamie. Das erregte die erotischen Fantasien der Buren. Zu Tausenden strömten sie jedes Wochenende nach Swasiland.

Die vierstündige Autofahrt nach Mbabane, der Hauptstadt von Swasiland, die malerisch auf dem Highveld am Rand der Drakensberge liegt, war vor allem im Sommer ein Erlebnis. Dann verwandelten sich die Wiesen in ein Blütenmeer aus rosafarbenen und weißen Kosmeen. Jeden Nachmittag pünktlich um vier Uhr goss es eine halbe Stunde lang in Strömen. So schnell wie er gekommen war, ging der Spuk vorbei: Der Himmel leuchtete blau und die gleißende Sonne ließ die Feuchtigkeit im Handumdrehen verdampfen. »Beamtenregen« nannten Uli und ich dieses Phänomen, weil es so verlässlich war.

Es gab regen Verkehr zwischen Pretoria und Swasiland. Nicht die landschaftlichen Reize aber lockten: Clever hatte Sobhuza II. seine Hauptstadt zu einem Sexparadies gemacht. In den Kinos liefen alte Sexschinken aus Europa, auch alle »Schulmädchen-Reports«. In Mbabane konnte man an einem Wochenende ausleben, was in Pretoria verboten war. Sobhuza II. ließ sich diese Freizügigkeit gut bezahlen.

Wem die Lustreise in den Osten zu weit war, der hatte seit Mitte der 1970er-Jahre ein neues Ziel: Bophuthatswana. Das Homeland war 1961 gegründet worden, Ende 1977 entließ man es in eine scheinbare Unabhängigkeit, wie schon ein Jahr zuvor die Transkei – ein Versuch der weißen Südafrikaner, ihre Apartheidpolitik über die Zeit zu retten. Indem man schwarze Enklaven schuf, denen man die Unabhängigkeit in Aussicht stellte, wollte man die schwarze Bevölkerung separieren und die eigenen Gebiete möglichst frei von Schwarzen halten.

Nur ein einziger Ort dieses Homelands war für die Buren aber interessant: Sun City. Ein schlauer südafrikanischer Hotelier, Sol Kerzner, hatte die Stadt bauen lassen, eine gigantische Vergnügungsmeile. Sie war ideal gelegen: nur eineinhalb Fahrstunden von Johannesburg und Pretoria entfernt. »Sin City« wurde die Stadt von den Einheimischen genannt. Im Las Vegas Südafrikas schossen Stripteaselokale, Sexkinos und Spielhöllen aus dem Boden, es gab weiße und schwarze Prostituierte. Rassentrennung war kein Thema in diesem südafrikanischen Reich der Sinne.

Südafrika selbst blieb wegen der Apartheid der Paria der Weltpolitik. Die Buren reagierten wie immer: Sie zogen sich in ihre Wagenburg zurück. Die war ihr militärisches Erfolgsmodell auf dem »Großen Treck« von Kapstadt nach Transvaal. Immer wenn sie angegriffen worden waren, hatten sie sich in der Wagenburg gesammelt und überlebt. Jetzt war das ganze Land zur Wagenburg geworden. Pretoria gegen den Rest der Welt.

Wenn der Buschmann wählen geht

Es wurde Herbst. Auch jetzt war unser Garten ein Traum in üppigem Grün und voller Pflanzen in unglaublicher Vielfalt. Der Swimmingpool war Luxus, das Haus hell mit schattigen Ecken – es hätte eigentlich eine Freude sein müssen, hier zu leben. Und doch war ich unglücklich.

Mich bedrückte das Leben im Apartheidstaat. Am meisten aber machte mich traurig, dass Uli nicht bemerkte, was mit mir los war. Er war verändert. Im Libanon hatte er sich vor seelischer Verwundung geschützt, indem er seine Gefühle abschaltete. Um in jedem Moment die Kontrolle zu behalten, hatte er sich keine Emotionen erlaubt, bis er irgendwann nicht nur keine Angst, sondern gar nichts mehr empfand. Er hatte gelernt, mit Gefahr zu leben, aber nicht nur Stress und Verzweiflung, auch Freude und Zuneigung waren weg. Keine Zärtlichkeit erreichte ihn. Sein Verhalten mir gegenüber war kalt, er war nur physisch anwesend. Er war wie tot. Der libanesische Bürgerkrieg hatte bei uns beiden Spuren hinterlassen.

Irgendwann merkte ich, dass es so nicht weitergehen konnte. So wollte ich nicht leben! Es musste sich dringend etwas ändern. »Ich gehe zurück nach Deutschland!«, drohte ich eines Abends in einem Ausbruch von Verzweiflung. »Du behandelst mich wie einen Schaukelstuhl! Wenn er dir bequem ist, dann setzt du dich rein und alles ist schön für dich. Aber wenn du ihn nicht mehr brauchst, stehst du auf, stößt ihn mit dem Fuß in die Ecke und beachtest ihn nicht. Ich kann nicht mehr und ich will nicht mehr!« Nach einem guten halben Jahr in Südafrika waren wir beide am Ende.

Ich spürte, dass er wusste, was ich meinte. Uli, der eloquente, schlagfertige Journalist, nie um eine gute Formulierung verlegen, war sprachlos. »Lass uns für einige Tage wegfahren«, sagte er irgendwann am Abend und wir beschlossen, um Abstand von Pretoria zu gewinnen, um allein sein zu können, über Ostern für einige Tage an die Ostküste zu fahren, nach Durban, an den Indischen Ozean. Auf der siebenstündigen Fahrt dorthin gab es immer wieder Streit und Tränen. Uli saß am Steuer und natürlich fuhr er viel zu schnell. Zu allem Überfluss gerieten wir auf halber Strecke in eine Geschwindigkeitskontrolle. 70 km/h waren erlaubt – mit 140 km/h war er in seinem silbergrauen Mercedes 190 SL über die Schnellstraße gerast. Den Traumwagen hatte er in einer Scheune eines Farmers bei Dreharbeiten entdeckt. Das Cabrio war in einem hervorragenden, rostfreien Zustand; Oldtimer hatten in Pretoria wegen der geringen Luftfeuchtigkeit eine hohe Lebensdauer. Uli hatte den Mercedes dem alten Herrn abgekauft, der seit Langem nicht mehr damit gefahren war. Nun standen wir vor einem weißen und einem schwarzen Polizisten, der Weiße mit der Pistole im Anschlag: Tausend Rand Strafe, gleich vor Ort zu bezahlen, wie das in Südafrika üblich war. Wir kannten das schon. So viel Geld hatte hier niemand bei sich. Uli bot den Polizisten also einen Scheck an, bekam jedoch zur Antwort: »Die Banken sind bis nach Ostern geschlossen und ich kann nicht überprüfen, ob Ihr Scheck gedeckt ist. Wenn Sie nicht zahlen, müssen Sie ins Gefängnis – bis die Banken wieder öffnen!« Die Situation war heikel.

Die Polizisten weigerten sich beharrlich, den Scheck anzunehmen. Uli zog alle Register. Wir müssen ein bewegendes Szenario abgeliefert haben – beim Anblick meiner Tränen wurden die Polizisten schließlich weich und akzeptierten irgendwann den Scheck. Wir konnten weiterfahren.

In Durban erwartete uns ein grauer, regenverhangener Himmel und ein kilometerlanger, flacher Sandstrand. Hier, im Norden der Stadt, am Rande des Mangrovenreservats, waren wir ganz allein. Über unseren Köpfen hingen dunkle Gewitterwolken, als wir den Strand entlanggingen. Das Meer war aufgewühlt und die weiße Gischt wurde vom Wind in die Höhe gepeitscht. Aber es war warm. Wir gaben uns große Mühe, miteinander zu reden, uns zu erklären, uns verständlich zu machen. Wir waren todunglücklich und wussten nicht, wie es weitergehen sollte.

Plötzlich sehen wir in der Ferne zwei Menschen im Wasser, ganz nah bei der tosenden Brandung. Wir rennen los, erkennen, dass es zwei Frauen sind, die kleinere eine Weiße, die andere eine Schwarze in einem schwarzen Kleid. Auf dem Rücken ein großes weißes Kreuz. Es sieht aus, als ob sie miteinander kämpfen würden. Immer wieder taucht sie die Weiße ins Wasser, in die riesigen Wellen, die vom Indischen Ozean heranrollen und sich kurz vor dem Strand brechen. Wir stehen dicht am Ufer, gestikulieren, rufen. Im Sand steckt ein kleines Holzkreuz. An einer Seite des Kreuzes hängen Kleider, an der anderen eine goldene Uhr und der Kopf eines toten Hahnes, aus dem noch Blut tropft. Der Rest des Tieres liegt etwas weiter hinten am Strand. Wir sind geschockt von der Szenerie, wissen nicht, was wir tun sollen. Da kommen die beiden Frauen völlig erschöpft aus dem Wasser.

Fassungslos gingen wir auf die beiden zu, bis uns die junge, vielleicht zwanzigjährige Burin erklärte, dass sie von bösen Geistern besessen sei und auf Wunsch ihrer Familie die Hilfe einer »Witch-Doktorin« gesucht hätte. Gemeinsam seien sie beide etwa fünf Stunden lang mit dem Zug nach Durban gefahren. Hier, an diesem Strand, sollten die bösen Geister ausgetrieben werden – die Geschichte kam mir wie ein Horrormärchen vor. Aber obwohl es so ausgesehen hatte, als wäre die junge Frau bei der Prozedur fast ertrunken, machte sie einen eigenartig gelösten, fast fröhlichen Eindruck.

**

Nach unseren Ferien in Durban löste sich Ulis Panzer. Es war, als hätten wir uns gerade erst kennengelernt. Uli begann um mich zu werben. Alle drei, vier Tage brachte er mir frische Blumen, immer dreißig langstielige Gladiolen für unser »grünes Zimmer« mit den großen Tonvasen aus Rhodesien. Das Zimmer in zartem Hellgrün, die leuchtend roten und orangefarbenen Blüten – ein herrlicher Kontrast. In dieser Zeit lernten wir uns ein zweites Mal kennen. Langsam bewegten wir uns wieder aufeinander zu und durften etwas erleben, was nur wenige Menschen mit demselben Partner erleben: Wir hatten uns frisch verliebt.

Wenige Tage nach Ostern brach das Team zu einer Reportage auf. Uli war einverstanden, dass ich mitkam. Südwestafrika, das heutige Namibia, stand längst im Brennpunkt des internationalen Interesses: Hier deutete sich ein schnellerer politischer Umbruch an als in Pretoria.

Seit über sechzig Jahren, seit der deutschen Niederlage im Ersten Weltkrieg, stand Kaiser Wilhelms ehemalige Kolonie am Atlantischen Ozean unter südafrikanischer Verwaltung. Auch hier, wie beim wirtschaftlich und militärisch bedeutend stärkeren Nachbarn, galt die Apartheidpolitik. Zahlreiche Versuche der UNO, Südafrika das Verwaltungsmandat zu entziehen, waren fehlgeschlagen. Erst ein Urteil des Internationalen Gerichtshofs in Den Haag im Jahr 1971 brachte Südafrika in Bedrängnis. Und als zwei Jahre später die Unabhängigkeitsbewegung SWAPO von der UNO das Alleinvertretungsrecht zuerkannt bekam, begann ein langjähriger Guerillakrieg.

Jetzt kam es fast wöchentlich zu Demonstrationen in der Hauptstadt Windhoek. Die Leute liefen Sturm gegen die Apartheid. Wie in den südafrikanischen Städten lebte die schwarze Bevölkerung auch in Windhoek in einer Township, in Katutura am Nordrand der Stadt, einer Hochburg der SWAPO.

Jetzt hatte ich zum ersten Mal Gelegenheit, die Township zu besuchen, die sehr viel kleiner war als Soweto, aber auch deutlich weniger verarmt wirkte. Anlass für die Story, die uns nach Windhoek führte, war der heimtückische Mord an Clemens Kapuuo, einem Herero-Politiker, dem man gute Chancen eingeräumt hatte, Staatsoberhaupt eines unabhängigen Namibia zu werden. Auf ihm hatten jahrelang die politischen Hoffnungen vieler Schwarzer in Südwestafrika geruht. Jetzt war er tot. Erschossen. Von wem, wurde nie geklärt.

In Deutsch-Südwest brannte die Lunte. Unter den rund hunderttausend Weißen, die dort seit Generationen lebten, ging die nackte Angst um. Auf dem Land verbarrikadierten sich Farmer hinter Stacheldraht, um sich vor dem Zorn derer zu schützen, die sie jahrzehntelang unterdrückt hatten. So ausgeprägt wie ihre Angst war aber auch ihre Entschlossenheit, sich nicht vertreiben zu lassen. Um die Stimmung in der weißen Bevölkerung zu dokumentieren, besuchte Uli einige Farmer im Land – auch die militante Dame, die sich einen Turm aus Stein bauen ließ, ihre private Arche Noah. Hier wollte sie mögliche Unruhen aussitzen. Sie hasste die Schwarzen: »Wenn die kommen, ziehen wir einfach in den Turm. Den können sie nicht umschmeißen, und dort haben wir für mehrere Wochen zu essen.« Sie hortete in erster Linie Biltong, in Streifen geschnittenes, in der Sonne getrocknetes Rindfleisch, dadurch viele Wochen lang haltbar – eigentlich recht schmackhaft. Man konnte es in Tüten kaufen, der ideale Proviant nicht nur in Bürgerkriegszeiten, sondern auch, wenn man sich zu einer Reise durch die Wüste aufmachte.

Die herrische Frau, die nur mit Maschinenpistole herumlief und noch weitere Schusswaffen umgeschnallt hatte, hielt zum Schutz ihrer Familie mehrere scharfe Wolfshunde auf der Farm. Sie zeigte uns zwar ihr Anwesen, ließ uns aber nicht ins Haus: Das mehrfach gesicherte Eingangsportal neben dem Turm war für uns tabu. Farmhaus und Garten waren von einer zwei Meter hohen Mauer umgeben, die zusätzlich auf der Vorder- und Rückseite durch einen drei Meter hohen Stacheldrahtzaun gesichert war.

Die Städte in Südwestafrika wirkten auch rund sechzig Jahre nach dem Ende der Herrschaft von Kaiser Wilhelm II. noch immer sehr deutsch, besonders Swakopmund, einst ein Seebad, das direkt am Südatlantik am Rand der Wüste Namib liegt. Dort lebten viele konservative Deutsche, oft ehemalige Nazis. Auch sie waren Abonnenten des deutschen TV-Lieferdienstes. Sie wussten genau, wer Ulrich Kienzle war und wo er politisch stand. Viele hatten Ulis kritischen Film über Südwestafrika gesehen, deshalb reagierten sie feindselig. »Ach, Sie sind der Kienzle!«, wurde er oft begrüßt und die Stimmung war gereizt und aggressiv.

Einige Hundert Kilometer weiter südlich, in Lüderitzbucht an der Diamantenküste, sah es aus wie in Deutschland um 1900 – Häuser mit Ladenschildern, auf denen in Lettern der damaligen Zeit »Bäckerei« oder »Apotheke« stand. In den Lokalen konnte man Rippchen mit Sauerkraut bestellen, und auch eine Tageszeitung erschien in deutscher Sprache, die »Allgemeine Zeitung«. Natürlich war der Chefredakteur

Deutscher, ein ehemaliger Flieger. Als wir Lüderitzbucht besuchten, hatte die Stadt ihre besten Tage bereits hinter sich – in den 1970er-Jahren lebten dort nur noch rund zweitausend Menschen. Längst vorbei die glorreichen Tage, in denen der Diamantenabbau für Wohlstand gesorgt hatte: Inzwischen hatte sich die Wüste einen Teil der Stadt zurückgeholt. Die Straßen lagen versteckt unter feinem, goldfarbenem Sand, der längst auch in die fenster- und türenlosen Häuser eingedrungen war. Betrat man diese Geisterhäuser, sah man Reste der alten Möbel und Badewannen, die aus dem Sand herausragten. Surreal.

Das sterbende Lüderitzbucht bot fantastische Fotomotive. Alain Debos hatte mir einige Tage zuvor seinen Fotoapparat in die Hand gedrückt, in seiner bekannten Machoart. »Du fängst jetzt an zu fotografieren!« Er hatte wohl gespürt, dass ich mir nutzlos vorkam als Anhängsel und mich nach einer Aufgabe sehnte. Außerdem brauchte das Team regelmäßig sogenannte Standfotos, die vom Sender zur Ankündigung längerer Filmberichte an die Presse weitergegeben wurden. Dies war traditionell die Aufgabe des Kameramanns, der sie nun an mich delegierte. Meinen anfänglichen Protest wischte der Franzose mit einer lässigen Handbewegung vom Tisch und erklärte mir stattdessen die Funktionen des Apparats. Er hatte mir noch zwei Filme in die Tasche gesteckt, von nun an war ich die Fotografin des Teams. Dies war der Beginn einer neuen Leidenschaft. Von nun an fotografierte ich – nicht nur für das Team. Ich setzte mich mit verschiedenen Redaktionen in Deutschland in Verbindung, der dpa, der IWZ, einer farbigen Beilage der Stuttgarter Zeitung. Von der Namibwüste war ich gleich bei unserem ersten Besuch in Südwestafrika fasziniert. Das Licht war einmalig, glasklar, von keiner Luftfeuchtigkeit getrübt. Von nun an war ich bei allen Dreharbeiten dabei, die uns kreuz und quer durchs südliche Afrika führten. Ich begann, eigene Storys zu fotografieren und zu schreiben. Nach vielen Monaten stand ich endlich wieder auf eigenen Beinen.

* * *

Jetzt trug ich erstmals seit Jahren wieder Kleider und Röcke, seit dem Krieg im Libanon war ich nur noch in Hosen herumgelaufen. Ich begann, mich wieder als Frau zu fühlen, ließ mir die Haare etwas länger wachsen, ließ es zu, dass sie lockig waren, erlaubte mir, weiblich auszusehen. Und ich gewann mein Selbstvertrauen zurück, meine Neugier, die mich im Libanon oft dazu gebracht hatte, einen Blick hinter die Kulissen zu werfen. Hatten mich dort die Palästinenserlager angezogen, so waren es hier die Townships. Dort konnte ich beobachten, wie die schwarze Bevölkerung wirklich lebte. Nach anderthalb Jahren bewegte ich mich ganz selbstverständlich allein in Mamelodi, der Township von Pretoria.

Uli war oft zu Dreharbeiten in Soweto. Er traf sich dort mit Winnie Mandela, die er mehrfach interviewte, mit Bischof Desmond Tutu und anderen Apartheidgegnern – und er hätte alles daran gesetzt, auch Nelson Mandela einmal besuchen zu können. Aber es gab nicht den Hauch einer Chance, ihn zu interviewen. Auf Robben Island saß auch ein Kommilitone aus Tübingen ein: Neville Alexander. Der schwarze Südafrikaner war über ein Alexander-von-Humboldt-Stipendium Ende der 1950er-Jahre nach Tübingen gekommen und hatte sich schon damals der Antiapartheidbewegung angeschlossen. An der Uni hatte er gegen das weiße Regime agitiert. Nach Südafrika zurückgekehrt, wurde er zum Mitbegründer der National Liberation Front, der

NLF. 1963 hatte man auch ihn in Pretoria wegen Hochverrats verurteilt, seitdem saß er wie Nelson Mandela in den Kerkern der Gefängnisinsel am Kap der Guten Hoffnung.

Unser Haushalt hatte sich mittlerweile verändert. Jetzt waren wir oft unterwegs und wenn wir zurückkamen, war der Garten verwildert und vertrocknet. Im Haus ekelte es uns vor Kakerlaken, eine regelrechte Invasion. Es musste etwas geschehen, hier konnte man nicht einfach die Tür hinter sich schließen und nach vierzehn Tagen zurückkehren. Haus und Garten mussten ständig gepflegt werden. Zudem hatten wir eine Mitbewohnerin bekommen: eine Katze, die, als wir eines Tages nach Hause kamen, auf dem Dach meines Minis lag, räudig und scheu. Kaum hatte sie uns gesehen, verschwand sie, doch sie kam immer wieder und streckte sich an ihrem Lieblingsplatz auf dem Autodach aus. Ich begann, sie regelmäßig mit einem Schälchen Milch zu versorgen. Das gefiel ihr. Uli gab zu bedenken, dass die Katze, die bald ein schönes, seidiges Fell bekam, irgendjemandem gehören musste – aber ich sperrte sie ja nicht ein. Bei uns standen immer alle Fenster und Türen offen, selbst wenn ich in die Innenstadt zum Einkaufen ging. Es gab keinerlei Grund, abzuschließen – die Straße, in der wir wohnten, wurde so intensiv von Geheimdienst und Polizei überwacht, dass wir unser Haus immer offen stehen lassen konnten. Irgendwann erfuhren wir, dass in unserer Nachbarschaft ein Haus leer stand; die alte Dame, der es gehört hatte, war vor einigen Wochen gestorben. Damit war die Herkunft der Katze geklärt.

Haus, Garten und jetzt auch noch Katze konnte ich nicht allein lassen. Auf meinen neuen Job wollte ich aber nicht verzichten – ich musste also mit meinem Vorsatz brechen und jemanden einstellen. Von jetzt an half Joana in Haus und Garten. Eine 40-jährige, rundliche Frau, die schwarzen, krausen Haare immer mit einem Kopftuch zusammengebunden, fröhlich und klug, mit einer 16-jährigen Tochter. Ihr Mann war Gewerkschaftsführer in Pretoria und sie war fest davon überzeugt, dass eines Tages die Schwarzen die gleichen Rechte in Südafrika haben würden wie die Weißen. Vom ersten Tag an machte ich ihr klar, dass wir keine südafrikanischen Verhältnisse im Haus haben wollten. Sie war unsere Mitarbeiterin und ich behandelte sie auch so. Trotzdem bestand sie darauf, mich mit Madam anzureden. »I'm not a Madam! My name is Ilse!«, korrigierte ich sie immer wieder. »Yes, Madam«, antwortete sie, ohne die Miene zu verziehen. Wenn Uli im Haus war, benutzte sie nie die Haustür, sondern kam durch die Gartentür. In seinem Beisein nahm sie auch nichts zu sich, sie trank nichts und sie aß nichts. Doch wenn ich mit ihr allein war, saßen wir an einem Tisch, aßen miteinander und unterhielten uns. Unser Verhältnis war herzlich und ich hatte das Gefühl, das sie sich bei uns wohlfühlte. Doch eine wirkliche Nähe ließ sie nicht zu. Da es äußerst kompliziert war, mit öffentlichen Verkehrsmitteln von Mamelodi zu uns zu kommen, holte ich Joana immer, wenn es mir möglich war, von zu Hause ab und brachte sie nach der Arbeit wieder zurück. Immer folgte mir dabei ein Fahrzeug der Geheimpolizei, denn es war für Weiße ohne Genehmigung eigentlich verboten, in die Township zu fahren. In meinem Mini kam ich merkwürdigerweise aber durch.

* * *

Im September 1978 verabschiedete der UN-Sicherheitsrat die Resolution 435. Südafrika wurde aufgefordert, seine Truppen aus Südwestafrika abzuziehen und dort freie Wahlen unter der Aufsicht der Vereinten Nationen zuzulassen. Niemanden überraschte es, dass die südafrikanische Regierung die UNO-Forderung ignorierte und stattdessen der Welt vorführte, was sie unter freien Wahlen verstand. Zum ersten Mal in der Geschichte Südwestafrikas waren nach der offiziellen Sprachregelung alle Bürger, weiße und schwarze, aufgefordert zu wählen – was es halt zu wählen gab. Die SWAPO boykottierte diese international nicht anerkannte Veranstaltung, zur Wahl standen nur regimetreue Kandidaten und Parteien. Dieses Ereignis wollte Uli für den »Weltspiegel« dokumentieren und so flogen wir ein weiteres Mal in das Nachbarland, nach Windhoek.

Am Wahltag landeten wir mit einer alten Propellermaschine mitten in der Kalahari, ganz in der Nähe eines Hüttendorfs. Zum ersten Mal in meinem Leben sah ich die legendären San, die Weißen nannten sie Buschmänner – kleine Menschen mit gelblich-bräunlicher Haut und hellwachen Augen, deren Vorfahren von den weißen Eroberern Südafrikas systematisch verfolgt und umgebracht worden waren. Die San, die Ureinwohner Südwestafrikas, die seit Tausenden von Jahren hier lebten, sollten also Kandidaten ihrer Unterdrücker wählen – ein irrwitziger Gedanke. Ausgerechnet sie, deren egalitäre Gesellschaft seit Menschengedenken ohne eine übergeordnete Führungselite auskam, die sich in kleinen Gemeinschaften bis zu höchstens zweihundert Menschen ohne Hierarchien organisierten, deren Entscheidungen ausschließlich von Erfahrung und Wissen, niemals von Status und Macht beeinflusst wurden! Dieses Politspektakel machte mich traurig.

Die südafrikanische Verwaltung hatte im Dorf ein provisorisches Wahllokal zimmern lassen, eine kleine, nach einer Seite hin offene Holzkabine. Diese bescheidene Hütte war von Polizei und Militär gesichert. An der Wand der Kabine hatte man ein Brett festgeschraubt mit einer langen Schnur, an der ein Kugelschreiber hing. Die San wurden aufgefordert, sich vor der Wahlkabine anzustellen. Wenn sie an der

Reihe waren, drückte ein uniformierter Wahlhelfer ihnen den Kugelschreiber in die Hand: »Schau mal, so musst du das machen!« Er zeigte ganz genau, wo die Wähler ihr Kreuz machen sollten. Stellte sich jemand ungeschickt an, führte man ihm die Hand – eine demokratische Farce.

Weit entfernt von der Wahlkabine hatten sich einige Frauen versammelt. Plötzlich gab es lauten Jubel: Eine San-Frau hatte gerade ein Kind geboren. Wie ich später erfuhr, finden Geburten bei den San grundsätzlich außerhalb des Dorfes statt. Erst mit der Rückkehr ins Dorf wird ein Neugeborenes in die Gemeinschaft aufgenommen.

In einer anderen Hütte hockte ein Buschmann, der mit dem Messer einen Speer schnitzte. Davor brannte ein Feuer. Eine archaische Welt. Die San verständigen sich in einer eigenartigen Klick- und Schnalzsprache. Noch heute sind sie Nomaden. Sie leben von der ältesten Form der menschlichen Jagd: der Ausdauerjagd. Sie nutzen die Ausdauer des Menschen, der darin fast allen Säugetieren überlegen ist. Noch heute erlegen die San schnelle Huftiere wie Zebras oder Steinböcke ganz ohne Fernwaffen: Sie rennen ihrer Beute so lange hinterher, bis diese schließlich entkräftet zusammenbricht.

Die ersten sogenannten freien Wahlen im ehemaligen Deutsch-Südwest wurden selbstverständlich von der südafrikafreundlichen »Turnhallenallianz« gewonnen, einem Zusammenschluss verschiedener konservativer Parteien, der sich nach seinem Gründungsort benannte, der deutschen Turnhalle von Windhoek.

* * *

Meine Neugier war geweckt. Seit unseren Osterferien in Durban und der Begegnung mit der »Witch-Doktorin« interessierte ich mich für die traditionellen afrikanischen

Medizinmänner und -frauen und unser Besuch im Kraal der San hatte dieses Interesse noch verstärkt. Als ich von einem Kongress an der Universität von Johannesburg erfuhr, beschloss ich, hinzugehen. Dort erfuhr ich vom alten Handwerk der afrikanischen Heiler. Sie machen eine dreijährige Ausbildung, unter anderem in Pflanzenkunde, traditioneller Heilkunst und Anatomie. Erst nach mehreren Teilprüfungen wird man zur Hauptprüfung zum Schamanen zugelassen.

Während des Kongresses gab es die Möglichkeit, einzelne Heiler zu kontaktieren – kurz entschlossen meldete ich mich bei einem renommierten Medizinmann aus Soweto an. Als ich schließlich aufgeregt vor ihm saß, stellte er mehrere Becher vor mich hin. »Werfen Sie den Inhalt auf dieses Tuch.« Dann stellte er mir einige wenige Fragen, die ich meist nur mit Ja oder Nein beantwortete. »Sind Sie verheiratet? Wie lange schon? Warum sind Sie in Südafrika? Haben Sie Kinder?« Danach betrachtete er eingehend die Gegenstände auf dem Tuch – Knochenteile, Metallstücke, Kerne, Steine – und beschrieb mir ganz genau die Situation, in der ich mich damals befand. Seiner Einschätzung war nichts hinzuzufügen, alles, was er sagte, traf auf mich zu. Offenbar war er ein hervorragender Beobachter mit guter Menschenkenntnis. Mein Auftreten und meine Haltung, aber auch die Art, wie ich den Becher warf, sagten ihm alles, was er wissen wollte. Ich war verwirrt und stand noch lange nach der Sitzung auf der Terrasse der Universität, stützte die Hände auf die Balustrade und schaute gedankenverloren in den Hof hinunter. In einem Kreis aus Zuschauern tanzte sich dort eine Schamanin in Trance. Mit unglaublicher Geschwindigkeit wirbelte sie herum, vollkommen weggetreten. Sie war in einer anderen Welt.

Nun wollte ich mehr wissen. Ich hatte einen englischen Professor kennengelernt, der an der Uni von Johannesburg Psychologie unterrichtete. Er bot mir an, mich zu dem bekanntesten traditionellen Heiler von Soweto mitzunehmen, mit dem er ein nächtliches Treffen vereinbart hatte. Eines Abends traf ich den Professor am Eingang der Township. Ich sollte mit meinem Mini hinter seinem Wagen herfahren. Da er eine Genehmigung hatte, nach Soweto hineinzufahren, konnten wir die massiven Polizeisperren vor dem Slum ohne Probleme passieren – das Treffen nämlich fand ausgerechnet am Jahrestag des blutig niedergeschlagenen Schüleraufstands von Soweto statt.

Die unbefestigten Straßen waren voller Menschen an diesem Abend, überall stieg Rauch auf, über Feuerstellen wurde das Abendessen gekocht. Wie die gesamte schwarze Bevölkerung Südafrikas lebten auch die Einwohner Sowetos vorwiegend von Milipap. Zu dieser afrikanischen Polenta aß man eine Art Tomatensoße – morgens, mittags und abends; Fleisch gab es nur an hohen Fest- und Feiertagen. Während ich das Treiben am Straßenrand fasziniert verfolgte, bog der Professor mehrmals ab, in kleinste Nebenstraßen, und ich hatte alle Mühe, ihm zu folgen. An einem belebten Gemüsemarkt, um den sich Menschentrauben drängten, war er plötzlich verschwunden. Nirgends war sein Auto zu sehen – und ich hatte keine Ahnung, wo ich mich befand. Mir blieb nichts anderes übrig, als weiterzufahren, mich irgendwie durch das Straßengewirr zu schlängeln. Soweto war ein Moloch, der Zusammenschluss mehrerer Townships mit mehr als einer Million Einwohnern, mit Straßen, die diesen Namen nicht verdienten und einer unbeschreiblichen Armut. Ich geriet in Panik. Wie sollte ich hier jemals wieder rausfinden? Nachdem ich lange herumgeirrt war, tauchte schließlich eine Ausfahrt auf. Davor ein Panzerspähwagen und Unmengen von Polizei und Militär, wegen des Jahrestags rechnete man mit Unruhen. Die Polizei stoppte mich und drohte mir mit Gefängnis, weil ich keine Besuchergenehmigung hatte. Nach endlosen Diskussionen durfte ich endlich weiterfahren.

Ich war erleichtert – und am Boden zerstört: Ich hatte das Zusammentreffen mit einem der berühmtesten Schamanen Südafrikas verpasst!

* * *

Johannesburg war unser Fluchtort. Immer, wenn wir der Enge Pretorias für ein paar Stunden entkommen wollten, fuhren wir dorthin. Oft waren wir dort, wenn wir einkaufen oder essen gehen wollten. Es gab dort einen Jazzkeller, in dem nicht nur Weiße, sondern regelmäßig auch Schwarze verkehrten – eine Ausnahmesituation, von der liberaleren Johannesburger Polizei einfach geduldet. Hin und wieder aber gab es Razzien. Dann musste man damit rechnen, den Rest des Abends im Gefängnis zu verbringen.

Dennoch wurde in Johannesburg, obwohl es freier und liberaler als Pretoria erschien, streng auf Rassentrennung geachtet. Als ich mal in einem Einkaufszentrum zur Toilette ging, erwischte ich aus Versehen die Tür für Schwarze. Was für ein Aufruhr! Ein weißer Polizist brüllte mich an. Ich machte auf ahnungslose Touristin und sah zu, so schnell wie möglich dort wegzukommen.

Je länger wir in Südafrika lebten, desto mehr spürten wir die Spannungen. Im Land gärte und brodelte es. Die Zeitungen berichteten ständig über Zusammenstöße zwischen Buren und Schwarzen. Als wir einmal nach Anbruch der Dunkelheit über die breite Einkaufsstraße von Johannesburg gingen, sahen wir vor einem bereits geschlossenen Geschäft eine Gruppe weißer Männer, die brüllten und auf einen Schwarzen, der am Boden lag, einprügelten. Uli rannte auf die Schläger zu und schrie: »Hört sofort auf!« Die Männer waren so überrascht, dass sie tatsächlich von ihrem Opfer abließen. Sie ließen zu, dass Uli ihm aufhalf, innerhalb von Sekunden war der Schwarze in der Dunkelheit verschwunden.

Nur Diamanten
sind unvergänglich

Das Stadion von Salisbury war bis auf den letzten
Platz gefüllt. Unter frenetischem Applaus erschien
Bob Marley, in Schwaden von Haschisch gehüllt,
mit zweistündiger Verspätung auf der Bühne. Der jamaikanische Reggaemusiker war der Superstar für viele Afrikaner, eine wichtige Identifikationsfigur in ihrem Kampf um
Unabhängigkeit. Seine Songs wie *Africa Unite* und *Get Up,
Stand Up* waren Hymnen. Unter dem wolkenlosen Nacht-
himmel Afrikas schien ein ganzes Land zu feiern. Diese ent-
fesselte simbabwische Unabhängigkeitsfeier war für mich
eine der eindrucksvollsten Veranstaltungen – und sie hatte
eine jahrelange, blutige Vorgeschichte. Wie es zu diesem rau-
schenden Fest kommen konnte, hatte Uli in vielen Berichten
für die »Tagesschau« und den »Weltspiegel« geschildert.

Die Geschichte Simbabwes ist ein Musterbeispiel
britischer Kolonialpolitik und sie hat einen Namen: Cecil
Rhodes. Er war das Gesicht des Imperialismus, einer der
Protagonisten im Wettlauf um Afrika. Der Unternehmer aus
Bishop's Stortford nördlich von London war ein früher
Netzwerker. Er hatte beste Kontakte zu englischen Clubs,
den Rückhalt des Königshauses und überzeugte die Banken
des Empires von seiner Geschäftsidee: Diamanten. Im Jahr
1870 hatten erste Funde im südlichen Afrika für Aufsehen gesorgt. Cecil Rhodes gründete die De Beers Mining
Company und hatte wenige Jahre später das Monopol über
die Diamantenproduktion im ganzen südlichen Afrika. Ihr
Werbeslogan lautet: »A diamond is forever«. Ein Diamant

ist unvergänglich. Das trifft auch auf den Konzern zu: Bis heute ist De Beers ein Megaplayer der afrikanischen Politik, alle Krisen und politischen Systeme im südlichen Afrika hat er überlebt.

Auch auf dem Gebiet des Matabele-Königreichs besaß Cecil Rhodes Schürfrechte. Nachdem diese sich als lukrativ erwiesen hatten, ließ er das Territorium kurzerhand von angeheuerten Söldnern und britischen Kolonialtruppen besetzen. Das Empire dankte ihm für die neuen Kolonien, indem sie nach ihm benannt wurden: Nord- und Südrhodesien.

Erst achtzig Jahre später wurde aus Nordrhodesien Sambia, ein international anerkanntes Land, mit einer von der schwarzen Mehrheitsbevölkerung gewählten Regierung.

Südrhodesien dagegen, das am 11. November 1965 einseitig die Unabhängigkeit von Großbritannien erklärt hatte, war international geächtet. Dort hatte eine Minderheit weißer Farmer die Macht übernommen – gegen den Widerstand Großbritanniens und der schwarzen Mehrheitsbevölkerung. Ihr Führer, Premierminister Ian Smith, setzte alle Hebel in Bewegung, um freie Wahlen zu verhindern – sie hätten einen Machtverlust der Weißen bedeutet. Innerhalb der schwarzen Mehrheitsbevölkerung Rhodesiens, wie sich das Land jetzt nannte, begann sich gewaltsamer Widerstand zu formieren. Guerillaorganisationen, die von den kommunistischen Regierungen Osteuropas unterstützt wurden, lieferten der Regierung Smith und den weißen Farmern einen blutigen Buschkrieg. Die beiden Protagonisten der schwarzen Opposition waren Robert Mugabe und Joshua Nkomo. Mugabe gehörte zum Stamm der Schona, die in Rhodesien die Mehrheit stellen. Nkomo war Vertreter der einflussreichen Ndebele. Sein Machtzentrum lag in Bulawayo, der zweitgrößten Stadt des Landes.

Obwohl die beiden jahrelang inhaftiert waren, gewannen ihre Organisationen, die ZANU und die ZAPU, zunehmend an Einfluss und als Mugabe und Nkomo 1974 nach internationalem Druck freigelassen wurden, kannte der Jubel unter den Schwarzen keine Grenzen. Dennoch flüchteten die beiden Oppositionsführer sofort ins Exil. Von dort steuerten sie den Bürgerkrieg, Mugabe in Mosambik und Nkomo in Sambia. Irgendwann drohte der Buschkrieg außer Kontrolle zu geraten. Die Regierung Smith war zum Handeln gezwungen. Sie veranstaltete eine Parlamentswahl, an der sich erstmals auch die schwarze Bevölkerung beteiligen konnte – nicht aber die ZANU und die ZAPU. Sieger wurde 1978 Bischof Abel Muzorewa, ein von den weißen Farmern akzeptierter schwarzer Kompromisskandidat, erster Premierminister eines Landes, das sich von nun an Simbabwe-Rhodesien nannte. Smith blieb in der Regierung, als »Minister ohne Geschäftsbereich« – nicht aber ohne Einfluss. Dennoch blieben die internationalen Sanktionen bestehen, und auch Mugabe und Nkomo erkannten den Ausgang der Wahl nicht an. Der Bürgerkrieg ging in die nächste Runde.

In dieser Phase begann Ulis Korrespondentenzeit. Südwestafrika und Simbabwe-Rhodesien waren die beiden Brennpunkte. Wenn wir nicht in Windhoek oder Swakopmund drehten, waren wir in Bulawayo und Salisbury.

Meist nahmen wir das Flugzeug, doch ab und zu fuhren wir die tausend Kilometer in einer dreizehnstündigen Fahrt auch mit dem Auto. Eine eindrucksvolle Reise durch die südafrikanische Landschaft. Schon an der Grenze wurde es brisant: überall Panzerspähwagen und zwei gigantische Zäune, dazwischen ein breiter, bewachter Grenzstreifen. In diesem Niemandsland zwischen Südafrika und Simbabwe-Rhodesien hatte das burische Militär das Sagen. Man tat alles, um zu verhindern, dass Bürgerkriegsflüchtlinge nach Südafrika gelangten und der Konflikt ins eigene Land überschwappte.

* * *

Bald war Rhodesien unsere zweite Heimat. Jetzt lebten wir wieder monatelang im Hotel, wie damals in Beirut. In Salisbury war es das Meikles, ein Relikt kolonialer Vergangenheit. Hier schien die Zeit stehengeblieben zu sein und der Buschkrieg meilenweit entfernt. Pünktlich zur »Tea Time« fuhren die reichen weißen Farmer im Rolls-Royce, Bentley oder Jaguar vor, chromblitzende Luxuskarossen, die sich in den Nachmittagsstunden Seite an Seite vor dem Meikles aufreihten. Oft waren sie dreißig, vierzig Jahre alt, hatten aber kaum mehr als 10 000 Meilen auf dem Tacho. Repräsentationsfahrzeuge, die von den Farmern nur für den Weg ins Meikles oder zur Kirche genutzt wurden, wie früher prachtvolle Pferdekutschen.

Ihre Besitzer hatten in der Regel Vorfahren, die im 19. Jahrhundert aus England gekommen waren. Britische Herrenmenschen, die davon überzeugt waren, dass die Schwarzen niemals in der Lage sein würden, das Land zu regieren. Der Buschkrieg beunruhigte sie, doch sie glaubten naiv daran, die etablierte Ordnung verteidigen zu können. Bei Tee, Whisky und Zigarren hingen sie im Meikles alten Zeiten nach und verdrängten die blutige Wirklichkeit. Bei näherem Hinsehen aber wurde deutlich, dass sie sich nicht mehr sicher fühlten – vor jedem Geschäft, vor jedem Restaurant standen Sicherheitsleute. Wollte man hinein, wurde man abgetastet und durchsucht. An diese Unannehmlichkeiten hatte man sich inzwischen gewöhnt. Sah man davon ab, verlief das Leben in Salisbury und Bulawayo in wohlgeordneten Bahnen.

Ganz anders auf dem Land: Dort hatten die Rebellen inzwischen große Gebiete erobert. Da sich die blutigen Überfälle auf abgelegene Farmen häuften, verbarrikadierten sich ihre weißen Besitzer und gründeten eigene Milizen. Selbst die Kinder schliefen mit Gewehren neben dem Bett.

Bei unseren Fahrten ins Land lernten wir eine sympathische vierköpfige Familie kennen, vernünftige und für rhodesische Verhältnisse liberale Leute. Sie lebten auf einer einfachen Farm in bescheidenen Verhältnissen, ihr Lebensstandard erinnerte an das 19. Jahrhundert, ohne Luxus. Felsenfest waren sie davon überzeugt, dass »ihre Schwarzen«, ihre Angestellten also, Anhänger von Ian Smith wären und ihnen niemals gefährlich werden würden. Ein unerschütterliches Überlegenheitsgefühl: »Die Schwarzen können niemals selbst eine Farm führen, sie sind gar nicht in der Lage, die Macht zu ergreifen. Wir müssen nur eine gewisse Zeit lang durchhalten!« Dennoch wirkte auch diese Familie angespannt.

* * *

Ulis Berichte liefen jetzt häufig in der »Tagesschau« und im »Weltspiegel«. Die politischen Umwälzungen in Afrika waren auch für Europa von politischer Brisanz: Stellvertreterkriege im Ost-West-Konflikt. Der Westen wollte nicht, dass eine weitere ehemalige Kolonie unter östlichen Einfluss geriet. Immer wieder tauchten in Salisbury auch deutsche Politiker auf. Auch Jürgen Todenhöfer kam jetzt häufig nach Rhodesien, damals entwicklungspolitischer Sprecher der CDU/CSU-Fraktion, Mitglied der sogenannten Stahlhelmfraktion. Ein strammer Konservativer und einer der bekanntesten deutschen Unterstützer der von den USA geförderten Mudschahedin in Afghanistan. Später wurde er auf wundersame Weise zum Friedensengel – leider erst nach seinem Ausscheiden aus der Politik.

Es fiel auf, dass sich vor den Salisbury-Besuchen Todenhöfers fast immer ein Anschlag ereignete. So waren es eindrucksvolle Kulissen, in denen Todenhöfer vor laufender Kamera regelmäßig vor der Machtübernahme durch Mugabe oder Nkomo warnte. Einmal fragte Uli ihn: »Haben Sie denn kein schlechtes Gewissen? Immer wenn Sie kommen, gibt es kurz vorher ein Massaker! Das muss doch irgendwas mit Ihnen zu tun haben?« Es war peinlich: Mit solchen Medienberichten wurden die barbarischen Taten der Rebellen gebrandmarkt. Obwohl sie wahrscheinlich auf das Konto weißer Todeskommandos gingen.

Die Lage in Rhodesien wurde immer schwieriger. Die Gewalt eskalierte, und wie im Libanon war nicht immer klar, wann wer gegen wen kämpfte. Einmal hatte Uli von seinem Informanten erfahren, dass weit draußen im Busch ein Kloster überfallen worden war. Als wir dorthin kamen, boten sich uns Bilder des Grauens: Die Nonnen waren am Tag zuvor von den Aufständischen vergewaltigt und getötet worden. Ein anderes Mal wurden wir Zeugen, wie zwei junge Mugabe-Anhängerinnen von Muzorewa-Getreuen als Verräterinnen bestraft wurden: Sie hatten ihnen glühende Pfähle in die Vagina gestoßen und sie bis zum Hals in den Erdboden eingegraben. Wir waren dabei, als man die Frauen am nächsten Tag ausgrub. Beide lebten noch.

Wir sind im Auto im Busch unterwegs, wollen die Stimmung außerhalb von Salisbury erkunden. Plötzlich taucht vor uns ein Lastwagen auf. Auf der Pritsche Dutzende junger, schwarzer Männer in Zivilkleidung, dazwischen bewaffnete Schwarze. Uli beschließt, dem Lastwagen zu folgen. Fast zwanzig Minuten lang bleiben wir in gehörigem

Abstand, bis er irgendwo in der Wildnis auf einem kleinen Hügel vor einem leer stehenden, lang gestreckten Schuppen hält. Aus dem Führerhaus springen Bewaffnete. Sie befehlen den Männern auf der Pritsche, sich an die Wand zu stellen, mit gespreizten Beinen und ausgestreckten Armen. Wir steigen aus, Alain beginnt sofort zu drehen. Ich fotografiere. Einige der jungen Schwarzen, die nebeneinander an der Wand stehen, drehen sich zu mir um und rufen verzweifelt: »Help! Madam, please help!« Immer wieder. Fast Kinder noch, vielleicht siebzehn Jahre alt. Jetzt richten die Guerilleros ihre Gewehre auf uns: »Fuck off! We shoot if you don't go away!« Ein junger Mann steht an der Wand und starrt mich flehend an. »Help! Madam!«, bettelt der Junge in Todesangst. Uli gibt das Zeichen zum Einsteigen. Ich gehe mit den anderen zum Wagen, schließe die Tür und die Augen. Eine fürchterliche Situation. Wir können nicht helfen, ohne unser eigenes Leben zu riskieren. Wieder fühle ich mich wie in Beirut. Als wir losfahren, ist klar, was passieren wird. Kurz darauf fallen die Schüsse.

Es blieb ein grauenvolles Gefühl der Hilflosigkeit. Schwarze Milizionäre killten im Dienst des weißen Regimes. Eine rechtsfreie Situation. Jeder Tag in diesem Buschkrieg erinnerte mich an Beirut. Es war schrecklich.

* * *

Plötzlich gab es Hoffnung. Eine Konferenz im Londoner Lancaster House sollte das Morden beenden. Die britische Regierung hatte im September 1978 die Kriegsparteien dazu eingeladen: Bischof Muzorewa und Ian Smith, Robert Mugabe und Joshua Nkomo. Nach drei Monaten war der Durchbruch geschafft: Das Lancaster-House-Abkommen sah freie Wahlen unter Beteiligung aller Parteien vor. Um einen fairen Wahlkampf zu garantieren, sollte Großbritannien für die Zeit bis zur Einsetzung der neuen Regierung wieder vorübergehend die Regierungsgeschäfte übernehmen. Etwas in der Geschichte Einmaliges geschah: Rhodesien wurde vorübergehend wieder Kronkolonie Großbritanniens. Unter Aufsicht der Briten sollten im März 1980 Wahlen stattfinden.

Die Macht hatte jetzt Lord Christopher Soames, ein waschechter britischer Gentleman. Soames war ein intelligentes Schlitzohr, ein mit allen Wassern gewaschener Politprofi, Minister in verschiedenen Regierungen und ehemaliger britischer Botschafter in Paris. Der wohlbeleibte Lord, der mich immer ein bisschen an den Schauspieler Charles Laughton erinnerte, war ein ausgewiesener Bordeaux-Kenner und Bourbon-Fan. Soames also saß nun im Regierungssitz von Salisbury. Ian Smith und seine Männer waren »not amused«. Beschützt wurde der frisch gekürte Gouverneur, ein Schwiegersohn Winston Churchills, von waschechten Bobbys, die zur allgemeinen Verblüffung plötzlich in den Straßen von Salisbury auftauchten. Natürlich wären sie nie in der Lage gewesen, den Gouverneur vor ernst gemeinten Angriffen zu schützen, doch dieses Risiko nahmen die Briten in gewohnter Gelassenheit auf sich.

Soames sollte friedliche Wahlen im Land organisieren – unter Beteiligung aller Bevölkerungsgruppen und Parteien. Dass die amtierende Regierung und der ehemalige Premierminister Ian Smith dabei verlieren konnten, nahm man in Kauf.

Nun gab es nur noch ein Thema: Wann würden die Oppositionsführer Nkomo und Mugabe aus dem Exil zurückkehren? Würden die Guerillakrieger tatsächlich die Waffen niederlegen? Und natürlich: Wie würden die Wahlen ausgehen? Die wirklichen Machtverhältnisse zwischen Mugabe, Nkomo und Muzorewa waren nur schwer einzuschätzen.

Neben dem Meikles gab es in Salisbury ein zweites, modernes Hotel mit einer ansprechenden Lounge: das Monomotapa, benannt nach einem vorkolonialen afrikanischen Staat. Hier verkehrten Journalisten, Geheimdienstleute, Söldner – die übliche Kriegsklientel. Eines Tages, als wir dort beim Cocktail saßen, fielen uns einige Männer in merkwürdigen Uniformen auf. Uli wurde neugierig. »Geh doch mal da rüber, vielleicht kriegst du ja raus, wer die sind«, sagte er zu Alain Debos. Der dauerkommunikative Franzose war der richtige Mann für Jobs dieser Art, er ging offen auf Menschen zu und kam mit jedem sofort ins Gespräch. Auch jetzt ging er zu den Uniformierten und setzte sich zu ihnen. Mit einer Sensation kam er zurück: Die Männer aus Mosambik gehörten zum Vortrupp Robert Mugabes, sie sollten die Rückkehr des Guerillaführers nach Rhodesien vorbereiten. Spontan sagte Uli zu Alain: »Frag die doch mal, ob wir mit ihnen nach Mosambik zurückfliegen können.« Und nach einem Telefonat mit Mosambik saßen Uli und das Team noch am selben Abend in einem Flugzeug nach Maputo. Uli witterte einen Scoop.

Ich kehrte ins Meikles zurück, zwei Tage lang wartete ich auf ein Lebenszeichen. Dann machte in Salisbury die Nachricht die Runde, auf die alle gewartet hatten: Mugabe kehrt aus Mosambik zurück! Er sei schon im Landeanflug auf Salisbury. Sofort fuhr ich zum Flughafen. Überall Militär, Bobbys, Mugabe-Anhänger und Presseleute aus der ganzen Welt. Die Maschine landete, rollte aus, die Gangway wurde herangefahren, die Tür öffnete sich – und heraus kam: Alain Debos, die Kamera auf der Schulter und mit stolzgeschwellter Brust. Mit einem Grinsen stolzierte der Franzose die Gangway herunter und machte sich einen Spaß daraus, seine unten wartenden Journalistenkollegen zu filmen. Dann stand Robert Mugabe oben auf der Gangway und winkte den Wartenden zu – ein historischer Augenblick.

In diesem Chaos entdeckte ich Uli, er nahm mich kaum wahr. Gemeinsam rasten wir zurück ins Meikles, wo er sofort die Redaktion der »Tagesschau« anrief: »Wir haben Mugabe! Ein Exklusivinterview im Flugzeug während seiner Rückkehr!« Aber Hamburg reagierte cool: »Das interessiert niemanden.« Die Weltnachrichten konkurrierten Tag für Tag miteinander und wie so oft, wenn Uli glaubte, *den* Knüller im Kasten zu haben, passierte in einer anderen Ecke der Welt etwas, das in den Augen der Heimatredaktion von größerer Bedeutung war. Uli war sauer.

Müde und frustriert erzählten mir die beiden in der Bar des Meikles die Geschichte ihres Abenteuers: Nachdem sie in Maputo gelandet waren, quartierte man sie im Polana ein – dem einzigen Luxushotel, das in Mosambik noch funktionierte. Uli hatte dem Chef der Delegation schon im Flugzeug gesagt, dass er gern ein Interview mit Mugabe machen würde. Am nächsten Morgen klingelte dann in Ulis Hotelzimmer das Telefon. Am Apparat war der Referent von Robert Mugabe: »In einer Stunde werden Sie abgeholt.« Und tatsächlich fuhr nach anderthalb Stunden ein Auto vor, auf dem Kotflügel schon die Standarte des zukünftigen Simbabwe.

Uli beschrieb Robert Mugabe als höflichen, sympathischen Mann, der hervorragend englisch sprach. Mugabe betonte ausdrücklich, dass man in Simbabwe nicht den gleichen Fehler machen werde wie in Mosambik. »Wir werden die Weißen nicht vertreiben. Für eine Übergangszeit brauchen wir sie auf jeden Fall.« Das Interview vermittelte ein völlig anderes Bild des Rebellen – anders jedenfalls als die weißen Rhodesier ihn sahen. Die Weltöffentlichkeit sah in Mugabe ein blutrünstiges Monster, einen Verbrecher, auch ich hatte das bis dahin geglaubt. Und da er von den Kommunisten unterstützt wurde, stand er in den Augen des Westens ohnehin auf der falschen Seite.

Am Ende des Interviews sagte Mugabe: »Ich kehre morgen nach Salisbury zurück.« – »Dürfen wir da mit?«, fragte Uli. – »Ja, selbstverständlich! Ich lasse Sie und Ihr Team im Hotel abholen.« Doch am nächsten Morgen kam niemand. Das Team wartete eine halbe Stunde über den vereinbarten Termin hinaus am Hotel, dann nahmen sie ein Taxi.

Am Flughafen war der Abschied Robert Mugabes von Mosambik schon in vollem Gange. Diplomaten standen in Reih und Glied, Mugabes Entourage bestieg gerade den Flieger. Das Team war zu spät gekommen. »Und jetzt?«, fragte Alain frustriert. »Abwarten«, sagte Uli, dirigierte den Taxifahrer direkt unter die Laderampe des Flugzeugs und befahl kurzerhand, das Gepäck einzuladen. Dann marschierte er mit Alain entschlossen die Gangway hoch – heute unvorstellbar. Erst, als sie im Flugzeug standen, fragte einer der Sicherheitsleute: »Was wollt ihr denn hier?« Glücklicherweise saß Mugabes Protokollchef ziemlich weit vorn. »Hey, you promised us two seats!«, rief Uli ihm zu. Die Maschine war voll, bis auf den letzten Platz. Da stand der Mann auf, ging auf einzelne Delegationsmitglieder zu und schickte zwei von ihnen wieder raus. So kam das Team zu dem historischen Flug.

Keine anderen Journalisten waren an Bord! Bei Uli machte sich Hochstimmung breit. Eine Sensation – Mugabes Rückkehr aus dem Exil und sie waren als Einzige dabei! Während des Fluges gab Mugabe Uli ein weiteres Interview. Wann immer er in den folgenden Wochen und Monaten ein Interview wollte, konnte er einfach zu Mugabe fahren, der ihn mit den Worten begrüßte: »Ah, you are the guy who fetched me in Maputo!«

Nachdem die »Tagesschau« den Exklusivbericht abgelehnt hatte, rief Uli frustriert Paul Schumacher, den »Spiegel«-Korrespondenten, an und verkaufte ihm das Interview. Schumacher kannten wir von Pretoria. Oft schaute der selbstbewusste »Spiegel«-Mann im ARD-Büro vorbei, Uli und er hatten sich auf Anhieb verstanden. Für Uli war Paul, der seit dreizehn Jahren in Südafrika lebte, ein hochgeschätzter Experte, mit dem er, ähnlich wie mit Carl Buchalla in Beirut, regelmäßig die Lage besprechen konnte. Längst wohnte auch Schumacher jetzt im Meikles.

Kurze Zeit später kam dann ein Anruf aus Hamburg: »Wir sind doch interessiert!« Mittlerweile hatte man in der »Tagesschau«-Redaktion die Bedeutung der Nachricht erkannt und wollte das Material unbedingt haben. Für die Zwanzig-Uhr-Sendung war es zu spät, aber für die Spätausgabe der »Tagesschau« reichte es noch – in letzter Minute gelang es, eine Leitung von Salisbury über Johannesburg nach Hamburg zu stricken. Eine irre Geschichte.

***

In Salisbury wurde Mugabe begeistert begrüßt. Zehntausende feierten seine Rückkehr aus dem Exil. Fast ebenso viele Menschen jubelten Nkomo zu, der wenig später ins Land zurückkehrte. Dann öffneten sich die Gefängnistore für die inhaftierten politischen Gegner des Smith-Regimes; wir fuhren nach Bulawayo, wo mehrere Mugabe-Anhänger freigelassen wurden. Sie waren sofort bereit, ein Interview zu geben – vorausgesetzt, wir würden ihnen die Taxifahrt nach Salisbury bezahlen. Völlig mittellos waren sie aus dem Gefängnis entlassen worden. Dass unter ihnen der zukünftige Staatspräsident Banana und der

Finanzminister des neuen Simbabwe waren, konnten wir zu diesem Zeitpunkt noch nicht wissen.

Nachdem die schwarzen Politiker freigelassen worden waren, begann die Entmilitarisierung des Landes, wie im Lancaster-House-Abkommen vorgesehen. Wir waren dabei, als die ersten Kämpfer aus dem Busch auftauchten und ihre Waffen abgaben: Abgerissene, finster dreinblickende Gestalten, noch immer bis zu den Zähnen bewaffnet. Die meisten hatten Haschischtäschchen dabei und Patronengurte um den Leib geschnallt. Die Männer, die seit über acht Jahren im Busch gelebt hatten, stellten sich in einer Reihe auf und ließen sich filmen. Für die Buschkrieger muss das eine ebenso ungewöhnliche Begegnung gewesen sein wie für uns. Zurück im Meikles sprach sich schnell herum, dass wir die Entwaffnung der ersten Guerilleros gefilmt hatten. Selbst erfahrene Kollegen kamen auf uns zu und fragten nach Details – unter ihnen der berüchtigte Kriegskorrespondent Hans Germani, wie immer im Safarilook mit einem Gürtel, an dem ein Dolch steckte. Im Kongokrieg hatte er noch auf Seiten der belgischen Söldner mitgeschossen und darüber berichtet. Jetzt jagte auch er der Entwaffnungsstory hinterher – und landete ausgerechnet in einer der Elefantenfallen, die die Buschkrieger für ihre weißen Feinde ausgebuddelt hatten. Am nächsten Morgen stürzte er brüllend und mit verbundenem Kopf in den Frühstücksraum – er machte Uli für seinen Unfall verantwortlich, weil der ihn vor dieser Gefahr nicht gewarnt hatte.

Nach der Entwaffnung begann der Wahlkampf. Mit viel Geld versuchten der Westen und Südafrika, den als gemäßigt geltenden Bischof Abel Muzorewa als Gegenspieler zu Mugabe und Nkomo aufzubauen. Muzorewa gehörte wie Mugabe zum Stamm der Schona. Als Sohn eines

Predigers hatte er es bis zum Bischof der Vereinigten Methodistischen Kirche von Rhodesien gebracht.

Eine Woche vor der Wahl besuchten wir eine Wahlveranstaltung in Bulawayo, wo Nkomo zum ersten Mal öffentlich auftreten sollte. Auf einem riesigen, hoffnungslos überfüllten Feld warteten dicht gedrängt mehr als hunderttausend Menschen auf den Ndebele-Führer, stundenlang in brütender Hitze. Um sich die Zeit zu verkürzen, fingen sie an zu singen. Doch irgendwann schien die Stimmung zu kippen, die Leute wollten nicht länger warten, manche wurden aggressiv – da stellten sich einige Sicherheitsleute auf die Bühne, das Singen und Schreien der Zuschauer ging in ein kollektives, lautes, unruhiges Gemurmel über. Plötzlich stand Nkomo vor dem Mikrofon. Die Menge tobte – eine gefährliche Situation, die an Hysterie grenzte. In diesem hochexplosiven Augenblick machte Nkomo etwas völlig Unerwartetes: Er fing an zu tanzen und zu singen! Und das Publikum machte mit, Hunderttausend bewegten sich im Rhythmus des Politikers und bekundeten auf diese Weise ihre Sympathie. Erst als er die Menge im Griff hatte, fing Nkomo an zu reden, mit ungewöhnlicher Stimmgewalt. Seine Anhänger beruhigten sich schnell, sie klatschten und jubelten nach seiner Rede. Die Veranstaltung, die in einer Katastrophe hätte enden können, löste sich in Freude und Wohlgefallen auf. Eine beeindruckende Vorstellung. Jetzt verstand ich, warum die Menschen Nkomo so verehrten.

Mugabe war anders – ruhig, distanziert, intellektuell. Doch auch er tanzte und sang bei öffentlichen Veranstaltungen, um mit seinen Anhängern in Kontakt zu kommen. Bei diesen Wahlveranstaltungen ging es nicht wie bei uns in Europa darum, eine Menge mit Argumenten zu überzeugen, sondern darum, sie emotional für sich zu gewinnen.

Je näher der Wahltag kam, desto mehr internationale Journalisten bevölkerten die Hotels in Salisbury. Die meisten von ihnen erklärten Bischof Muzorewa schon vor der Wahl zum Sieger – geblendet von seiner riesigen Propagandamaschinerie. Als einziger Korrespondent prognostizierte Uli in einem »Tagesschau«-Beitrag eine Wahlniederlage Muzorewas. Nachdem er den Bericht überspielt hatte, bekam er einen Anruf der Redaktion: »Kienzle, pass mal auf, du liegst so was von daneben! Alle Agenturen berichten, dass der Wahlsieger Muzorewa heißen wird!« Uli war überzeugt davon, die Stimmung im Land zu kennen. Doch in Deutschland blieb man skeptisch: »Das können wir nicht senden! Wenn wir das senden und Muzorewa morgen gewinnt, bist du als Korrespondent nicht mehr tragbar!« – »Okay, das ist mein Risiko!«, sagte Uli. Und nur ich habe gespürt: Ihm war mulmig zumute.

* * *

Dann kam der Tag der Wahrheit. Am 4. März 1980 konnten alle Einwohner Rhodesiens zum ersten Mal frei wählen. Vor den Wahllokalen bildeten sich kilometerlange Schlangen, die Menschen kamen von überall her, aus den Dörfern, aus dem Busch. Endlose Reihen bunt gekleideter Afrikaner zogen über die hügelige Landschaft. Ein Freudentag. Eine solche Begeisterung für eine Wahl habe ich noch nie erlebt. Stundenlang warteten die Wähler geduldig in der Sonne, bis sie an der Reihe waren, um ihr Kreuz zu machen. Gesichert wurden die Wahllokale von britischen Bobbys, die im Falle eines Gewaltausbruchs nicht einmal in der Lage gewesen wären, sich selbst zu verteidigen. Doch nirgendwo kam es zu Zwischenfällen, die Wahl lief völlig geregelt und friedlich ab. Ein kleines Wunder.

Uli war den ganzen Tag unterwegs. Er wollte herausfinden, ob seine Prognose stimmte. Immer wieder fragte er Wähler: »Whom do you vote for?« Die Antwort war immer dieselbe: »Muzorewa!« Das ging stundenlang so: »Whom do you vote for?« – »Muzorewa!« Jeder, den er fragte, gab ihm dieselbe Antwort: »Muzorewa!« Irgendwann im Lauf des Nachmittags kam Uli ziemlich verzweifelt zu mir und sagte: »Ilse, wir können einpacken! Ich liege völlig daneben!«

Auch ich war am Boden zerstört. Das konnte nicht sein! Alle seine afrikanischen Quellen hatten ihm versichert, dass Mugabe die Wahl haushoch gewinnen würde. In meiner Verzweiflung fragte ich selbst eine Gruppe, die gerade auf dem Weg zum Wahllokal war: »Whom do you vote for?« Und auch hier die Antwort: »Muzorewa!«

Plötzlich hatte Uli einen Verdacht. Wie Schuppen fiel es ihm von den Augen: Die Schwarzen waren seit Jahrzehnten daran gewöhnt, den Weißen immer genau das zu erzählen, was diese hören wollten. Deshalb sagte er frech: »I don't believe you!« und erklärte, dass wir extra aus Deutschland gekommen seien, um über den Umbruch in Simbabwe-Rhodesien zu berichten. »We not know Germany!«, lautete die misstrauische Antwort. Erst als er erklärte, dass Deutschland weit weg wäre und man mit dem Flugzeug fünfzehn Stunden dorthin bräuchte, brachen die Schwarzen in befreites Gelächter aus. »We all vote for Mugabe! Everyone votes for Mugabe!«, verrieten sie mit breitem Grinsen.

Und die Erleichterung war riesengroß: Am Ende des Tages hatte Mugabe die Wahl mit absoluter Mehrheit gewonnen. Uli ließ es sich nicht nehmen, in Hamburg anzurufen: »Wer hat jetzt recht behalten?«

Am Abend wurde in der ganzen Stadt gefeiert, die Sieger feierten sich selbst, die Verlierer spülten ihren Frust hinunter, und die internationale Presse feierte Abschied. Unser Team war zu einer Party eingeladen, die zwei britische Journalisten in einem der alten Ballsäle des Meikles organisiert hatten – Nick Davies von der »Daily Mail« und Mike Nicholson vom Privatsender ITV. Mike war nicht nur Journalist, sondern nebenher auch noch Autohändler. Um etwas dazuzuverdienen, verkaufte er gut erhaltene afrikanische Oldtimer nach England: Rolls-Royce, Bentley, Jaguar.

Im Meikles ging es hoch her. Es gab Cocktails, Whisky, südafrikanische Weißweine, jede Menge Bier – und irgendwann machte Gras die Runde. Auch die Assistentin von Lord Soames war anwesend, auch sie feierte Abschied. Und auch sie hatte jetzt einen Joint zwischen den Lippen. Noch nie in meinem Leben hatte ich Rauschgift probiert, in dieser ausgelassenen Atmosphäre aber nahm ich jetzt einige kräftige Züge. Schon nach kurzer Zeit löste das Marihuana bei mir Lachkrämpfe aus – ich konnte mich nicht mehr beruhigen, es gab nichts, über das ich mich nicht schieflachen konnte. Selbst als plötzlich der Ruf »Police!« durch den Saal schallte, fand ich das komisch.

Schnell verschwanden die Joints und die Korrespondenten verließen, einer nach dem anderen, beschwingt den Raum, auch mein Mann und die Gastgeber. Mike Nicholson aber vergaß nicht, mir beim Hinausgehen eine große, durchsichtige Plastiktüte in die Hand zu drücken. »Schau, dass du das schnell los wirst!«, sagte er noch und war verschwunden. Auf diese Schlagzeile wollten die Herren gern verzichten. Da stand ich nun, high und mit dem Corpus Delicti in der Hand. Anstatt die Tüte aber so schnell wie möglich wieder loszuwerden, rannte ich damit in unser Zimmer, wo Uli bereits selig auf dem Bett lag und schlief. Ich ging hinaus auf den Balkon und stand, die Tüte unter dem Arm, am schönen, schmiedeeisernen Geländer des Hotel Meikles und schaute lächelnd hinunter zu den parkenden Polizeiautos und den Uniformierten, die im Hotel ein und aus gingen. Als ich Ulis Sportschuhe auf dem Balkon stehen sah, kam mir die erlösende Idee: ein ideales Versteck.

* * *

Am 18. April 1980 wurde Simbabwe proklamiert. Zur Unabhängigkeitsfeier im Stadion von Salisbury waren Bob Marley & The Wailers angekündigt. In der Mitte des Fußballstadions war eine große Tribüne aufgebaut worden, schon Stunden vor Beginn der Veranstaltung war die Arena völlig überfüllt. Aber das störte an diesem Tag niemanden, auch nicht, dass der jamaikanische Reggae-Star lange auf sich warten ließ. Die Menschen sangen und tanzten, eine völlig ausgelassene, fröhliche Stimmung.

Endlich kam die Band auf die Bühne, Bläser mit Mützen in Grün, Gelb und Rot, Schlagzeuger, Percussionisten, Keyboarder, Gitarristen, Sängerinnen, eine große Familie. Dann trat Bob Marley auf, im blauen Jeanshemd, das er über der hellbraunen Hose trug, mit langen Rastalocken. Er heizte dem Publikum so lange ein, bis es niemanden mehr auf seinem Platz hielt. Wo man hinsah, lachten die Menschen und feierten das neue Simbabwe. Und dann geschah etwas, was bislang undenkbar gewesen war: Schwarze und Weiße tanzten miteinander, und ich mittendrin. Direkt vor der Bühne, wie in Trance, eingehüllt in Haschischwolken, umgeben von zugedröhnten, fröhlichen Afrikanern im Freudenrausch.

Nach Bob Marley betrat Lord Soames freudestrahlend die Bühne, ganz vornehmer, englischer Peer – was für ein Kontrast! Offiziell verkündete der Kurzzeitgouverneur die Unabhängigkeit des neuen Staates Simbabwe. Ich hatte ein Gänsehautgefühl, als ich die jubelnden Menschen sah. Und als

Robert Mugabe schließlich auf die Bühne kam, brach die Hölle los, die Beifallsstürme wollten kaum enden.

Nach Mugabes Rede spielten Bob Marley & The Wailers bis tief in die Nacht hinein. *Buffalo Soldier, Could You Be Loved?, I Shot the Sheriff, No Woman No Cry.* Eine umwerfende Veranstaltung! Weltpolitik und karibischer Karneval. »Mein Gott«, dachte ich beim Anblick der ausgelassenen Menschen, »hoffentlich freuen sie sich nicht zu früh!«

* * *

Salisbury hieß jetzt Harare. Bevor wir zurück nach Südafrika fuhren, wollte Uli nochmals bei der sympathischen jungen Farmerfamilie vorbeischauen, die wir auf ihrer bescheidenen Farm während des Buschkriegs kennengelernt hatten. Sie waren völlig verwirrt. Nach der Wahl hatten sie feststellen müssen, dass ihr Koch, ihr Gärtner und alle schwarzen Angestellten zu einer Zelle von Robert Mugabes ZANU-PF gehörten. Sie hatten selbstverständlich alle Mugabe gewählt. Diese Familie verstand die Welt nicht mehr. Sie hatten »ihre Schwarzen« doch immer gut behandelt! Die Frau des Farmers sagte fassungslos: »Der Koch hat schon bei meinem Großvater gearbeitet. Ich bin mit ihm aufgewachsen, er hat mich zusammen mit meinen Eltern großgezogen.« Bei allem Vertrauen in ihre schwarzen Angestellten hatte sie völlig übersehen, dass es nicht genügte, Menschen einfach nur »gut zu behandeln«. Dass diese ihr Leben zu Recht selbst bestimmen wollten und gleiche Bildungschancen einforderten. Das konnten sie nicht verstehen.

Was aus dieser Familie geworden ist, weiß ich nicht. Wahrscheinlich sind sie ausgewandert, nach Australien oder Georgien, wo die Regierung nach dem Fall des Eisernen Vorhangs gezielt weiße Farmer aus dem südlichen Afrika anwarb, um die brachliegende Landwirtschaft in Schwung zu bringen.

* * *

In Pretoria zeigte man sich von den Umwälzungen im Nachbarland wenig beeindruckt. Die Buren machten »business as usual« und sagten trocken: »Typisch für diese Engländer. Sie sind eben Chicken!« Unter »Chicken« verstand man in Südafrika Feiglinge. Nach wie vor waren die Buren fest von ihrer Unantastbarkeit überzeugt. Kaum zurück in der Government Avenue erhielt Uli überraschenden Besuch vom israelischen Geheimdienst. Der Mossad war auf Ulis Wahlberichterstattung aufmerksam geworden und wunderte sich, warum er so sicher und beharrlich auf Mugabe gesetzt hatte. Er musste besondere Informationen gehabt, das Land besser verstanden haben als die anderen westlichen Beobachter. Sie baten Uli um seine Einschätzung der politischen Lage. Er musste lachen – so schließt sich manchmal der Kreis. Jahrelang war er von den Israelis als Palästinenserfreund diffamiert worden – und nun das! Politik kann irritierend sein.

Wieder wurde es Herbst im südlichen Afrika. Nach den heißen Monaten in Simbabwe taten die angenehmeren Temperaturen in Pretoria gut. Wohltuend war es auch, wieder in den eigenen vier Wänden zu leben. Als wir nach Monaten endlich wieder nach Hause kamen, fanden wir alles sauber vor: der Garten gepflegt, keine Käferplagen. Joana hatte einen tollen Job gemacht. Ich hatte den Eindruck, dass es sie interessierte, was wir im Nachbarland erlebt hatten, und ich erzählte ihr viel von der Wahl, unseren Begegnungen mit Robert Mugabe. Doch auch wenn es mir so schien, dass sie neugierig alle Informationen aufsog, gab sie sich demonstrativ gelassen. »Manchmal, Madam«, sagte sie, »sind wir Schwarzen klüger als ihr Weißen!«

Eines Abends kamen wir von einem Empfang nach Hause und hörten schon von draußen das Telefon klingeln. Wer rief um diese Zeit noch an? Uli nahm ab, dann hörte er eine ganze Zeit lang nur zu. »Das klingt nicht uninteressant«, sagte er nach einer Weile, »melden Sie sich in den nächsten Tagen, wenn Sie mehr wissen.« Dann legte er auf. Es war ein kurzes Gespräch und ich merkte an seiner Reaktion, dass es um etwas Wichtiges ging. Am anderen Ende der Leitung war Gert von Paczensky gewesen, Chefredakteur von Radio Bremen. Er hatte Ulis Interesse abklopfen wollen, zurück nach Deutschland zu kommen, in Bremen war der Posten des Programmdirektors vakant. Nach Jahren im Ausland und vielen bedrückenden Erlebnissen in den libanesischen und rhodesischen Bürgerkriegen hatten wir schon einige Male über eine Rückkehr nach Deutschland nachgedacht. Doch dann hörten wir wochenlang nichts mehr aus Bremen. Irgendwann war der Posten des Programmdirektors mit Hans-Werner Conrad besetzt worden, so viel hatten wir im fernen Afrika über die Deutsche Welle mitbekommen. Aus der Traum.

Dann, einige Wochen später, rief Hans-Werner Conrad bei uns an, Radio Bremens neuer Programmdirektor höchstpersönlich. »Herr Kienzle, ich möchte Sie als Chefredakteur gewinnen. Was sagen Sie dazu?« Uli patzig: »Sagen Sie mal, haben Sie in Bremen Karneval? Erst vor ein paar Wochen hat mich Paczensky angerufen und mir Ihren Job angeboten. Vergessen Sie's.« Uli legte verärgert auf, aber Conrad blieb hartnäckig. Er meinte es ernst. Und ich merkte: Die Aufgabe begann Uli zu reizen. In Bremen würde er auf Dieter Ertel treffen, der seit Jahren dort Fernsehdirektor war und den Uli noch aus seiner Zeit beim Süddeutschen Rundfunk kannte und schätzte. Elmar Hügler, die Dokumentarfilm-Koryphäe des SDR, leitete mittlerweile die Bremer Dokumentarfilmabteilung und feierte mit Reihen wie »Unter deutschen Dächern« große Erfolge. Auch Loriot war längst nicht mehr beim behäbigen schwäbischen Sender, sondern nach Bremen gewechselt. Radio Bremen war damals ein kreatives Experimentierfeld für mutige Fernsehmacher.

Irgendwann war es so weit, Uli nahm das Bremer Angebot an. Und unsere Zeit in Afrika ging zu Ende.

Die Frau des Journalisten

Flaches Land zwischen Elbe und Weser, so weit das Auge reicht. Saftige Wiesen, üppiges Grün – ich konnte mich kaum sattsehen. Ich mochte den vielen Regen, den grauen Himmel und die tief hängenden Wolken. Bremen war eine Wohltat nach Pretoria, begeistert blieb ich vor jeder Bäckerei stehen. In Südafrika hatte es meist nur Weißbrot gegeben, bis ich einen Supermarkt gefunden hatte, der auch Grahambrot verkaufte. Mehr gab es nicht – verglichen damit lebte ich jetzt im Schlaraffenland.

Deutschland war ein anderes Land geworden – die Guillaume-Affäre, die Antiatomkraftbewegung, die Gründung der »Emma«, der erbitterte Kampf der sozialliberalen Koalition gegen die RAF: All das kannten wir nur aus den Nachrichten, die bis nach Beirut oder Pretoria durchgedrungen waren. Jetzt wurde man schon mit achtzehn volljährig, man diskutierte nach Alice Schwarzers Buch *Der kleine Unterschied und seine großen Folgen* wild über Frauenrechte und man fragte sich, ob die Koalition auch die anstehende Bundestagswahl überstehen würde.

Wir zogen in das kleine Dorf Fischerhude östlich von Bremen, ein Künstlerort an der Wümme, wo schon Otto Modersohn gelebt hatte. Wir mieteten ein neues holzvertäfeltes Haus am Rand eines Kiefernwäldchens und wie in Pretoria genoss ich es, es einzurichten und unsere Bilder aufzuhängen. Doch anders als in Südafrika waren wir nun nicht mehr ständig auf Achse – sondern ständig zu Hause. Ein Zustand, an den wir uns erst gewöhnen mussten. Die Umgebung hatten wir schnell erkundet: Am ersten Wochenende fuhren wir an die Nordsee, am zweiten schauten wir uns Hamburg an, am dritten die Lüneburger Heide. Am vierten Wochenende blieben wir zu Hause. Und hatten keine Ahnung, was wir mit unserer Freizeit anfangen sollten.

Aus dem Libanon und Südafrika waren wir gewohnt, dass dauernd etwas Überraschendes passierte, auf das man reagieren musste. Dort waren wir immer unter Spannung und genossen jede freie Minute, in der wir unsere Ruhe hatten. Hier mussten wir damit rechnen, dass nichts passierte. Und tatsächlich: Es geschah wirklich nichts. Hinzu kam, dass hier immer alle im Stress waren und alles sorgfältig geplant werden musste. Wir hatten dieses Verhalten in Nord- und Südafrika verlernt.

Wollten wir in den vergangenen Jahren jemanden treffen, schauten wir einfach vorbei. Jetzt ging ohne Terminabsprachen gar nichts mehr – hier mussten wir uns schon vierzehn Tage vorher überlegen, wen wir am Samstag besuchen oder einladen wollten. Gleich neben unserem Haus lebte in dem roten Backsteingebäude eines ehemaligen Bauernhofs ein Ehepaar, norddeutsch zurückhaltend, das sich anfangs allenfalls einen knappen Gruß abrang. Gegenüber gab es einen Landgasthof. In den ersten Wochen nickten wir uns alle freundlich zu, ansonsten hatten wir keinen Kontakt.

Eines Abends aber, am Wochenende, klingelte es an der Tür. Davor standen einige Männer aus der Nachbarschaft. Sie klopften Uli aufmunternd auf die Schulter: »Hallo! Wir kommen zum Spiegeleieressen!« Zum Glück hatte ich genug Eier im Kühlschrank, den Schnaps brachten sie vorsichtshalber selbst mit – Bremer Brauch. Die Wochen des Abtastens waren vorüber, an diesem denkwürdigen Abend wurden wir in die Dorfgemeinschaft aufgenommen.

*　*　*

Als frisch gebackener Chefredakteur von Radio Bremen stürzte sich Uli zunächst voller Elan auf das neue Regionalprogramm. Radio Bremen zog sich aus dem NDR-Gemeinschaftsformat zurück und wollte, um mit Werbung Geld zu verdienen, etwas Eigenes machen. Das neue Vorabendprogramm sollte täglich ausgestrahlt werden. Um neue, kreative Mitstreiter zu gewinnen, forderte Uli per Annonce in der ZEIT »frustrierte Mitarbeiter von ARD und ZDF« auf, sich in Bremen zu melden. Die Anzeige sorgte für Aufsehen und der Zulauf war überraschend groß – aus Mainz und Frankfurt kamen einige interessante junge Leute an die Weser und mit ihnen startete Uli die neue Sendung: »buten un binnen«, niederdeutsch für »draußen und drinnen«. Der Titel geht auf den historischen Wahlspruch der Bremer Kaufleute zurück, der seit 1899 am Portal des Schütting prangt, dem Sitz der Bremer Handelskammer: *buten un binnen – wagen un winnen.*[1]

Es war gewagt, das neue Programm. Ob es auch gewinnen würde, war zu Anfang zweifelhaft. Unter Zeitdruck kam es nur holprig in Fahrt und mit norddeutsch-trockenem Humor schlugen die Kritiker vor, den Titel des Magazins in »drunter und drüber« zu ändern. Auch Uli war über die ersten Sendungen nicht glücklich: »Die Kritiker haben leider recht. Beweist, dass ihr es besser könnt!« Von nun an wurde in der Redaktion hart gearbeitet. Bald war »buten un binnen« aus Bremen nicht mehr wegzudenken. Nach anderthalb Jahren lag die Einschaltquote bei sagenhaften 56 Prozent. Jeder zweite Bremer saß Abend für Abend vor dem Fernseher – und nicht nur Bremer: Auch im benachbarten

---

1　Draußen und drinnen – wagen und gewinnen.

Niedersachsen und selbst in Hamburg wurde die Sendung gesehen. Jetzt lobten die Kritiker das neue Format. Der lässige Stil der Moderatoren, die Auswahl der Themen und deren freche Umsetzung sorgten für frischen Wind in der deutschen Fernsehlandschaft. Nach zwei Jahren wurde »buten un binnen« mit Preisen überhäuft.

* * *

Gleich in der ersten Woche ging ich in Bremen zum Frauenarzt. In den vergangenen Jahren waren Kinder wegen der beiden Bürgerkriege kein Thema mehr gewesen. Jetzt bewegte es mich zwar noch, aber ich hatte unsere Kinderlosigkeit akzeptiert, schließlich war ich schon vierzig. »Das ist doch gar kein Problem«, sagte der Bremer Mediziner. »Meine Frau hat mit zweiundvierzig ihr erstes Kind bekommen.« Aber auch dieser Besuch änderte nichts an meinem Zustand, zudem plagten mich Allergien. Während Uli gleich nach unserer Ankunft in Deutschland von seinem neuen Job aufgefressen wurde, saß ich oft allein zu Hause und spürte, wie präsent und unverarbeitet viele Szenen der Vergangenheit waren. Meine Ängste kehrten zurück, ein Gefühl der Bedrohung, das mich einschnürte. Schon in Südafrika hatte ich wegen meiner Allergien regelmäßig Kortison genommen, wenn mir die Augen tränten und ich wieder einmal kaum Luft bekam. Ich hoffte, dass mir das Klima in Deutschland guttun würde. Ein Irrtum: Jetzt wurde es erst richtig schlimm. Oft litt ich unter Atemnot, hatte geschwollene Augen und Herzrasen. Auch hier behandelte man mich mit Kortison.

Irgendwann im Dezember klingelte es in Fischerhude an der Haustür. Vor mir stand ein Herr mit Aktentasche. »Guten Abend, Frau Kienzle, ich bin der Schulleiter des

Schulzentrums Koblenzer Straße. Ab dem zweiten Halbjahr übernehmen Sie dort die neunte Klasse Gymnasium als Klassenlehrerin – und geben in der Parallelklasse Deutsch und Englisch.«

Ich fiel aus allen Wolken. Längst hatte ich mich beim baden-württembergischen Kultusministerium wieder zurückgemeldet und einen Umzugsantrag nach Bremen gestellt. Aber seit Jahren hatte ich in Deutschland nicht mehr unterrichtet, kannte weder die aktuellen Lehrpläne noch das Unterrichtsmaterial. Wie sollte ich das schaffen? Trotzdem freute ich mich auf die neue Aufgabe – endlich konnte ich wieder als Lehrerin arbeiten!

Die ersten Wochen in der Schule waren fürchterlich. Nach dem Unterricht begann ich sofort mit der Vorbereitung für den nächsten Tag. Manchmal schlief ich nur wenige Stunden. Zudem waren die Schüler frech und provozierten mich: »Sie wollen uns Deutsch beibringen? Lernen Sie doch selbst erst mal richtig Deutsch!«

Erst durch sie wurde mir klar, wie sehr man mir meine süddeutsche Herkunft offensichtlich anhörte. Ich hatte in den letzten Jahren vor allem Englisch, manchmal Französisch und mit den Deutschen Hochdeutsch geredet, aber das weiche »D«, das stimmhafte »S«, das weit hinten im Hals gesprochene rollende »R«, das kannten die Bremer Schüler nicht. Uli hatte die rettende Idee. Auch die Bremer hatten schließlich ihre sprachlichen Besonderheiten. Bei nächster Gelegenheit schlug ich zurück. Ich machte meinen Schülern klar, dass im Hochdeutschen »die Fährde« nicht ins »Grass« bissen und keiner ein »Raddddd abb« hat – kurzes Bremer »A«, doppeltes »S«, »F« statt »Pf« – und dass regionale Farbe in der Aussprache typisch sei im Deutschen und den Charme der Sprache ausmacht. Von da an war das Eis gebrochen. Als wir Jahre später aus Bremen wegzogen, baten meine Schüler: »Bitte, Frau Kienzle, sagen Sie doch noch mal Urrrlaub«.

Nun begann die Zeit der zwei Identitäten. Jeder schien Uli hier zu kennen. In Pretoria und Windhoek hatten wir einkaufen und essen gehen können, ohne dass ihn irgendjemand erkannte. Jetzt aber schauten ihm die Leute überall nach oder sprachen ihn sogar an. Uli war das unangenehm. Wenn ihn jemand fragte: »Sind Sie nicht der Kienzle aus Afrika?«, sagte er oft: »Sie müssen sich täuschen.«

Ich hatte jetzt zwei Rollen. »Frau Kienzle« kleidete sich vornehmer als Ilse und schminkte sich auch entsprechend. Ich hatte ständig das Gefühl, zwei verschiedene Personen sein zu müssen – das hat mich mehr belastet, als mir damals klar war. Dann und wann bekamen sich Frau Kienzle und Ilse auch in die Haare, was gelegentlich zu Peinlichkeiten führte: Eines Nachmittags war ich zu einem Kaffeekränzchen in erlauchter Runde eingeladen, zu den Gästen zählten die Gattinnen erfolgreicher Geschäftsleute der Bremer Gesellschaft. Auf dem vornehm eingedeckten Tisch standen Sahnetorten und selbstgebackene Kuchen. Das Gespräch drehte sich ausschließlich um Kuchen: wer den besten gebacken und welche Zutaten sie genommen hatten. Irgendwann wurde die Lobhudelei so grotesk, dass ich einfach nicht mehr konnte. Ich prustete vor Lachen über den ganzen Tisch – leider hatte ich dabei einen großen Schluck Kaffee im Mund. Von da an wurde ich nicht mehr eingeladen. In der feinen Bremer Gesellschaft kam ich nie wirklich an. Ich redete zu laut, zu lebhaft, zu viel mit Händen und Füßen: Das gehörte sich einfach nicht. Als im Orient und in Afrika sozialisierte Schwäbin war ich ein seltsamer Paradiesvogel – obwohl ich die Tochter eines Mannes aus Bremerhaven war. »Frau Kienzle« hatte versagt.

Mir ging es mies. Und eines Morgens, irgendwo zwischen Fischerhude und Bremen, war mir alles zu viel. Ich verlor völlig den Überblick. Ich war wieder im Krieg, in Beirut, in Rhodesien, in Soweto. Vor mir Panzer, hinter mir Panzer: Auf dem Weg zur Schule war ich unversehens in eine NATO-Truppenübung geraten. Ich steckte in einer Militärkolonne fest – und drehte durch: Rasend vor Wut sprang ich aus meinem Mini, trommelte mit beiden Fäusten gegen einen Panzerspähwagen und brüllte aus voller Kehle: »Haut ab! Macht, dass ihr hier wegkommt!« Die völlig verstörten Soldaten – junge Männer, die den Krieg nur vom Hörensagen kannten – dachten, ich wäre übergeschnappt und versuchten, mich zu beruhigen. Endlich setzte sich die Kolonne in Bewegung und ich konnte abbiegen. Irgendwo auf einem Feldweg saß ich schweißgebadet im Auto und versuchte, wieder in der Realität anzukommen.

Inzwischen bemerkten auch die Kollegen, wie schlecht es mir ging. Der Schulleiter bat mich eines Tages um ein Gespräch und sagte: »Frau Kienzle, ich merke, wie Sie sich quälen. Sie müssen sich das nicht antun – bitte gehen Sie doch zum Arzt!« Ich folgte seinem Rat und verbrachte zehn Tage in der bekannten Allergie- und Asthma-Klinik in Bad Lippspringe. Beim Abschlussgespräch sagte mir der Chefarzt, er sei davon überzeugt, dass meine Allergieprobleme psychosomatischer Natur seien. Wenn ich nicht den Rest meines Lebens von Kortison abhängig sein wollte, sollte ich zu einem guten Psychologen gehen. Begriffe wie »Mental Coaching« waren damals noch Fremdwörter. Im Kino lachte man über Woody Allens Neurosen und seine regelmäßigen Therapiesitzungen im fernen New York – in Deutschland aber war der Schritt zum Psychiater noch negativ behaftet, wer dorthin ging, musste einen »Sprung in der Schüssel« haben. Doch ich konnte nicht mehr anders: Ich meldete mich bei einem versierten Psychotherapeuten in Hamburg an und begann kurz darauf mit einer psychoanalytischen Aufarbeitung unserer Erlebnisse im Libanon und in Südafrika. Einmal in der Woche fuhr ich nach Hamburg. Ohne Ergebnis. Deshalb wechselte ich zum Chefarzt der Psychiatrischen Klinik in Bremen. Und allmählich ging es mir besser. Die Allergieschübe wurden seltener, die Ängste verschwanden und ich konnte wieder normal arbeiten. Nach mehr als zwei Jahren war ich gesund.

Ausgerechnet Franz Josef Strauß trug dann dazu bei, dass ich mich in der Hansestadt endgültig wohlfühlte. Der Kanzlerkandidat machte hier Station auf seiner Wahlkampftournee. Auch Uli und ich gingen an diesem Nachmittag zum Bahnhofsplatz, wo Strauß seine Rede halten sollte. Dicht gedrängt standen dort die Bremer: Kaufleute in dunklen Anzügen mit Krawatte oder Fliege. Daneben Werftarbeiter im Blaumann und Hippies. Einerseits gab es in Bremen eine lebendige sozialdemokratische Arbeitertradition, andererseits die vornehmen, gut situierten Hanseaten – zwei Welten, die auf den ersten Blick wenig miteinander zu tun hatten. Jeder aber diskutierte hier mit jedem. Es war ein offener Meinungsaustausch und die Ansichten wurden manchmal laut, aber immer wohlbegründet vorgetragen. Ich war erstaunt, diese demokratische Kultur hatte ich so noch nie erlebt – schon gar nicht im Apartheidstaat Südafrika. Von diesem Moment an sah ich Bremen mit anderen Augen und ich begann, mich zu Hause zu fühlen in dieser Stadt.

* * *

Der Anruf meines Vaters kam morgens um halb fünf. Es war der 1. Oktober 1981, ein Donnerstag. Meine Mutter war gestorben.

Seit einem Jahr waren wir zurück in Deutschland. Meine Mutter und ich hatten es genossen, nun wieder regelmäßiger Kontakt zu haben. Noch im August hatte sie mich angerufen: »Ilse, stell dir vor, mein Lebenstraum geht in Erfüllung: Wir fahren Ende September nach Indien, mit einer kleinen Reisegesellschaft, nur zwölf Leute.«

Sechs Wochen später war sie tot. In 2500 Metern Höhe, an der Grenze zu Tibet, hatte sie einen Herzanfall erlitten. Nach einer Bootsfahrt wollte sie in den Bus einsteigen, der die Gruppe zurück nach Delhi bringen sollte. Sie starb mit nur dreiundsechzig Jahren.

Wie eine hölzerne Marionette und schneeweiß im Gesicht kam mir mein Vater am Frankfurter Flughafen entgegen. Einige aus der Gruppe erzählten mir, dass sie noch nie eine Frau so glücklich erlebt hätten wie meine Mutter auf dieser Reise. Ihr Tod war ein schwerer Schock, auch für meine kleine Schwester, die in Stuttgart als Lehrerin arbeitete. Sie hing sehr an meiner Mutter – und überlebte sie gerade einmal um vier Monate. Mit neunundzwanzig Jahren ist auch sie an einem Herzinfarkt gestorben. Über ihren Tod kam ich lange nicht hinweg. Sie war wie eine Ersatztochter für mich, Freundin und Schwester zugleich.

Um mich abzulenken, stürzte ich mich in die Arbeit. Ich hatte noch nie zuvor an einer Schule unterrichtet, an der alles unter einem Dach war: Orientierungsstufe, Realschule und Gymnasium. Das Schulzentrum Koblenzer Straße lag im Stadtteil Osterholz-Tenever, einer sogenannten sozial schwachen Gegend, die als schwierig galt.

Schwierig war auch die Situation an deutschen Schulen und Universitäten, über eine Million junger Menschen studierten Anfang der 80er-Jahre unter teilweise haarsträubenden Bedingungen. Viele Hörsäle waren chronisch überfüllt, auf einen Professor kamen oftmals Hunderte Studenten.

Auch an den Schulen war die Lage nicht rosig, überall fehlte Geld und die Lehrmittel genügten nicht den Anforderungen.

Deshalb kam es in Bremen zum ersten Lehrerstreik. Im Vorfeld gab es wochenlang hitzige Diskussionen im Kollegium – den verbeamteten Lehrkräften war es verboten zu streiken. Einige Kollegen waren trotzdem wild entschlossen, auf die Straße zu gehen – was mich in ernsthafte Gewissenskonflikte stürzte.

Die Ziele des Streiks unterstützte ich natürlich, aber ich hatte Angst vor dem Aktenvermerk. Für Uli und mich war klar, dass wir irgendwann nach Stuttgart zurückgehen wollten. Und mit einem Aktenvermerk würde ich nie wieder eine Anstellung im konservativen Baden-Württemberg bekommen – das war mir völlig klar. Am Abend vor dem Streik sprach ich mit meinem Schulleiter darüber. Und der sagte das einzig Richtige: »Du musst tun, was dein Gewissen dir sagt.« Und genau das tat ich.

Am nächsten Tag stand ich mit meinen Kollegen in erster Reihe vor dem Bremer Rathaus, mitten in der ehrfurchtgebietenden Kulisse der Altstadt, an der Rolandstatue, dem im Jahr 1404 errichteten Wächter hanseatischer Freiheit. Der ganze Marktplatz war voll mit streikenden Lehrern. Auf der eigens errichteten Tribüne sangen wir einen Protestsong, den wir tagelang eingeübt hatten.

Mir hatten die Kollegen das Mikrofon direkt vor die Nase gestellt und da stand ich nun zur großen Freude für das »buten un binnen«-Team, das über den Streik berichtete. Ich sah, dass die Kamera auf mich gerichtet war – aber ich konnte mich ja nicht unsichtbar machen. Am Abend flimmerte ich in Großaufnahme über die Mattscheibe: Ilse Kienzle, die Frau des Chefredakteurs, am Mikrofon, lauthals einen Protestsong singend.

* * *

Nach zweieinhalb Jahren bauten wir unser erstes eigenes Haus, in Ottersberg, einem Nachbarort von Fischerhude, an einem idyllischen See. Ein Umzugsunternehmen wurde beauftragt und mein Vater war, um uns zu helfen, eigens aus Stuttgart angereist. Als endlich alle Möbel und Kartons ins Haus geschleppt und wir am Ende unserer Kräfte waren, ging ich in die Küche, um das Abendessen zu machen. Da klingelte es – und vor der Tür standen freudestrahlend Ulis Kollegen, beladen mit Blumen und Körben voller Geschirr und Gläser, mit Schüsseln und Bier und Wein. Mein Vater schäumte. »Schmeiß die raus!«, raunzte er mich an. »Was denken die sich eigentlich!« Die gut gelaunten Kollegen hatten Brot und Salz mitgebracht, schnitten den ersten Laib auf, strichen Butter auf die Scheiben und streuten Salz darauf. »Brot und Salz – Gott erhalt's. Willkommen im neuen Haus!« Mein Vater packte wutentbrannt seine Sachen, stieg in sein Auto und fuhr davon. »Was für eine Unverschämtheit!«, rief er mir zu. Aus seiner Heimat Bremerhaven hätte er eigentlich wissen müssen, was im Elbe-Weser-Dreieck Sitte war: Wenn jemand irgendwo neu einzieht, kommen die Nachbarn und Freunde und bringen alles mit, was man für das leibliche Wohl braucht. Und so war es auch bei uns: Alles wurde mitgebracht und wieder mitgenommen, selbst die Gläser. Ich hatte nichts zu tun. Ein fröhlicher Abend – eigentlich. Nur ich war bedrückt wegen meines Vaters.

Am nächsten Morgen fuhr ich in aller Herrgottsfrühe zu ihm ins Hotel. Er war gerade dabei auszuchecken und es gelang mir auch jetzt nicht, ihn zu beruhigen. Eigentlich hatte er eine Woche bleiben und uns beim Einrichten und Anlegen des Gartens helfen wollen. Nun aber setzte er sich ins Auto und fuhr zurück nach Stuttgart. Zum Abschied hatte ich ihn fest an mich gedrückt und ihm, wie immer, einen Kuss auf die Wange gegeben. Ich liebte meinen sturköpfigen Vater, er hatte sich nicht verändert. Flexibilität gehörte einfach nicht zu seinen Stärken.

Nachdem »buten und binnen« zu einem Erfolg geworden war, hatte Uli Zeit, sich auch innerhalb der ARD mehr zu engagieren. Er kommentierte in den »Tagesthemen« oft aktuelle Ereignisse im Nahen Osten. Seine Texte waren bissig und brillant formuliert, ausgerechnet Rudi Carrell hatte ihm im Casino des Senders einen Tipp für pointierte Formulierungen gegeben: »Jede gute Geschichte endet in einem Oneliner!« Als Oneliner bezeichnet man in der Unterhaltungsbranche kernige Aussagen, die einen Zusammenhang auf witzige Weise in einem Satz auf den Punkt bringen.

Das Interesse am Nahen Osten hatte Uli nie verloren. Aufmerksam verfolgte er die Entwicklung im Orient, pflegte Kontakte und reiste bald auch wieder regelmäßig in den Libanon, manchmal für mehrere Wochen zu Dreharbeiten für Dokumentarfilme. Er war dabei, als der israelische Ministerpräsident Scharon die PLO aus Beirut bomben ließ. Er war Zeuge bei den grausamen Massakern in den Lagern von Sabra und Schatila. Auch bei diesen Reisen in den Krieg erlebte er viel Schreckliches und ich war nun in die Situation geraten, die ich früher immer vermeiden wollte: Ich saß zu Hause, machte mir Sorgen und wartete auf ihn. Jetzt konnte ich ihn nicht mehr begleiten. Ich hatte mich endgültig für meinen Beruf entschieden und blieb bei meinen Schülern.

Ich war glücklich in meinem Beruf. Im Januar 1981 hatte ich eine neunte Klasse mitten im Schuljahr als Klassenlehrerin übernommen. Eine Klasse, die als besonders schwierig galt. Sie rebellierte und hatte gnadenlos die Schwächen meiner Vorgänger ausgetestet und ihnen damit ihre Grenzen aufgezeigt. Sturm und Drang im Klassenzimmer. Mir gelang es, einen Zugang zu den Schülern zu finden und eine Atmosphäre zu schaffen, in denen das gemeinsame Arbeiten Spaß machte. Eine meiner ehemaligen Schülerinnen hatte als junge Frau, zwei, drei Jahre nach dem Abitur, den Kontakt zu mir gesucht. Caren, sie hatte Liebeskummer und Weltschmerz und brauchte einen Menschen, dem sie sich anvertrauen konnte. »Ich komme und hole dich«, hatte ich nach ihrem ersten verzweifelten Anruf versprochen. Manchmal saß sie morgens um fünf Uhr an unserem Küchentisch, in Tränen aufgelöst. Vertrauen ist ein Geschenk und die Tatsache, dass sie mir vertraute, führte dazu, dass auch ich mich öffnen konnte und wir füreinander zu den Freundinnen wurden, die wir noch heute sind. Ohne sie hätte ich die Kriegserlebnisse nie wegstecken können.

Zu meinem siebzigsten Geburtstag hat sie die ehemaligen Schüler dieser Klasse ausfindig gemacht und sie zu ihrem ersten Treffen nach dem Abi eingeladen – alle waren gekommen. Ich war zu Tränen gerührt von Carens Geschenk, ein schöneres Lob kann man von einer Klasse nicht bekommen. Der Lehrerberuf ist schon merkwürdig. Ich hatte Freundinnen, die bei großen Konzernen arbeiteten und mir immer wieder erzählten, dass sie für Überstunden und besondere Erfolge extra honoriert worden wären – und nun leisteten sie sich von den Mehreinnahmen etwas Feines. Eine Wochenendreise, eine neue Handtasche. Ich freute mich jedes Mal mit ihnen, aber manchmal habe ich gedacht, dass diese kleinen Freuden meinen Kollegen und mir versagt blieben. Ob man ein engagierter Lehrer ist, ob man nach Feierabend die Eltern von Schülern besucht, um die man sich Sorgen macht, ob es gelingt, gefährdete Schüler wieder auf einen ordentlichen Weg zu bekommen – Boni sind in unserem Beruf nicht vorgesehen. Gleichgültigkeit wird genauso entlohnt wie Engagement. Aber es sind diese Erlebnisse wie mein Klassentreffen, die uns Lehrer entschädigen, uns das Gefühl geben, nicht alles falsch gemacht zu haben. Und das ist mehr wert als jede neue Handtasche.

Als ich endlich gelernt hatte, die »Fährde« stilecht ins »Grass« beißen zu lassen, zogen wir wieder um – Richtung Süden. Nach knapp zehn Jahren Radio Bremen hatte Uli vom ZDF ein Angebot bekommen, das er nicht ausschlagen konnte: In Mainz war die Stelle des Auslandschefs neu zu besetzen – ein Traumjob. Jetzt war er wieder näher dran am Nahen Osten, an Afrika und der Weltpolitik. Er war für die weltweit achtzehn Korrespondentenstellen des Senders verantwortlich und moderierte das »Auslandsjournal«.

Für Uli war der Umzug nach Mainz schnell erledigt. Während ich in Bremen alles unternahm, um an den Rhein versetzt zu werden, packte er seinen Koffer und buchte sich in einem Mainzer Hotel ein. Für den Umzug war dann wieder ich zuständig.

Noch Fragen, Kienzle?

Am 16. Dezember 1990 erhielt Uli spät abends einen Anruf seiner ZDF-Redaktion. »Morgen früh um elf Uhr geht Ihr Flieger nach Bagdad!« Damit hatte er nicht mehr gerechnet: Er hatte einen Termin bei Saddam Hussein.

Am 2. August waren irakische Truppen ins Nachbarland Kuwait einmarschiert und die USA hatten begonnen, eine internationale »Koalition der Willigen« zu schmieden, um das kleine Wüstenland aus den Fängen des Diktators zu befreien. Vier Monate später, nachdem der größte militärische Aufmarsch seit dem Zweiten Weltkrieg abgeschlossen war, hatte die Allianz Saddam Hussein ein Ultimatum gestellt: Nur wenn er seine Truppen aus Kuwait zurückziehen würde, wäre ein Krieg noch zu verhindern. In dieser ungewissen Situation traf Uli Saddam Hussein in Bagdad. In seinem Interview machte »der gefährlichste Mann der Welt« eine klare Aussage: »Nein!«, antwortete Hussein eindeutig auf Ulis Frage, ob er sich aus Kuwait zurückziehen würde. Das war die Kriegserklärung. Ulis Interview ging um die Welt.

Jetzt war er dort angekommen, wo er immer hinwollte. Als Auslandschef konnte er die wichtigen weltpolitischen Entwicklungen analysieren und kommentieren. Er reiste in den Nahen Osten und er moderierte live aus einem Studio in Washington die erste Wahl Bill Clintons zum US-Präsidenten. Während mein Mann in seinem Beruf aufging, machte ich eine neue Erfahrung: Ich war an der größten Hauptschule und der einzigen Ganztagsschule von Hessen gelandet, in Wiesbaden, nur wenige Kilometer von Mainz und damit von Ulis Arbeitsplatz beim ZDF entfernt.

In der hessischen Landeshauptstadt hatten wir auch eine gemütliche Galeriewohnung im Dachgeschoss eines denkmalgeschützten Hauses gefunden. Wie in Bremen zog es uns nicht ins geschäftige Zentrum der Stadt, sondern in einen ruhigen Stadtteil am Fuß des Taunus mit Villen aus der Gründerzeit.

Ich hatte auch in Wiesbaden von Anfang an eine eigene Klasse, zudem gab ich Fachunterricht in Englisch. Und ich stieß auf Schwierigkeiten, mit denen ich bislang nie konfrontiert worden war. Die Schüler, zum Teil einen Kopf größer als ich, sagten einfach: »Wieso soll ich Englisch lernen? Ich bin doch auf der Hauptschule, weil ich zu doof bin! Ich denk gar nicht dran, Englisch zu lernen!« Gegen diese Haltung anzukommen, war schwer. Anfangs war ich verzweifelt und daran konnten auch die guten Ratschläge der Kollegen nichts ändern. Ich schätzte sie. Viele von ihnen waren über den zweiten Bildungsweg an die Schule gekommen und hatten jahrelange Erfahrung in einem anderen Beruf. Der Schulleiter experimentierte gern, immer wieder ermunterte er uns, Neues auszuprobieren und projektorientierten Unterricht zu machen.

Als das Schuljahr zu Ende ging, war ich endlich bei meinen Schülern angekommen. Inzwischen hatte ich gelernt, dass es gerade an der Hauptschule nicht nur um Wissensvermittlung geht, sondern darum, die Schüler in ihrer Persönlichkeit und in ihrem Selbstvertrauen zu stärken. Diese Schüler bekamen keine Anerkennung, vor allem von ihren eigenen Eltern nicht. Wenn ich daran zurückdenke, wie viele Elterngespräche ich geführt, wie viele Hausbesuche ich gemacht habe, um die Eltern für die Schule zu interessieren!

Aber es gab auch Momente, die glücklich machten, wenn die Kinderaugen leuchteten, weil endlich etwas geklappt hatte. Zu meinen schönsten Erinnerungen gehört die

Projektwoche »Liebe«, die ich gemeinsam mit den Schülern veranstaltete – nie hätte ich gedacht, dass sich die störrischen Jugendlichen mit solcher Begeisterung eigene Liebesgedichte und Liebesgeschichten ausdenken würden! Bald unterrichtete ich in Wiesbaden ebenso gern wie zuvor in Bremen.

* * *

Während ich die abenteuerliche Welt der Hauptschule kennenlernte, machte Uli Karriere. Dem damaligen ZDF-Chefredakteur Klaus Bresser war aufgefallen, dass er sich im Casino des Senders regelmäßig mit dem Leiter der Sendung »Studio 1« in die Wolle bekam: Bodo H. Hauser. »Studio 1« war die Nachfolgesendung des umstrittenen »ZDF-Magazins«, dessen Gesicht jahrzehntelang der ultrakonservative Gerhard Löwenthal gewesen war. Der verbohrte Löwenthal, der keine Gelegenheit ausgelassen hatte, die Ostpolitik Willy Brandts zu brandmarken, war Uli seit Jahren ein Graus. Sein Nachfolger, Bodo H. Hauser, war der Sohn und millionenschwere Erbe eines Krefelder Krawattenfabrikanten. In seinem gutsherrenhaften Auftreten war er das leibhaftige Gegenmodell zum immer leicht anarchischen Uli Kienzle. Für beide war es ein Vergnügen, sich täglich beim Mittagessen zu provozieren. Aus diesem oft pointiert-brillanten politischen Schlagabtausch, der regelmäßig die ZDF-Kollegen im Casino amüsierte, ließ sich doch vielleicht eine Sendung basteln. Bresser holte Stephan Reichenberger als Coach, Streitschlichter und Mit-Texter, eine schlagkräftige Redaktion wurde aufgebaut, Uli und Bodo H. Hauser wurden deren gleichberechtigte Chefs. Eine fast sadistische Lösung – über Jahre hatten beide eigene Sendungen verantwortet. Uli gab die Leitung der Auslandsredaktion ab – für ihn kein unerhebliches Risiko. Aber die Idee von »Frontal«, wie die neue Sendung heißen sollte, war einzigartig in der deutschen TV-Landschaft und das reizte ihn: Bei »Frontal« hatte die Polarisierung Methode. Hier prallten nicht nur zwei politische Richtungen, sondern auch zwei völlig unterschiedliche Journalistentypen in einer Sendung aufeinander.

Am 30. März 1993 ging das Magazin auf Sendung. Anfangs von der Kritik mit Argwohn betrachtet, erreichten »Kienzle & Hauser«, wie die Sendung im Volksmund bald hieß, schnell Kultstatus. Jede Woche präsentierte das Magazin die Hintergründe des aktuellen Tagesgeschehens, acht Jahre lang. Das Magazin behandelte spannende journalistische Themen. Ein Beispiel: Der Redaktion war es gelungen, den flüchtigen Bau-Bankrotteur Jürgen Schneider in Miami aufzuspüren. Das BKA hatte sie abgehört, kam der Redaktion zuvor und konnte nur so den Baulöwen verhaften.

Mir brachte das erfolgreiche neue Format ein permanentes häusliches Reizklima. Uli war ständig aggressiv. Über alles mussten sich die beiden Magazinchefs abstimmen. So entstand ein Druck, der manchmal nur schwer auszuhalten war. Je näher der allwöchentliche Sendetermin von »Frontal« rückte, desto gereizter wurde Uli, dem auch die – beileibe nicht nur gespielten – Auseinandersetzungen mit Bodo H. Hauser kräftig an die Nieren gingen. Was die Öffentlichkeit nämlich nicht mitbekam, waren die persönlichen Spannungen zwischen den beiden. Die Psycho-Spielchen, mit denen sie sich gegenseitig bis zur Weißglut reizten, nahmen teilweise skurrile Züge an. Wenn Uli schnell ging, ging Hauser noch schneller. So entwickelte Hauser den Ehrgeiz, immer als Erster im Studio zu sein. Auch morgens schon, auf dem Weg in die Redaktion, steigerte er sofort das Tempo, wenn sie auf der

Treppe zufällig zusammentrafen. Hauser wollte immer Erster sein. Selbst vor laufender Kamera brachten die beiden es fertig, sich gegenseitig zu provozieren. Einmal tobte Hauser, während in einer Livesendung der anmoderierte Film lief, Uli habe bei Hausers Moderation missbilligend mit dem Kopf geschüttelt. Ein dauernder Kleinkrieg vor und hinter der Kamera. Der Erwartungsdruck war groß: Die Aufmerksamkeit der Öffentlichkeit und die ständigen Spannungen zwischen den beiden Kampfhähnen führten dazu, dass Uli in den letzten Tagen vor jeder Sendung einen derartigen Tunnelblick entwickelte, dass es eigentlich nicht mehr möglich war, an ihn heranzukommen. Eines Tages gerieten sich Uli und Hauser bei der Vorbereitung für die abendliche Sendung so in die Haare, dass Uli mit einem wütenden »Das war's dann!« die Bürotür zuknallte, sich ins Auto setzte und nach Hause fuhr. Ich war zufällig daheim, weil ich eine Freistunde hatte.

»Was ist denn los?«, fragte ich vorsichtig. »Aus, vorbei! Nie wieder mache ich etwas mit diesem Arschloch.« Mit Engelszungen redete ich auf ihn ein, versuchte alles, um ihn zu beruhigen – vergeblich. Da klingelte es an der Tür: Vor mir stand mit gewinnendem Lächeln der charmante Bayer Stephan Reichenberger, der Streitschlichter, ohne den es die Sendung nicht lange gegeben hätte. Ich war erleichtert und fuhr zurück in die Schule. Bis heute weiß ich nicht, wie er es geschafft hat, Uli zu besänftigen. Nach einer Schmollzeit ging der zurück in die Anstalt – und moderierte gemeinsam mit Hauser die abendliche Sendung.

Als »Frontal« ein Jahr später zu Ostern ein kleines Jubiläum feiern konnte, saß bei der Abmoderation ein echter Stallhase neben den beiden. Ihr Schlussdialog amüsierte die Zuschauer, aber nur Insider wussten, was sich dahinter tatsächlich verbarg:

Bodo Hauser: Noch Fragen, Kienzle?

Uli: Ja, Hauser: Ein Jahr »Frontal« – worauf sind Sie besonders stolz?

Bodo Hauser: Na ja, darauf, dass ich es überhaupt so lange ausgehalten habe mit Ihnen. Und Sie, Kienzle?

Uli: Ich bin stolz darauf, dass meine Zuschauer es so lange mit Ihnen ausgehalten haben! Das gibt Kraft zum Weitermachen.

Bodo Hauser: »Frontal« ist der Beweis: Man braucht nicht unbedingt einen niedlichen Hund neben sich, um im Fernsehen Erfolg zu haben. Manchmal reicht auch ein alter Schnauzer.

Uli: Ohne mich wären Sie doch längst auf den Hund gekommen, Hauser!

Bodo Hauser: Nein! Wenn, dann auf den Hasen.
Ich wette, Kienzle, dieser völlig unpolitische Osterhase holt mindestens die gleiche Quote wie Sie!

Uli: Und ich wette: Der gibt bald die Löffel ab! Nur wenige Lebewesen sind gegen Hauser so immun wie ich.

Bodo Hauser: Na dann: Frohe Ostern!

Rudi Carrell ließ grüßen – ein Feuerwerk an Onelinern. Mir gegenüber war Bodo H. Hauser immer höflich und charmant. Ich glaube, er mochte mich – nicht nur um Uli zu ärgern, war er äußerst galant zu mir, wann immer wir uns im Sender oder bei öffentlichen Veranstaltungen trafen. Privat war er jedoch niemals bei uns zu Gast. Die einzige private Einladung, die es jemals gab, kam von Frau Hauser, einer sympathischen Frau. Bei der Verleihung des Krefelder Karnevalsordens waren wir für zwei Tage in Hausers Heimatstadt. Damals lud sie mich zu sich nach Hause zum Mittagessen ein. Sie wusste, dass ich allein im Hotel war, da unsere beiden Männer beschäftigt waren. Spontan rief sie mich im Hotel an und fragte, ob ich nicht zu ihr zum Mittagessen kommen wolle. Es waren nette Stunden mit ihr und ihren Kindern.

Bei uns zu Hause aber konnte von Entspannung keine Rede sein. Kaum war eine Sendung gelaufen, begannen die Vorbereitungen für die nächste. Irgendwann hatte ich einen Punkt erreicht, an dem ich nicht mehr konnte. Auch ich arbeitete schließlich von morgens bis oft spät am Abend. Irgendwann begriff ich, dass nicht nur ich, sondern auch unsere Ehe zu kurz kam. Und ich begann, Widerstand zu leisten. Damals gab es bei uns zu Hause fast täglich Krach. Und auch wenn diese Zeit nicht mit unserer Krise in Südafrika vergleichbar war, letztlich war sie reinigend. Denn wie damals in Pretoria begann Uli auch jetzt einzulenken. Er kapierte, dass ich mit meinen Leistungen, meinen Sorgen, meinem Druck ziemlich allein stand. Und erstaunlicherweise begann er zuzuhören.

Mit seiner Popularität konnte er schwerer umgehen. 1995 wurde »Kienzle und Hauser« für ihre »humorvollen und selbstironischen« Moderationen der Bambi verliehen. Danach hagelte es Einladungen zu Empfängen und Veranstaltungen. Diese Celebrity-Welt der Stars und Sternchen war aber nicht Ulis Welt. Freundlich, zerknirscht und ironisch musste er da aber durch. Nach 290 Sendungen und einem Herzinfarkt war dann Schluss.

* * *

Heute ist das alles Geschichte und Uli schaut sehr gelassen auf diese Zeit zurück. Der tragische Tod von Bodo H. Hauser ist auch ihm nahegegangen. Er träumte noch lange davon, eines Tages wieder zurück nach Stuttgart zu ziehen, doch wir sind im Rheingau hängen geblieben. Inzwischen haben wir fast ein Drittel unseres Lebens hier verbracht. Wir sind ein altes Ehepaar geworden, wir lachen viel, Uli schreibt, hält Vorträge, ist auf Lesereisen. Oft reisen wir gemeinsam quer durchs Land. Noch immer ist unser Leben turbulent. Nur Hotelzimmer sind ihm mittlerweile ein Graus und sobald eine Vortragsreise zu Ende ist, zieht es ihn schnell wieder zurück nach Hause.

Wenn ich zurückblicke: Wovon ich als junges Mädchen geträumt hatte, die Welt zu sehen, ist Realität geworden – obwohl die Welt oft anders ausgesehen hat, als ich sie mir vorgestellt hatte. Ich wollte wissen, was Leben ist – als Uli diese Zeile las, lachte er. »Das wüsste ich auch gern!« Manchmal braucht es ein ganzes Leben für die Erkenntnis, dass es auf manche Fragen keine Antworten gibt.

Bis heute verfolgen mich die Bilder aus dem libanesischen Bürgerkrieg und aus Rhodesien, wenn zum Beispiel der greise Robert Mugabe auf dem Bildschirm erscheint. Bald nach der Unabhängigkeit Simbabwes hatte ich Gelegenheit, ihn persönlich zu treffen. Damals, bei einer seiner vielen Pressekonferenzen, schoss ich aus nächster Nähe Dutzende Fotos des frisch gekürten Premierministers. Er war ein Charmeur. Ich war beeindruckt und setzte, wie viele andere, große politische Hoffnungen auf ihn. Aber ich erinnere mich auch: Als Uli von Bremen aus in den 1980er-Jahren nochmals nach Simbabwe geflogen war, um für die ARD einen Film zu drehen, wollte er sich auch wieder mit Robert Mugabe treffen. Doch das, was in den Tagen der Unabhängigkeit so problemlos möglich gewesen war, ging jetzt nicht mehr. Mugabe war von einer Clique abgeschirmt. Sein Berater, der Uli und das Team damals mit nach Maputo genommen hatte, war inzwischen im Gefängnis gelandet. Mugabe ist heute ein arroganter Zyniker, der sich mit über neunzig Jahren noch immer an die Macht klammert. In Simbabwe herrschen Hunger und Arbeitslosigkeit, die ehemalige Kornkammer

Afrikas ist seit Langem auf Lebensmittelimporte angewiesen. Fast fünf Millionen Simbabwer leben im Exil. Wenn ich an die Unabhängigkeitsfeier mit Bob Marley denke, an die fröhlichen Menschen von damals – werde ich traurig. Alles ist so gekommen, wie die Pessimisten es befürchtet hatten. Frustrierend für jemanden, der die vielen hoffungsvollen Gesichter in Salisbury gesehen hat.

Immer noch reisen wir in den Orient. Nach sechsunddreißig Jahren war ich zum ersten Mal auch wieder in Beirut. Weihnachten 2012. Ich kam aus dem Staunen nicht heraus. Ein neuer Flughafen, eine neue Stadtautobahn – Beirut war nicht wiederzuerkennen.

Die Libanesen sind sehr pragmatisch – die Trümmer des Krieges haben sie einfach ins Meer geschoben und einen neuen, faszinierenden Stadtteil aufgebaut. Aus dem alten Souk, der im Bürgerkrieg zerstört worden war, sind die Beirut Souks geworden, ein modernes Einkaufszentrum. Faszinierend diese Mischung aus moderner italienischer und osmanischer Architektur. Man hat das Gefühl, in Mailand oder Paris zu sein. Alle Modelabels sind hier vertreten – Dior, Chanel, Armani, Boss. Nur wenige Kilometer davon entfernt hat man das Gefühl, in Teheran zu sein, im Schiitenviertel Chiah: schwarz gekleidete, verschleierte Frauen, Männer in Jalabiya – die typischen libanesischen Gegensätze. Wie damals, nur jetzt noch viel extremer.

Das Hotel Commodore sah aus wie früher. Während des Bürgerkriegs hatten in der Frontseite des Hotels gelegentlich Artilleriegranaten eingeschlagen, es war Routine für die Journalisten geworden, sich in die sicheren hinteren Räume zurückzuziehen. Damals war es die Informationsbörse, das Journalistenhotel – heute verkehren hier weniger betuchte Touristen aus den Golfstaaten. Die Kriegsschäden waren längst repariert. Unser Zimmer lag im dritten Stock. Aus unserem Fenster konnte ich einen Hühnerstall auf dem Nachbardach sehen, mitten in der Stadt, nur wenige Meter von der Hamra entfernt. Groteske Gegensätze. Die Schattenseiten des neuen Beirut.

Das ehemalige Luxusrestaurant Nassr an der Steilküste war voll besetzt mit schwarz verschleierten Frauen und bärtigen Männern. Der Anblick irritierte mich. Früher eine internationale Touristenattraktion, heute ein Treffpunkt für das Hisbollah-Establishment. Der ehemalige israelische Ministerpräsident Ariel Scharon hatte 1982 die PLO aus Beirut vertrieben, um den Terrorismus für immer auszumerzen. Die Folge seiner Politik ist die Hisbollah, die »Partei Gottes«, eine fundamentalistische schiitische Partei mit eigener Miliz, ein für Israel viel gefährlicherer Gegner, als es die PLO je war. Heute ist die Hisbollah im Libanon die stärkste politische Kraft. Und doch war die Hamra, die Haupteinkaufsstraße im Moslemviertel, bei unserem Besuch weihnachtlich geschmückt. Mit Engeln und Weihnachtsmännern. Man muss im Leben nicht alles verstehen. In Beirut schon gar nicht.

Das Hotel Concorde, wo wir in den letzten Kriegswochen wohnten, wurde gerade umgebaut. Der Balkon des Nachbarhauses, unter dem damals die Kinder fast ums Leben gekommen wären, ist wieder hergerichtet. Als ich dort stand und ihn sah, kamen mir die Tränen.

Die Deutsche Schule steht heute da, wo früher das Goethe-Institut war – dort also, wo ich während des Krieges unterrichtet habe. In großen Buchstaben prangen die Worte »Deutsche Schule« am Gebäude. Gern wäre ich hineingegangen, doch es waren Ferien und die Schule war geschlossen. Vielleicht hätte ich ja auf den Fluren einen meiner ehemaligen Schüler getroffen, denn ich könnte mir gut vorstellen, dass der eine oder andere von ihnen dort inzwischen als Lehrer arbeitet. Wer weiß?

Wir sind nach Hazmieh hinaufgefahren in unsere damalige Wohnung und haben Adnan und Leila besucht, unsere ehemaligen Vermieter. Leila ist immer noch eine attraktive, fröhliche Frau. Adnan saß im Rollstuhl, er hatte einen Schlaganfall. »Uli, Ilse – my friends!«, begrüßte er uns gut gelaunt wie in alten Tagen. Noch immer das alte Schlitzohr. Auch in ihrem Wohnzimmer stand ein prächtig geschmückter Weihnachtsbaum – und das bei einer Drusenfamilie.

Ich war nie eine Feministin. Wie viele Frauen meiner Generation bin ich erzogen worden, mich unterzuordnen und den Mann zu unterstützen. Meinem Vater wäre es am liebsten gewesen, wenn er diesen Mann sogar für mich hätte bestimmen können. Auch wenn sich viele junge Frauen das heute nicht mehr vorstellen können und es ihnen altmodisch vorkommt – so war das hier noch vor wenigen Jahrzehnten. Ich denke oft an meinen Vater. Schade: Technisch stand er ganz an der Spitze des Fortschritts, sein Weltbild aber stammte noch aus dem 19. Jahrhundert. 1999 ist er in hohem Alter gestorben, er hat meine Mutter und meine kleine Schwester um fast zwanzig Jahre überlebt.

So gut es eben ging, habe ich mein Leben selbstbestimmt gelebt – und doch war ich oft, dessen bin ich mir bewusst, auch »die Frau an seiner Seite«. Vielen Jungen kommt das heute lächerlich und unverständlich vor. Aber es ist leicht, heute darüber zu lachen. Es war ein schwieriger Weg – und ich bin froh, dass es für die meisten Frauen in Deutschland heute anders ist.

»Der größte Teil des Lebens ist so langweilig, dass es sich nicht lohnt, darüber zu reden«, habe ich vor Kurzem in einem Buch von Truman Capote gelesen. Ich musste schmunzeln, als ich diesen Satz las. Mein Leben war oft so spannend, dass ich nur selten dazu kam, davon zu erzählen, sondern vollkommen damit beschäftigt war, es zu leben.

Fotoalbum

Familie und Jugend
Links: Eltern von Ilse Kienzle. *Rechts oben:* Ilse Kienzle in der Schule im Allgäu
Rechts unten: Ilse Kienzle als Studentin am Hamburger Hafen

Beirut
Links oben: Ilse (seekrank) und Ulrich Kienzle an Bord der *Pragal* kurz vor
Beirut. *Links unten:* Danielle am zerschossenen Dienst-Mercedes vor dem Hotel
Concorde in Beirut. *Rechts:* Ilse Kienzle in ihrem A-Schnitt-Kleid zusammen
mit Tonmann Roland Engele

 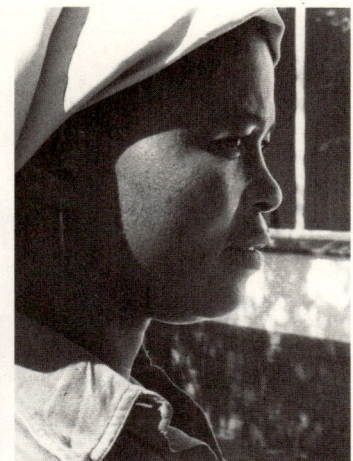

Südafrika
Links: Der traditionelle Heiler in Johannesburg, den Ilse Kienzle besuchte
Rechts: Kienzles' Haus in Pretoria und Haushälterin Joana

Südwestafrika (heute Namibia)
Links oben: Die Fotografin Ilse Kienzle in Südafrika
Links Mitte: Das sterbende Lüderitzbucht. *Links unten:* Wahl bei den San im Busch
Rechts: Bewaffnete Farmerin im ehemaligen Deutsch-Südwestafrika

Simbabwe-Rhodesien
Links: Ulrich Kienzle am Wahltag im März 1980
Rechts: Entwaffnung der Milizionäre aus dem Busch

Bremen und Wiesbaden
Oben: Die Glamour-Twins: Kienzle & Hauser als »Stars in der Manege«
Unten: Ilse und Ulrich Kienzle heute

Mein herzlicher Dank gilt meinem Verleger Martin Mühleis und dem Team der sagas.edition: Danke für eure liebevolle Unterstützung und eure Geduld! Ohne euch wäre dieses Buch nicht entstanden.

Ulrich Kienzle in der sagas.edition

16 Wochen auf der
SPIEGEL-Bestsellerliste

Ulrich Kienzle
Abschied von 1001 Nacht
Mein Versuch, die Araber zu verstehen

»Kienzle hat nicht nur ein Buch über die arabische Welt geschrieben, sondern auch eins über das deutsche Fernsehen, das man so noch nicht kannte.«
Claudia Tieschky, Süddeutsche Zeitung

»Es ist das große Verdienst dieses Buches, politische Entwicklungen durch die Beschreibungen gesellschaftlicher Merkmale im Nahen Osten greifbar zu machen. Der »Arabische Frühling« lässt sich deutlich besser verstehen und einordnen, wenn Ulrich Kienzles Buch gelesen ist.«
Jörg Biallas, Das Parlament

352 Seiten, 19,90 €, ISBN 978-3-9812510-7-4
sagas.edition 2011

Außerdem im Buchhandel: Zwei bewegende
Frauengeschichten in der sagas.editon

> 30 Jahre Bundesrepublik. Von
> 1956 bis 1986. Fein beobachtet,
> süffisant kommentiert, mit
> scharfer Zunge und spitzer Feder.
> Und viel Humor.

Sybil Gräfin Schönfeldt
Sie sind ein Elefant, Madame!
Meine bundesrepublikanischen Geschichten

Ihre Bundesrepublik war das »Provisorium«,
das 40 Jahre lang Bestand hatte – bis die Mauer
fiel. Dieses Land hat sie begleitet, beobachtet
und beschrieben. Für ihr neues Buch hat sich
Sybil Gräfin Schönfeldt in ihr Archiv begeben
und 28 ihrer Lieblingsartikel ausgegraben. Diese
verwebt sie mit Zwischentexten zu einer litera-
risch eindrucksvollen Erzählung. Ein fesselndes
Zeitzeugnis, das sich liest wie ein anregender
Gesellschaftsroman.

280 Seiten, 19,99 €, 978-3-944660-05-9
sagas.edition 2014

Ein Zeitgemälde.
Und ein ungemein reflektiertes
Buch – das persönlichste und
berührendste einer großen
Autorin.

Sybil Gräfin Schönfeldt
Hoffen auf das Bessere
Vom langen Weg in eine neue Zeit.
Eine Familiengeschichte.

In ihrer virtuos montierten Familiengeschichte
erzählt Sybil Gräfin Schönfeldt, die Grande
Dame des deutschen Nachkriegsjournalismus,
ein Stück epochaler Zeitgeschichte: den Zeiten-
wechsel von der Monarchie zur Demokratie.
In der Biografie ihrer Kinder- und Jugendjahre
erzählt sie mit genialer Leichtigkeit von einer
vergangenen Welt der Schlösser und Paläste,
deren Protagonisten versuchen, sich in der
neuen Zeit zurechtzufinden.

176 Seiten, 19,99 €, ISBN 978-3-944660-00-4
sagas.edition 2013